심경호 교수의
동양 고전
강의

논어 3

심경호 교수의
동양 고전
강의

논어 3

물살처럼 도도히 흘러가는 세상 속에서

민음사

동양 고전 강의를 시작하며

지혜를 어디서 어떻게 얻을 것인가? 이 물음은 우리에게 중요한 문제이자 해답을 쉽게 찾기 어려운 문제이다. 우리가 알아야 하는 지식의 대상은 너무도 많다. 교양과 지식의 세계가 이렇게 확장되기 이전, 그리 많지 않은 책만 읽어도 현명하다고 평가되던 시절에도 장자는 "사람이 살아간다는 것은 한계가 있건만, 앎의 대상은 무한하다."라고 탄식하고는 참된 지식을 얻으려면 세세한 대상들에 대한 앎을 끊으라고 했다. 확실히 큰 진리는 초월의 상상 속에서 얻어질지 모른다. 그러나 인문학의 고전들은 그것이 동양의 것이든 서양의 것이든 삶의 의미에 대해 성찰하는 방법을 분명하게 알려 준다. 그렇기에 근대 이후에 세계의 각 지역, 각 나라는 고전의 범위와 종류를 정해 제도적으로 고전 교육을 강조해 왔다. 우리나라는 역사적 이유 때문에 고전 교육의 방법에 대해 충분한 합의를 이루지 못했다. 하지만 근래에는 교육 기관, 학회, 저널, 세미나, 그리고 출판사 등이 이와 관련한 공통의 합의를 만들어 나가고 있다.

　동양 고전 가운데서도 한문 고전은 우리 자신에 의해 끊임없이 재해석되면서 우리의 지성을 성장시키고 감성을 심화시켜 주었다. 따라서 한문 고전의 세계는 현재의 우리 문화를 형성하는 데 크게 기여했다. 그 생성의 힘은 서양의 고전이 현대의 우리에게 끼치는 영향보다 훨씬 강하다. 더구나 한자 문화권에 속하는 우리는 한자의 쓰임과 한문 글쓰기의 관행에 익숙하므로 다른 언어권의 고전보다 한문 고전을 쉽게 익힐 수 있다. 언젠가 와 보았던 것 같은 골목, 무슨 일에선가 눈물을 떨구다가 매만졌던 듯한 풀잎, 아침의 단잠을 깨우던 아이들 떠드는 소리, 한밤 모여 앉아 두런두런하던 어른들의 말소리, 그 모든 것이 한문 고전의 표정이요 음성이다.

   고전을 스스로 읽어 나가면서 삶에 대해 성찰할 수 있다는 것은 지복이라 하지 않을 수 없다. 그렇기에 이 책을 손에 든 순간, 고전의 범위와 독서의 필요성에 대해 물을 필요가 없다. 이미 지혜의 세계에 들어서서 사색의 오솔길로 걸음을 내디딘 것이기 때문이다. 간간이 소리 내어 글을 읽으면서 그 속에 담긴 뜻을 자기 자신의 마음으로 유추하고 생명의 맥을 짚어 보라. 그리하여 인간에 대한 따스한 이해의 방식을 스스로 발견해 나가면 되는 것이다.

2013년 11월
회기동 작은 마당 집에서
심경호

차례

동양 고전 강의를 시작하며   5

일러두기   15

위령공(衛靈公)

001강	때에 맞는 건의 위령공문진어공자(衛靈公問陳於孔子) 1	18
002강	곤궁한 시절의 처신 위령공문진어공자 2	20
003강	일이관지 자왈사야(子曰賜也)	22
004강	덕을 아는 이가 드물다 지덕자선의(知德者鮮矣)	24
005강	무위의 다스림 무위이치자기순야여(無爲而治者其舜也與)	26
006강	독실한 행동 자장문행(子張問行) 1	28
007강	허리띠에 적은 가르침 자장문행 2	30
008강	화살 같은 강직함 직재사어(直哉史魚) 1	32
009강	뜻을 거두어 감추다 직재사어 2	34
010강	할 말은 하라 가여언이불여지언(可與言而不與之言)	36
011강	살신성인 지사인인(志士仁人)	38
012강	어진 이를 벗 삼아라 자공문위인(子貢問爲仁)	40
013강	전통의 계승 안연문위방(顏淵問爲邦)	42

014강	멀리 보라　인무원려(人無遠慮)	44
015강	덕을 좋아하다　이의호오미견호덕(已矣乎吾未見好德)	46
016강	현명한 이와 함께 설지니　장문중기절위자여(臧文仲其竊位者與)	48
017강	자신을 꾸짖는다　궁자후이박책어인(躬自厚而薄責於人)	50
018강	어찌할까, 어찌할까　불왈여지하여지하자(不曰如之何如之何者)	52
019강	의미 있는 말　군거종일(群居終日)	54
020강	군자란 무엇인가　군자의이위질(君子義以爲質)	56
021강	나의 능력을 걱정한다　군자병무능언(君子病無能焉)	58
022강	이름이 일컬어져야　군자질몰세이명불칭언(君子疾沒世而名不稱焉)	60
023강	내 탓이오, 내 탓이오　군자구저기(君子求諸己)	62
024강	군자의 긍지　군자긍이부쟁(君子矜而不爭)	64
025강	공평무사한 판단　군자불이언거인(君子不以言擧人)	66
026강	한마디 말　유일언이가이종신행지자호(有一言而可以終身行之者乎)	68
027강	누구나 지닌 올바른 도　오지어인야수훼수예(吾之於人也誰毁誰譽)	70
028강	작은 일에 성내지 말라　교언난덕(巧言亂德)	72
029강	인물 평가의 방법　중오지필찰언(衆惡之必察焉)	74
030강	사람이 도를 넓힌다　인능홍도(人能弘道)	76
031강	잘못인 줄 알면 고쳐야　과이불개(過而不改)	78
032강	사색과 학문　오상종일불식(吾嘗終日不食)	80
033강	가난을 걱정하지 않는다　군자모도(君子謀道)	82
034강	위정자의 네 가지 덕목　지급지(知及之)	84
035강	큰 인물이 큰일을 한다　군자불가소지이가대수(君子不可小知而可大受)	86
036강	물과 불보다 중한 것　민지어인야심어수화(民之於仁也甚於水火)	88
037강	인의 실천　당인불양어사(當仁不讓於師)	90
038강	정도를 따른다　군자정이불량(君子貞而不諒)	92

039강	평등 교육의 이상	유교무류(有敎無類)	94
040강	뜻이 같은 사람과 함께	도부동불상위모(道不同不相爲謀)	96
041강	말의 기능	사달이이의(辭達而已矣)	98
042강	약자에 대한 배려	사면현(師冕見)	100

계씨(季氏)

043강	제대로 못하면 그만두라	계씨장벌전유(季氏將伐顓臾) 1	102
044강	누구의 잘못이랴	계씨장벌전유 2	104
045강	변명을 미워한다	계씨장벌전유 3	106
046강	균등을 추구하다	계씨장벌전유 4	108
047강	문화와 도덕의 정치	계씨장벌전유 5	110
048강	한 병풍 안의 근심	계씨장벌전유 6	112
049강	흥망의 조짐	천하유도(天下有道) 1	114
050강	정치를 논하는 일	천하유도 2	116
051강	세 부류의 벗	익자삼우(益者三友)	118
052강	세 가지 좋아하는 일	익자삼요(益者三樂)	120
053강	말해야 할 때 말하라	시어군자(侍於君子)/삼건(三愆)	122
054강	세 가지 경계	군자유삼계(君子有三戒)	124
055강	하늘을 두려워한다	군자유삼외(君子有三畏)	126
056강	이런 자가 소인	군자유삼외 2	128
057강	통하지 못하면 배우라	생이지지(生而知之)	130
058강	아홉 가지 생각	군자유구사(君子有九思)	132
059강	선의 실천	견선여불급(見善如不及) 1	134
060강	숨어 살며 뜻을 추구한다	견선여불급 2	136
061강	누구의 이름이 남는가	제경공유마천사(齊景公有馬千駟)	138

062강	시의 공부	진항문어백어(陳亢問於伯魚) 1	140
063강	예를 배우는 뜻	진항문어백어 2	142
064강	하나를 물어 셋을 얻다	진항문어백어 3	144

양화(陽貨)

065강	알현의 예법	양화욕현공자(陽貨欲見孔子) 1	146
066강	세월은 기다리지 않는다	양화욕현공자 2	148
067강	본성과 습관	성상근야(性相近也)	150
068강	인간은 달라질 수 있다	상지여하우(上知與下愚)	152
069강	작은 마을의 다스림	자지무성(子之武城) 1	154
070강	정치의 방도	자지무성 2	156
071강	언제 나아갈 것인가	공산불요이비반(公山弗擾以費畔)	158
072강	다섯 가지 실천	자장문인어공자(子張問仁於孔子)	160
073강	세상 구원의 뜻	필힐소자욕왕(佛肹召子欲往) 1	162
074강	뜻을 견지해야	필힐소자욕왕 2	164
075강	한곳에 매이지 않는다	필힐소자욕왕 3	166
076강	여섯 가지 폐단	육언육폐(六言六蔽)	168
077강	시의 가치	소자하막학부시(小子何莫學夫詩)	170
078강	시로 기르는 마음	여위주남소남의호(女爲周南召南矣乎)	172
079강	실질을 중시해야	예운예운(禮云禮云)	174
080강	표리부동해서야	색려이내임(色厲而內荏)	176
081강	향원이 되지 말라	향원덕지적야(鄕原德之賊也)	178
082강	지식을 자랑 말라	도청이도설(道聽而塗說)	180
083강	비열한 자를 멀리하라	비부가여사군야여재(鄙夫可與事君也與哉)	182
084강	뜻이 높은 자	고지광야사(古之狂也肆)	184

085강	진실과 허위	오자지탈주야(惡紫之奪朱也)	186
086강	하늘의 도	여욕무언(予欲無言)	188
087강	거절의 미학	유비욕현공자(孺悲欲見孔子)	190
088강	예는 마음이 편안해야	식부도의부금(食夫稻衣夫錦) 1	192
089강	삼 년의 사랑	식부도의부금 2	194
090강	마음 쓸 일을 찾으라	포식종일무소용심(飽食終日無所用心)	196
091강	용기와 의리	자로왈군자상용호(子路曰君子尙勇乎)	198
092강	군자가 미워하는 것	자공왈군자역유오호(子貢曰君子亦有惡乎) 1	200
093강	지혜, 용기, 정직	자공왈군자역유오호 2	202
094강	마흔의 나이	연사십이견오언(年四十而見惡焉)	204

미자(微子)

095강	세 사람의 어진 이	미자거지(微子去之)	206
096강	곧은 도를 따른다면	유하혜위사사(柳下惠爲士師)	208
097강	이럴 때 떠나야	제인귀여악(齊人歸女樂)	210
098강	정치 종사의 어려움	초광접여가이과공자(楚狂接輿歌而過孔子) 1	212
099강	참여냐 은둔이냐	초광접여가이과공자 2	214
100강	나루를 묻다	장저걸닉우이경(長沮桀溺耦而耕) 1	216
101강	이대로 포기할 것인가	장저걸닉우이경 2	218
102강	짐승과 무리 지으랴	장저걸닉우이경 3	220
103강	부지런히 해야	자로종이후우장인이장하조(子路從而後遇丈人以杖荷蓧) 1	222
104강	은둔자 하조장인	자로종이후우장인이장하조 2	224
105강	큰 윤리를 생각하라	자로종이후우장인이장하조 3	226
106강	도가 행해지지 않을지라도	자로종이후우장인이장하조 4	228
107강	뜻을 굽히지 않은 자	불강기지(不降其志) 1	230

108강	숨어 살되 깨끗한 자	불강기지 2	232
109강	오직 대의를 따른다	불강기지 3	234
110강	군주의 네 가지 도리	주공위노공왈(周公謂魯公曰)	236

자장(子張)

111강	선비의 네 가지 절목	사견위치명(士見危致命)	238
112강	인간 존재의 입증	집덕불홍(執德不弘)	240
113강	누구와 만날 것인가	자하지문인문교어자장(子夏之門人問交於子張) 1	242
114강	널리 사귄다	자하지문인문교어자장 2	244
115강	멀리 이르기 위하여	수소도필유가관자언(雖小道必有可觀者焉)	246
116강	날마다 알아 나간다	일지기소무(日知其所亡)	248
117강	널리 배운다	박학이독지(博學而篤志)	250
118강	궁극에 이르는 길	백공거사이성기사(百工居肆以成其事)	252
119강	잘못을 꾸미지 말라	소인지과야필문(小人之過也必文)	254
120강	군자의 용모	군자유삼변(君子有三變)	256
121강	신뢰가 우선	군자신이후노기민(君子信而後勞其民) 1	258
122강	신임을 얻은 후 간한다	군자신이후노기민 2	260
123강	큰 덕부터 세운다	대덕불유한(大德不踰閑)	262
124강	가르침의 순서	자하지문인소자(子夏之門人小子) 1	264
125강	처음과 끝을 갖춘다	자하지문인소자 2	266
126강	배움을 놓지 말라	사이우즉학(仕而優則學)	268
127강	상례는 슬픔을 극진히 해야	상치호애이지(喪致乎哀而止)	270
128강	성의 있는 실천	오우장야위난능야(吾友張也爲難能也)	272
129강	외관보다 내면	당당호장야(堂堂乎張也)	274
130강	부모님 영전에서	증자왈오문저부자(曾子曰吾聞諸夫子)	276

131강	법을 적용하는 자세 상실기도(上失其道)	278
132강	하류에 처하지 않는다 주지불선불여시지심야(紂之不善不如是之甚也)	280
133강	타인은 나의 거울 군자지과야(君子之過也)	282
134강	누구에게든 배운다 위공손조문어자공(衛公孫朝問於子貢)	284
135강	입문 부자지장(夫子之牆)	286
136강	해와 달 같은 스승 중니불가훼(仲尼不可毁) 1	288
137강	분수를 알라 중니불가훼 2	290
138강	말을 신중히 하다 군자일언이위지(君子一言以爲知) 1	292
139강	위대한 사표 군자일언이위지 2	294
140강	살아서의 영광 군자일언이위지 3	296

요왈(堯曰)

141강	정치는 중도를 잡아야 요왈자이순(堯曰咨爾舜) 1	298
142강	사면을 함부로 할 수 없다 요왈자이순 2	300
143강	군주는 자신을 꾸짖는다 요왈자이순 3	302
144강	착한 사람이 부유해지다 요왈자이순 4	304
145강	백성의 과실은 나의 죄 요왈자이순 5	306
146강	올바른 정치의 요건 요왈자이순 6	308
147강	천하의 민심이 돌아오다 요왈자이순 7	310
148강	민생을 앞세우다 요왈자이순 8	312
149강	민심을 얻는 방법 요왈자이순 9	314
150강	정치에 종사하는 방도 존오미병사악(尊五美屛四惡) 1	316
151강	위정자의 다섯 가지 미덕 존오미병사악 2	318
152강	은혜롭되 허비하지 않는다 존오미병사악 3	320
153강	수고롭게 해도 원망 없도록 존오미병사악 4	322

154강	남의 것은 욕망하지 않는다	존오미병사악 5	324
155강	여유 있되 교만하지 않다	존오미병사악 6	326
156강	위엄 있되 사납지 않다	존오미병사악 7	328
157강	네 가지 악덕을 피할 것	하여사가이종정의 8	330
158강	천명을 알아야 군자	부지명무이위군자(不知命無以爲君子) 1	332
159강	예로써 자립한다	부지명무이위군자 2	334
160강	말을 알아야 사람을 안다	부지명무이위군자 3	336

참고 문헌　　339

1권에 수록된 편명

학이(學而) · 위정(爲政) · 팔일(八佾) · 이인(里仁) · 공야장(公冶長) · 옹야(雍也) · 술이(述而) · 태백(泰伯)

2권에 수록된 편명

자한(子罕) · 향당(鄕黨) · 선진(先進) · 안연(顏淵) · 자로(子路) · 헌문(憲問)

일러두기

1 《동아일보》 '한자 이야기'에 2010년부터 2011년까지 연재한 내용을 중심으로 하고, 당시 사정상 소개하지 못한 장도 추가해 가능한 한 『논어』 전체의 내용과 사상을 이해할 수 있도록 구성했다.

2 『논어』 20편 498장 가운데 현대에도 특별히 의미가 있는 장을 선별해 해설했다. 장 구별은 주희의 『논어집주』를 기준으로 삼아 「향당」 편 1장 17절을 17장으로 산정했다. 그 가운데 400여 장을 한 강에서 한 장씩 다루되, 길이가 긴 장은 여러 강으로 나누었다. 각 편마다 관례대로 장 번호를 붙이고 편명과 장명을 밝혔다.

3 『논어』의 원문은 공자의 말인 경우 자왈(子曰)을 생략했다. 원문 가운데 길이가 긴 것은 경구로 널리 인용되는 부분만 실었다.

4 각 글은 '번역 및 해설'과 '원문 및 주석'의 부분으로 이루어져 있다. 번역 및 주석과 해설은 주희의 신주(新注), 즉 『논어집주』와 한나라·당나라 때 이루어진 주소(注疏), 즉 『논어주소』 그리고 정약용의 『논어고금주』와 현대 학자들의 연구를 근거로 했다. 주석은 원문의 이해를 위해 필요하다고 판단되는 한에서만 붙이되, 여러 주석들 간에 차이가 있을 때는 그 사실을 밝히고 본문에서 취한 주석이 무엇인지 명시했다. 해설에서는 중국이나 우리나라에서 원문의 정신이 어떻게 계승되었는지 밝혔다.

5 원문에는 독음을 붙이고 현토를 했다. 현토는 조선 선조 때 교정청 언해본을 바탕으로 하되, 현대인의 감각에 맞게 수정하기도 했다.

6 각 강의 주제를 제목으로 제시하고 주제와 관련 있는 한자를 표출해 두었다. 이 책을 읽을 때는 처음부터 차례대로 읽으면서 『논어』의 본래 맥락을 음미할 수도 있고, 내키는 대로 책을 펼쳐 그 부분의 주제와 한자의 뜻을 독자의 처지와 연관 지어 해석할 수도 있다. 후자는 이 책을 일종의 점서(占書)요 멘토로 활용하는 방법이 될 것이다.

심경호 교수의
동양 고전
강의

논어 3

001강

때에 맞는 건의

> 위나라 영공이 공자에게 진법을 묻자, 공자께서는 "예법에 관한 일은 일찍이 들었습니다만 군사에 관한 일은 배운 적이 없습니다."라고 하시고는 이튿날 마침내 떠나셨다.
>
> 「위령공(衛靈公)」 제1장 위령공문진어공자(衛靈公問陳於孔子) 1

「위령공」 편은 공자가 수신의 방법에 대해 밝힌 말과 처세의 태도를 표명한 말이 많다. 모두 41장인데, '위 영공'이라 읽어야 하겠지만 관습상 '위령공'으로 읽는다. 그 첫 번째 장은 위나라 영공이 진법을 묻자 공자가 대답하지 않고 마침내 위나라를 떠난 이야기와, 그 후 진(陳) 땅에서 양식이 떨어지는 곤란을 겪을 때 자로가 화를 내자 그를 타이른 이야기를 실었다.

공자는 기원전 495년 위나라에 머물고 있을 때 위나라 영공과 대면한 듯하다. 당시 영공은 무도한 데다가 진(晉)나라와 싸움을 벌이고 있었다. 영공은 진나라에 원한을 갚을 생각에서 공자에게 진법을 물었다. 공자는 답변을 회피했다. 예법의 일은 잘 알고 있다는 말로 영공의 무도함을 풍자한 듯도 하다.

　공자는 군사에 관한 일은 배운 적 없다고 했지만, 정말로 군사에 관한 일을 몰랐던 것은 아니다. 공자는 노나라가 제나라와 회합할 때 노나라 제후에게 무력을 갖추라고 제안했고, 제나라 군주가 시해되자 노나라 제후에게 그 역도들을 토벌하라고 건의한 바 있다. 하지만 무도한 영공에게 군사의 일을 일러 주면 재앙이 닥치리라 우려해 군사의 일은 배운 적이 없다고 둘러말했던 것이다.

　이 일화를 보면 아무리 좋은 계책이라도 그것을 시행할 인물의 됨됨이와 그것을 실현할 시기의 적부(適否)를 살펴서 건의해야 함을 알 수가 있다.

衛靈公이 問陳於孔子한대
孔子對曰. 俎豆之事는 則嘗聞之矣어니와
軍旅之事는 未之學也라 하시고
明日에 遂行하시다.

陳은 陣(진)의 옛 글자로, 군대가 隊伍(대오)를 이루는 짜임이나 방식을 말한다. 俎豆의 俎는 희생물을 신 앞에 바치는 臺(대), 豆는 나무로 만든 제기이다. 俎豆之事는 제례나 예법을 代喩(대유)한 표현이다. 則은 주어를 강조한다. 嘗聞之는 '일찍이 들었다'는 말인데, 배운 적이 있다는 뜻이다. 軍旅의 軍은 1만 2500명의 병사, 旅는 500명의 병사로 이루어진 군단이다. 未之學의 之는 앞에 나온 軍旅之事를 대신한다. 짧은 부정문에서 목적어 대명사를 동사 앞으로 보낸 것이다.

002강

곤궁한 시절의 처신

固窮

> 진(陳)나라에 있을 때 양식이 떨어지자, 따르던 이들이 지쳐서 일어나지 못했다. 자로가 불만을 품고 공자를 뵙고는 "군자도 이토록 곤궁한 때가 있습니까?"라고 여쭈었다. 공자께서는 "군자는 본시 곤궁한 법이다. 소인은 곤궁하면 멋대로 행동한다."라고 하셨다.
>
> 「위령공」 제1장 위령공문진어공자 2

인간의 의지와 현실 상황은 어긋나는 일이 많다. 그렇기에 크고 올바른 뜻을 지닌 군자일수록 본시 곤궁한 것이다. 이것을 군자고궁(君子固窮)이라 한다. 바로 이 장에서 나온 말이다.

『사기』에 따르면, 공자는 노나라 애공 6년인 기원전 489년 위나라를 떠나 진(陳)나라와 채나라를 거쳐 초나라로 향했다. 당시 진나라는 초나라에, 채나라는 오나라에 굴복한 상태였으며 오나라와 초나라는 전쟁을 반복했다. 그런데 진나라와 채나라의 대부들은 초나라가 공자를 등용하면 자신들에게 불리하리라 여겨 사람들을 보내 들판에서 공자 일행을 포위하게 했다. 이 때문에 일행은 양식이 끊어졌다. 굶주리게 된 제자들은 몸을 제대로 가누지도 못했다. 잔뜩 불만을 품은 자로는 공자 앞에 나아가 "군자도 이토록 곤궁할 수 있단 말입니까?"라고 항의했다.

　의지와 상황이 어긋나 곤궁하게 되었을 때 군자와 소인은 처신 방식이 전혀 다르다. 군자는 곤경에 처해도 원망하거나 후회하지 않아 결국 형통(亨通)한다. 그러나 소인은 곤궁하면 방일(放逸)해서 못된 짓을 저지른다. 그래서 정이는 고궁이란 말을 '곤궁을 고수한다'는 뜻으로 풀이하기까지 했다. 곤경 속에서도 염치를 잃지 않는 일, 그것이 곧 군자의 형통을 배우는 길이다.

在陳絶糧하니 從者病하여 莫能興이러니
子路慍見曰, 君子亦有窮乎잇가.
子曰, 君子는 固窮이니 小人은 窮斯濫矣니라.

絶糧은 양식이 떨어졌다는 말이다. 興은 몸을 일으켜 세움, 慍은 불만을 품음이다. 見은 윗사람을 알현한다는 뜻일 때는 '현'으로 읽는다. 斯는 '이에'라는 뜻을 지닌 접속사이다. 濫은 넘쳐 난다는 뜻으로, 溢(일)과 같다.

003강

일이관지

공자께서 "사야, 너는 내가 많이 배우고 그것을 기억하는 자라고 여기느냐?"라고 하시자, 자공이 대답했다. "그렇습니다. 아닙니까?" 공자께서는 "아니다. 나는 하나의 이치로 모든 것을 꿴다."라고 말씀하셨다.

「위령공」 제2장 자왈사야(子曰賜也)

공자는 학문 지식이나 도덕 행위가 하나의 원리에 의해 체계를 이루어야 한다고 보아 일이관지를 중시했다. 줄여서 일관이라 한다.

이 장에서 공자는 자공에게 학문적 지식과 관련해 일관을 강조했다. 즉 지적 활동에서 박학과 기억으로 그치지 말고 일관의 이치로 지식을 체계화해야 한다고 가르쳤다. 한편 「이인」 제15장에서는 도덕 행위가 충서의 실천 이념에 따라 일관되어야 한다고 증자에게 가르친 적이 있다. 이 장의 일관과는 약간 차이가 있다. 하지만 정약용은 두 곳의 일관이 모두 충서, 줄여서 서(恕)를 의미한다고 보았다. 지와 행이 분리될 수 없다고 여겨 두 곳의 일관이 서로 통한다고 본 것이다. 일설로 갖추어 둘 만하다.

박학과 기억은 지식을 축적하는 유력한 방법이다. 단 검증을 거치지 않은 통념은 아직 지식이 아니다. 조선 후기의 최한기는 추측을 거치지 않으면 앎이 근거를 지닐 수 없다고 했는데, 추측은 추론과 실측에 해당한다. 또한 지식은 체계를 지녀야 하며 그 체계는 현실 사회의 발전에 유효한 이념에 따라 구축되어야 한다. 우리는 스스로의 지적 활동에서 박학과 기억만을 존숭하고 있지 않나 되물어야 하리라.

> 子曰, 賜也아 女以予爲多學而識之者與아
> 對曰, 然하이다 非與잇가.
> 曰, 非也라 予는 一以貫之니라.

賜也의 也는 돈호의 어조를 드러낸다. 뒤에 나오는 非也의 也가 단정의 어조를 나타내는 것과 구별된다. 女는 '너', 予는 '나'로 인칭 대명사다. 爲는 '여기다'라는 뜻의 동사로 그 목적어가 多學而識之者이다. 多學은 博學(박학), 識(지)는 記憶(기억)을 의미한다. 與는 의문으로 말을 맺는다. 然, 非與는 공자의 말에 대해 그렇다고 인정하고 나서 다시 의문을 품어 반문한 것이다.

004강
덕을 아는 이가 드물다

> 공자께서 말씀하셨다. "유야, 덕을 아는 자가 드물다."
> 「위령공」 제3장 지덕자선의(知德者鮮矣)

이 장에서 공자가 자로에게 한 말에서는 비탄의 음색이 엿보인다.

공자 일행이 진과 채 사이에서 곤경에 처했을 때 자로는 공자에게 "군자도 이토록 곤궁할 때가 있습니까?"라고 불평을 토로한 일이 있다. 그 때문에 주희는 공자가 자로를 깨우치려고 위와 같은 말을 했다고 보았다. 하지만 정약용은 이 해설을 따르지 않았다.

공자가 여러 제자들 가운데 특히 자로를 거듭 엄하게 꾸짖은 것은 사실이다. 그렇지만 자로는 도를 실천하려는 마음과 스승을 따르려는 정성이 남달라 공자는 뗏목을 타고 바다로 떠난다면 자로와 함께하겠다고 말하기까지 했다. 공자는 여러 나라들을 주유했으나 끝내 자신의 이념을 알아주는 군주를 얻지 못했다. 그래서 슬픔에 젖어 "덕을 아는 자가 드물다."라고 탄식하면서, 다른 한편으로 자로의 마음을 위로한 듯하다.

조선 시대 이귀(李貴)와 최기남(崔起南)은 성혼(成渾)을 위한 제문에서 "좋은 때를 만나지 못했으나 천명이니 어쩌겠습니까? 덕을 알아주는 사람이 드문 것은 병통으로 여길 것도 없습니다."라고 했다. 시절을 만나지 못하는 것은 천명 탓이며, 덕 있는 이를 알아주는 사람이 드문 것은 예부터 그러하므로 세상을 비난하고 병통으로 여길 필요가 없으리라고 한 것이다. 고인을 위로하면서 체념의 뜻을 실은 말이다.

공자는 앞서 "군자고궁(君子固窮)"이라 했다. 크고 올바른 뜻을 지닌 군자일수록 본시 곤궁한 법이라고 해서 운명을 순순히 받아들인 것이다. 다만 덕 있는 이들 대다수가 불우하다면 그 사회는 결코 건강하다 할 수 없을 것이다.

子曰, 由야 知德者鮮矣니라.

德은 의리나 도리를 체득해 지니게 된 바탕을 뜻한다. 자기 몸을 닦는 것을 修德(수덕)이라 한다. 이에 비해 知德이라고 하면 덕의 본질과 공능을 아는 것, 혹은 남이 어떤 덕을 지녔는지 아는 것을 뜻한다. 따라서 知德者는 세상 사람 가운데 덕이 무엇인지 아는 자로 풀이해도 좋고 남의 덕을 알아주는 자로 풀이해도 좋다. 鮮은 '드물다'이다.

治

005강

무위의 다스림

> 무위(無爲)로 다스린 분은 아마 순임금이실 것이다.
> 무엇을 하셨겠는가? 몸을 공손히 하시고 바르게 남면
> 하셨을 뿐이다.
>
> 「위령공」 제4장 무위이치자기순야여(無爲而治者其舜也與)

성스러운 천자인 순임금은 무위이치(無爲而治)를 했다고 한다. 이 장에서 공자가 밝힌 말이다.

　무위의 다스림은 정치적으로 실행하지 않으면 안 되는 것만 무리없이 실행하고 작은 계교를 일체 부리지 않음을 말한다. 혹은 성군이 덕을 갖추고 자리를 지키면 백성들이 성군의 덕에 저절로 교화되므로 성군은 인위적으로 정치를 하지 않는다는 뜻으로도 풀이할 수 있다. 그런데 이렇게 풀이하면 노자의 무위이화(無爲而化)와 유사해지므로 유학자들은 그 둘의 차이를 분명히 하려고 애썼다.

　이를테면 주희는 무위의 다스림이란 천자가 인재들을 얻어 각자에게 적절한 직책을 맡겼으므로 유위(有爲)의 자취를 찾아볼 수 없는 정치를 말한다고 설명했다. 순임금 때 우(禹)는 홍수를 다스리고 기

(棄)는 농업을 가르치며 설(契)은 교육을 담당하고 고요(皐陶)는 법을 관장했다. 이렇듯 유학에서 말하는 무위의 다스림은 적재를 적소에 배치해 각각 자기 직책을 다하도록 하는 정치를 뜻한다고 보아야 할 것이다.

공자가 말한 무위의 다스림은 아무 시책도 없는 무위무책의 무위가 아니다. 많은 인재들을 적소에 등용해 재야에 버려진 인재가 없도록 한다는 뜻이다. 정약용은 종래의 군주들이 무위무책의 무위로 나아감으로써 법도가 퇴락하고 천하가 부패하게 되었다고 진단했다. 오늘날 사회 지도층에게 시사하는 바가 매우 큰 진단이다.

無爲而治者는 其舜也與신저 夫何爲哉시리오
恭己正南面而已矣시니라.

'其~與'는 '아마 ~이리라'라는 뜻을 나타낸다. 夫는 발어사다. 何爲는 '무엇을 하겠는가', 哉는 의문으로 문장을 맺는다. 恭己는 敬身(경신)과 같다. 천자로서 자신의 몸을 닦아 늘 공경의 자세를 지님을 말한다. 正은 '똑바로'라는 뜻의 부사다. 南面은 천자가 옥좌에 앉아 있음을 가리킨다. 천자는 밝음을 향해 남쪽으로 앉아 정치를 보았기 때문에 이렇게 말한다.

篤

006강

독실한 행동

말이 진실하고 신의가 있으며 행실이 독실하고 공손하다면 오랑캐의 나라에 가더라도 행세할 수 있거니와, 말이 진실하지 못하고 신의가 없으며 행실이 독실하지 못하고 공손하지 못하다면 자신이 사는 마을에서라 하더라도 행세할 수 있겠는가!

「위령공」 제5장 자장문행(子張問行) 1

자장이 어떻게 해야 행세할 수 있느냐고 묻자, 공자는 위와 같이 대답했다. 행세한다는 것은 세상에 이름이 나고 대우받는 것을 말한다. 이보다 앞서 「안연」 제20장에서 자장은 어떻게 해야 달(達)할 수 있느냐고 물은 적이 있다. 역시 세상에 이름이 나고 대우받기를 바랐기에 그렇게 물은 것이었다. 그때 공자는 "질박하고 정직하여 정의를 좋아하고, 다른 사람의 말을 가려듣고 안색을 살펴서, 사려 깊게 상대방에게 겸손하면" 나라에서도 집안에서도 통달할 수 있다고 깨우쳤다. 여기서도 공자는 "말이 진실하고 신의가 있으며 행실이 독실하고 공손하다면" 어디를 가더라도 행세할 수 있다고 타일렀다.

주희는 「백록동서원학규(白鹿洞書院學規)」에서 "말이 진실하고 신의가 있음(言忠信)", "행실이 독실하고 공손함(行篤敬)", "징분질욕(懲忿窒慾)", "천선개과(遷善改過)"를 수신의 요점으로 삼았다. 징분질욕은 『주역』의 말로, 분노를 참고 사사로운 욕망을 억제함이다. 천선개과도 『주역』의 말로, 선으로 옮겨 가서 지난 잘못을 고침이다. 주희는 그 둘보다 말과 행실의 문제를 앞에 두었다. 언행의 중요성은 오늘날도 마찬가지다. 언행을 바르게 한다면 자연히 남들이 모두 인정하지 않을 수 없으리라.

言忠信하며 行篤敬이면
雖蠻貊之邦이라도 行矣어니와
言不忠信하며 行不篤敬이면 雖州里나 行乎哉아.

行은 達과 같되 行은 行世(행세), 達은 通達(통달)이다. 곧 行이란 한 인간으로서 떳떳하게 살아 나가 남들의 존경을 받는 것을 말한다. 忠信의 忠은 진심을 다함, 信은 남을 기만하지 않음이다. 篤敬의 篤은 도탑고 신실함, 敬은 공손하고 신중함이다. 단 忠과 篤이 각각 信과 敬을 수식한다고 볼 수도 있다. 蠻貊은 미개한 나라를 가리킨다. 蠻은 남방의 오랑캐, 貊은 북방 오랑캐인 北狄(북적)을 뜻한다. 州里는 자기의 鄕里(향리)다. 州는 1만 2500호의 마을, 里는 25호의 마을이다. 乎哉는 반문의 어조를 띤다.

007강

허리띠에 적은 가르침

> 공자께서 말씀하셨다. "일어서면 충신(忠信)과 독경(篤敬)이 눈앞에 나란한 것을 볼 수 있고 수레에 앉으면 그것이 멍에에 기대 있는 것을 볼 수 있어야 하니, 이와 같이 한 후에야 행세할 수 있다." 자장이 이 말씀을 허리띠에 적었다. 「위령공」 제5장 자장문행 2

앞에 이어진다. 참전의형(參前倚衡)이라 하면 말이 진실하고 신의가 있으며 행실이 독실하고 공손하기를 항상 생각한다는 뜻이다. 이 장에서 나온 말이다.

제자 자장이 행세하려면 어떻게 해야 하느냐고 묻자, 공자는 "말이 진실하고 신의가 있으며 행실이 독실하고 공손해야 한다."라고 가르쳤다. 이어서 공자는 서 있을 때나 수레에 타고 있을 때나 충신(忠信)과 독경(篤敬)이 늘 눈앞에 보이듯 해야 한다고 했다. 말이 진실하고 신의가 있으며 행실이 독실하고 공손해서 그러한 상태에서 잠시 떠나려 해도 떠날 수 없는 경지에 이르러야 한다고 가르친 것이다. 자장은 그 말씀을 깊이 새겨 늘 잊지 않으려고 자기 허리띠에 적었다.

그만큼 정성이 독실했다.

『서경』「태갑(太甲)」에 "고시천지명명(顧諟天之明命)"이란 말이 있다. 하늘이 사람들에게 내려 준 밝은 명령을 항상 돌아본다는 뜻이다. 명명, 즉 하늘의 밝은 명령을 사람마다 자기 마음으로 삼은 바를 명덕(明德)이라 한다. 옛 분들은 사람이 생활하면서 매 순간 명명과 명덕을 돌아보는 것이 바로 이 장에서 말한 참전의형이라고 보았다. 언행의 올바름은 단순한 예절의 문제로 그치지 않는다. 인간의 본래 모습을 회복하는 일과 깊은 관계를 지닌다.

立_입則_즉見_견其_기參_참於_어前_전也_야요
在_재輿_여則_즉見_견其_기倚_의於_어衡_형也_야니 夫_부然_연後_후行_행이니라.
子_자張_장이 書_서諸_저紳_신하니라.

見其參於前과 見其倚於衡의 其는 忠信(충신)과 篤敬(독경)을 가리킨다. 參於前과 倚於衡은 어느 순간에라도 忠信과 篤敬을 잊지 않음을 비유한다. 參은 나와 일체가 됨이다. 倚는 기대어 있음이다. 衡은 수레의 끌채인 轅(원)의 맨 앞에 가로로 뻗은 나무를 말한다. 然後는 '그렇게 한 후'이다. 諸는 '그것을 ~에'라는 뜻을 지닌다.

008강
直 화살 같은 강직함

> 강직하도다 사어여! 나라가 도가 있을 때에도 화살 같았고 나라에 도가 없을 때에도 화살 같았도다.
>
> 「위령공」 제6장 직재사어(直哉史魚) 1

신라 진평왕은 사냥 때문에 정사를 소홀히 했다. 병부령 김후직(金后稷)이 아무리 간해도 듣지 않을 정도였다. 김후직은 병으로 죽게 되었는데, 이때 세 아들에게 유언하길 "신하로서 왕의 잘못을 바로잡지 못했으니 내가 죽거든 왕이 사냥 다니는 길목에 묻어라."라고 했다. 그 후 진평왕이 사냥을 나가자 사냥을 하지 말라고 호소하는 소리가 숲에서 들렸다. 그 소리가 김후직의 간언임을 알게 된 진평왕은 크게 뉘우쳐 정치를 제대로 하게 되었다고 한다.

 김후직이 죽어서도 간언한 태도는 이 장에 나오는 사어(史魚)의 그것과 닮아 있다. 사어는 위나라 대부로, 이름은 추(鰌)였다. 사관으로 있었고 자가 자어(子魚)였으므로 사어라고 불렀다. 사어는 평소 어진 거백옥을 등용하지 못하고 불초한 미자하를 물리치지 못했다고 자책했다. 그래서 임종 때 유언하길 "빈객의 자리에 빈소를 두지 말고 시신을 창문 아래에 두어라."라고 했다. 위나라 영공이 조문을 왔다가 곡절을 알고 크게 뉘우쳤다고 한다.『공자가어』에 나오는 이야기이다. 자신의 시신으로 군주에게 간언할 정도였으므로 공자가 그의 곧음을 칭찬한 것이다.

앞서「헌문」제23장에서 자로가 군주 섬기는 도리에 대해 묻자, 공자는 "속이지 말고 군주의 안색을 거스를지라도 간해야 한다."라고 했다. 사어와 김후직은 바로 범안(犯顔, 군주가 싫은 안색을 하는데도 바른 말로 간함)을 하는 직신(直臣)의 전형이었다. 오늘날의 각종 단체나 조직에서도 화살같이 강직한 인물이 요청된다.

直哉라 史魚여 邦有道에 如矢하며
邦無道에 如矢로다.

直哉史魚는 감탄문으로, 주어와 술어가 도치되어 있다. 邦有道는 나라에 도가 행해지는 올바른 시대, 邦無道는 나라에 도가 행해지지 않는 혼란스러운 시대를 말한다. 如矢는 剛直(강직)하기가 화살처럼 곧다고 비유한 말이다.

009강

뜻을 거두어 감추다

> 군자로다 거백옥이여! 나라가 도가 있을 때는 관직에 나가 벼슬 살고 나라에 도가 없을 때는 뜻을 거두어 감추어 둘 수 있도다. 「위령공」 제6장 직재사어 2

근대 이전의 지식인은 현실 상황에 따라 벼슬을 살거나 벼슬에서 물러나 시중을 얻고자 했다. 공자는 위나라 대부 사어가 나라에 도가 있든 없든 화살같이 강직했다고 칭찬하고 나서, 사어가 등용하고자 했던 거백옥이야말로 시중의 도를 얻은 인물이라고 칭송했다.

거백옥 역시 위나라의 대부로, 이름은 원(瑗)이다. 당시 손임보(孫林父)와 영식(甯殖)이 위나라 군주를 시해하려 하자, 거백옥은 모의에 가담하지 않고 떠나 버렸다.

종래 학자들은 사어가 화살처럼 곧았지만 군자의 도를 다하지는 못했다고 여겼다. 곧기만 하다면 자기 뜻을 거두어 속에 숨겨 둘 수 없으므로 난세에 화를 면할 수가 없다고 보았기 때문이다. 이에 비해 거백옥은 출처에서 성인의 도에 부합했으므로 난세에도 화를 면할 수 있었다는 것이다.

뜻을 거두어 속에 감춰 두는 권회(卷懷)는 상황에 편승해서 유순한 척 가장하는 일이 아니다. 정약용은 권회를 허장성세하거나 과대(誇大)하지 않는 자세라고 풀이했다. 그리고 '가(可)'라는 글자에 주의해 거백옥은 치세에 권회했기 때문에 난세에도 그럴 수 있었다고 보았다. 곧 거백옥은 벼슬 살면서 자신의 뜻을 과장하거나 떠벌리지 않았으므로 난세에도 지난날의 태도를 견지해 자취를 감출 수 있었다는 것이다.

공자가 거백옥을 칭찬한 것은 그가 시중의 도리를 지켰다고 보았기 때문이다. 나아갈 때를 알아 나아가고 물러날 때를 알아 물러나는 것이 시중의 도리이다. 말은 쉬운데 지키기는 어렵다. 과거의 역사에서만이 아니라 오늘날의 정치, 사회에서도 시중의 도리를 그르친 예를 너무도 쉽게 찾을 수 있지 않은가!

君子哉라 蘧伯玉이여 邦有道則仕하고
邦無道則可卷而懷之로다.

邦有道는 나라에 도가 행해지는 시대를, 仕는 벼슬을 살면서 자신의 뜻을 실천함을 말한다. 卷而懷之는 베나 비단을 말아서 품속에 거두듯 사람들에게 뜻을 드러내지 않음을 말한다. 이로부터 卷懷라고 하면 난세에 스스로 물러나 뜻을 드러내지 않음을 가리킨다.

010강

할 말은 하라

> 함께 말할 만한데도 함께 말하지 않으면 사람을 잃는 것이요 함께 말할 만하지 못한데도 함께 말하면 말을 잃는 것이니, 지혜로운 자는 사람을 잃지 않고 말도 잃지 않는다. 「위령공」 제7장 가여언이불여지언(可與言而不與之言)

남과의 관계에서 사람을 제대로 평가하지 못해 실인(失人)하거나 남의 잘못을 제대로 일러 주지 않아 실언(失言)을 해서는 안 된다. 바로 이 장에서 공자가 가르친 내용이다.

실인이란 흉금 터놓고 이야기할 만한 사람을 만났는데도 그와 터놓고 이야기하지 않아 사람을 놓치는 것을 뜻한다. 실언이란 타이르면 잘못을 고칠 텐데도 잘못을 지적하지 않아 그 사람이 죄악에 빠지게 만들거나, 타이른다고 잘못을 고칠 리 없거늘 잘못을 지적해 말만 허비하는 것을 뜻한다. 곧 아름다운 바탕을 지닌 사람을 도의 영역으로 인도하지 못하는 것이 실인이요, 충고의 말로 효과를 보지 못하는 것이 실언이다.

본래 『논어』는 말보다 실천을 중시하기에 신언(愼言)을 강조했다.

「자로」편 제27장에서 말했듯 주나라 종묘에는 입을 끈으로 세 번 둘러 함구(緘口)의 모습을 한 금인이 세워져 있다. 그러나 군자라면 할 말은 해야 한다. 그렇기에 공자는 실인과 실언을 해서는 안 된다고 경계한 것이다. 위(魏)나라 왕찬(王粲)은 「반금인찬(反金人贊)」을 지어 "한마디 말을 주는 것이 옥구슬보다 낫건만, 말세에는 돈후하질 않아서 의리가 바뀌고 말았다."라고 한탄했다.

남과의 만남에서는 현안에 대해 함구해야만 옳은 태도가 아니다. 사람도 말도 잃지 않도록 노력하는 것이 진정한 화술이자 교제술이다.

可與言而不與之言이면 失人이오
不可與言而與之言이면 失言이니
知者는 不失人하며 亦不失言이니라.

可與言은 흉금을 터놓고 이야기할 수 있는 상황을 가리킨다. 而는 역접의 접속사이다. 아래도 같다. 不與之言은 흉금을 터놓고 이야기할 수 없는 상황을 가리킨다. 어떤 판본에는 '之' 자가 없으나, 뜻은 같다.

011강

살신성인

> 뜻을 둔 선비와 어진 사람은 삶을 구하느라 인을
> 해치는 일이 없고 몸을 죽여서라도 인을 이루는 경우가
> 있다. 「위령공」 제8장 지사인인(志士仁人)

살신성인(殺身成仁)이라는 유명한 성어가 이 장에서 나왔다. 오늘날에는 자기의 목숨까지 버리면서 다른 사람을 구한 사람을 살신성인의 사례로 꼽는다. 과거에는 죽음을 무릅쓰고 직간하는 것이 그 사례로 꼽혔다. 한나라 때 주운이 간하다가 끌려 나가면서도 난간이 부러지도록 붙들고 버텼다는 절함(折檻) 고사가 대표적인 예이다.

『맹자』에서는 "목숨도 내가 원하는 것이고 의(義)도 내가 원하는 것이다. 그 둘을 아울러 지닐 수 없다면 목숨을 버리고 의를 취하겠다."라고 했다. 의는 인과 다르지만, 맹자의 그 말은 이 장의 뜻과 통한다. 생명은 물론 소중하지만 인의가 생명보다 더욱 중요하다는 인식이 바탕에 깔려 있다.

문천상(文天祥)은 1276년 남송의 수도 임안(臨安)이 함락된 뒤 근왕군(勤王軍)을 일으켜 원나라에 대항하다가 1278년에 사로잡혀 시

시(柴市)에서 처형된 인물이다. 당시 47세였다.『송사』「문천상전」에 의하면 문천상은 사형에 임할 때 이졸에게 "나의 일을 마쳤다."라고 조용히 말하고는 죽었는데, 그의 의대 속에는 자찬(自贊, 자기 자신을 노래함)의 시가 있었다 한다. "공자는 인을 이루라 하고 맹자는 의를 취하라 했으니, 오직 의를 다하는 것이 인을 이루는 방도이다. 성현의 글을 읽었으니, 배운 것은 과연 무엇인고? 오늘 이후로는 거의 부끄러움이 없으리라."

과연 나는 인의를 위해 목숨도 아까워하지 않을 마음 자세를 지니고 있는가? 대답이 두렵다.

志士仁人은 無求生以害仁이오
有殺身以成仁이니라.

志士는 道에 뜻을 둔 선비, 仁人은 어진 마음을 지닌 자이다. 곧 志士는 仁을 체득하고자 뜻을 둔 선비, 仁人은 仁을 이미 체득한 사람이다. 求生以害仁은 구차하게 목숨을 부지하려 해서 마음이 편치 못하고 결국 仁의 덕목을 해치는 일을 가리킨다. 以는 수단과 방법을 나타내는 개사이되, 而와 같은 연결사로 볼 수도 있다. 殺身以成仁은 자신을 희생으로 삼더라도 仁의 도리를 완성함을 가리킨다.

012강

友 어진 이를 벗 삼아라

> 자공이 인을 행함에 대해 여쭈자 공자께서 말씀하셨다. "공인이 일을 잘하려면 반드시 연장을 먼저 예리하게 만들어야 하듯, 이 나라에 살면서는 대부 가운데 현명한 자를 섬기고 선비 가운데 어진 자를 벗 삼아야 한다." 「위령공」 제9장 자공문위인(子貢問爲仁)

자공이 인을 어떻게 실천해야 하는지 물었다. 공자는 현명한 대부를 섬기고 어진 선비를 벗 삼아 절차탁마하면 인을 이룰 수 있다고 대답했다. 이때 절차탁마하는 일을 '물건 만드는 공인이 연장을 예리하게 만드는 일'에 비유했다.

　자공의 질문은 인의 본질에 대한 것이 아니다. 일본의 오규 소라이(荻生徂徠)는 자공이 어진 정치를 실천하는 방법에 대해 물었다고 보았다. 정약용도 자공이 '인을 행함'이라고 말한 것은 백성을 편안하게 하고 백성에게 은택을 입히는 정치의 일을 가리킨다고 보았다. 정약용의 풀이를 따르면 공자의 대답은 인정을 실시하기 위해서는 먼저 자기의 바탕을 튼튼히 하라는 뜻이 된다.

공자가 가르친 말은 「안연」 제24장에서 증자가 이우보인(以友輔仁, 벗을 통해 자신의 일을 도움)을 강조한 뜻과 통한다. 『중용』도 아랫자리의 사람이 정치를 행하려면 윗사람의 신임을 얻어야 하고 윗사람의 신임을 얻으려면 부모의 신임을 얻어야 한다고 말했다. 자신의 덕을 기르기 위해서든 이념을 실천하기 위해서든, 현명하고 어진 이들의 도움이 절실한 것이다.

조선 선조 때 유성룡(柳成龍)은 사직하면서 올린 「진시무차(陳時務箚)」에서 "인재는 국가의 예리한 연장이니, 어찌 못난 인물이 현안을 제대로 해결할 수 있겠습니까?"라고 했다. 스스로 못난 인물이므로 면직시켜 달라고 한 말이지만, 실로 인재는 '국가의 예리한 연장'이라 할 만하다.

子貢이 問爲仁한대
子曰, 工欲善其事인댄 必先利其器니
居是邦也하여 事其大夫之賢者하며
友其士之仁者니라.

問爲仁은 仁을 행하는 방법을 물었다는 뜻이다. 爲는 '행하다'라는 뜻이다. 工은 집이나 연장을 만드는 기술자인 工匠(공장), 즉 장인이다. 善其事는 일을 훌륭히 해냄, 利其器는 연장을 예리하게 만듦을 뜻한다. 是邦은 지금 거처하는 나라를 가리킨다. 큰 나라를 邦, 작은 나라를 國(국)이라 하지만 모두 같은 뜻으로 보아도 좋다. 大夫之賢者와 士之仁者에서 賢은 사업을 두고 말하고 仁은 덕을 두고 말했다. 두 구절을 호문으로 보아 대부 가운데 현명하고 어진 이, 선비 가운데 현명하고 어진 이를 각각 가리킨다고 풀이해도 좋다.

013강

전통의 계승

> 안연이 나라 다스리는 방법에 대해 여쭈자 공자께서 말씀하셨다. "하나라 책력을 시행하고 은나라 수레를 타며 주나라 면류관을 쓰고 음악은 소무를 연주할 것이요, 정나라 음악을 추방하고 말재간 있는 자를 멀리해야 할 것이니, 정나라 음악은 음탕하고 말재간 있는 자는 위태롭다." 「위령공」 제10장 안연문위방(顔淵問爲邦)

어떻게 해야 온 천하를 제대로 다스린다고 말할 수 있을까? 안연은 평소 과묵했지만 천하 다스리는 큰 틀을 구상하고 있었기에 공자에게 나라 다스리는 방법에 대해 물은 듯하다.

천하를 다스리는 방법과 관련해 안연은 기존의 문화 전통을 어떻게 수용할 것인가 고민했다. 어느 시대나 옛 전통과 새로운 문화가 혼재하기 마련이다. 공자가 살던 춘추 시대에는 그 혼재 양상이 너무나 복잡했다. 주나라를 종주국으로 삼고 그 문화와 관습을 참작해 자국의 문화와 관습을 조금씩 변형시켜 나갈 수 없게 되자 각 지역은 자신들의 문화와 문물을 더욱 소중하게 여기게 된 것이다. 공자는 하, 은,

주 이래의 전통적인 문화를 배격하고 자국의 문화만 우월하다고 여겨서는 안 된다고 보았다. 따라서 당시로서는 선정적인 문화였던 정나라의 음악이나 갖가지 선동의 색채를 띤 말재간을 경계했으며 하나라 책력, 은나라 수레, 주나라 면류관, 순임금의 소무를 기준으로 제시했다. 선왕 대대로의 예악을 참작해서 항구하고 보편적인 도를 세우는 것이야말로 천하를 다스리는 방법이라고 보았기 때문이다.

선왕의 예악을 참작하라는 공자의 주장은 단순한 복고주의가 아니다. 공자는 과거의 모든 전통이 현재적 가치를 지닌다고 보진 않았기에 구체적인 항목을 든 것이다. 공자는 정치가들이 문화의 지속적 측면에 관심을 기울여 나라를 안정적으로 다스리기를 기대했다.

> 顔淵(안연)이 問爲邦(문위방)한대 子曰(자왈), 行夏之時(행하지시)하며
> 乘殷之輅(승은지로)하며 服周之冕(복주지면)하며 樂則韶舞(악즉소무)요
> 放鄭聲(방정성)하며 遠佞人(원녕인)이니
> 鄭聲(정성)은 淫(음)하고 佞人(녕인)은 殆(태)니라.

夏之時는 하나라 冊曆(책력)으로, 날이 어두워질 때 북두성 자루가 寅(인) 방향을 가리키는 달을 정월로 삼았다. 전통 시대의 農曆(농력)은 하나라의 책력인 寅正(인정)을 기준으로 삼았다. 殷之輅는 은나라에서 만든 질박하고 튼튼한 수레이다. 周之冕은 다섯 가지가 있었는데, 그중 祭服(제복)의 관은 화려하되 사치스럽지 않았다. 韶舞는 韶라는 舞樂으로, 순임금이 사용한 盡善盡美(진선진미)의 음악이다. 放은 禁止(금지)함이다. 鄭나라 음악은 음탕해서 군주를 음란하게 만들 수 있었다. 말만 번지르르한 佞人은 나라를 위태롭게 할 수 있었다. 그래서 공자는 그 두 가지를 먼저 물리치라고 한 것이다.

014강

멀리 보라

사람이 먼 생각이 없으면 반드시 가까운 근심이 있다.
「위령공」 제11장 인무원려(人無遠慮)

우리가 목전의 안일에 익숙해서 장래의 일을 숙고하지 않는다면 어떻게 될 것인가? 이 장에서 공자는 장래를 숙고하지 않으면 발밑에서 우환이 일어나리라고 경고했다. 하지만 장래의 일만 생각하고 발밑의 작은 일을 소홀히 한다면 어떻게 될 것인가? 그 또한 화란을 초래할 것이다. 공자도 먼 생각인 원려(遠慮)를 중시하라고 했지, 가까운 근심거리인 근우(近憂)를 소홀히 하라고 말하지는 않았다. 근우는 바로 지금 나 자신의 행동이 도리에 부합하지 않고 세상의 윤리와 질서가 무너지지 않을까 염려하는 것이지, 명예나 재물을 잃지나 않을까 좀스럽게 걱정하는 것이 아니다.

　이 장과 관련해 위(魏)나라 학자 왕숙(王肅)은 군자는 환란을 미리 생각해서 예방해야 한다고 주장했다. 북송 때 소식(蘇軾)은 사람이 발로 밟아 나갈 때 발 디디는 곳 이외의 땅은 모두 쓸모없으나 결코 버릴 수도 없듯, 천 리 밖의 일을 생각하지 않으면 지금 앉은 자리

밑에서 화란이 일어난다고 풀이했다. 그런데 조선 후기의 정약용은 원려만 숭상해서는 안 되며, 군자가 힘써야 할 바는 가까운 데 있다고 해설했다. 『주역』에 보면 "군자는 거실에서 말하되 말이 선하면 천 리 밖에서 부응하고 말이 선하지 못하면 천 리 밖으로 떠난다."라고 했다. 『서경』에서는 "가까움으로 먼 곳에 미친다."라고 했다.

정약용에 앞서 성호 이익도 근우를 중시해서 어떤 재상이 "일은 추호만큼이라도 소홀히 다루면 반드시 폐단이 따른다."라고 한 말을 높이 쳤다. 그러면서 벼슬아치들이 종들처럼 정치를 한다고 비판했다. 종들은 탁자를 높이 괴고 술을 잔에 가득 따르며 그릇을 길에 방치해 두고는 탁자가 쓰러지고 술잔이 넘치며 그릇이 발에 차여도 자기 것이 아니라고 아까워하지 않는데, 벼슬아치들이 정치하는 행태가 꼭 그와 같다는 말이다.

앞서도 말했듯 선불교는 조고각근(照顧脚跟)하라고 가르친다. '너의 발밑을 보라'는 이 말은 곧 지금 여기의 삶을 중시하라는 뜻이다. 원려를 지니되 근우도 소홀히 하지 않는 자세가 필요하다.

人無遠慮면 必有近憂니라.
(인무원려 필유근우)

遠慮는 장래에 대한 우려를 말한다. 近憂는 가까운 시기에 대한 근심을 말한다. 遠慮와 近憂는 서로 짝을 이루는 말로, 慮와 憂는 글자를 중복하지 않기 위해 바꾸어 쓴 것이다. 두 글자의 뜻을 굳이 구별할 필요는 없다.

015강
德 덕을 좋아하다

어쩔 수 없구나! 덕을 좋아하기를 여색 좋아하듯 하는 사람을 나는 보지 못했다.

「위령공」 제12장 이의호오미견호덕(已矣乎吾未見好德)

『논어』에는 같은 말이 다른 편에 재차 수록되어 있는 예가 간혹 있다. 공자는 이 장에서 "덕을 좋아하기를 여색 좋아하듯 하는 사람을 나는 보지 못했다."라고 탄식했는데, 이는 「자한」 제17장에도 나온 말이다.

『사기』「공자세가」에 따르면, 공자는 57세 때 위나라로 갔다가 영공이 절색의 부인 남자(南子)와 함께 수레를 타고 시가를 돌아다닐 때 그 뒷자리에 앉아 있었다. 공자는 마지못해 수레를 함께 탔지만 두 사람의 행태를 추하게 여겼으므로 뒤에 이 말을 하면서 한탄한 듯하다.

『논어』에는 성적 욕망에 관한 문제가 전면에 나오지는 않는다. 다만 「학이」 제7장에서 자하가 "어진 이를 어질게 여기되 여색을 좋아하는 마음을 바꿔서 한다."라고 한 것을 보면, 평소 공자의 문하에서는 여색을 좋아하는 것을 인간의 본성으로 여기되 그 지나침을 경계했으리라 짐작된다.

　유학 가운데 성리학은 인간의 마음을 도심(道心)과 인심(人心)으로 나누어 도심을 기르고 인심을 억제하라고 가르친다. 정약용도 인간의 마음을 도심과 인심으로 나누어 보는 관점을 계승해, 덕은 도심이 좋아하고 색은 인심이 좋아한다고 했다. 하지만 정약용은 도심은 항상 나약하므로 성실하기 어렵고 인심은 항상 치열하므로 오히려 거짓이 없다고 덧붙였다. 여색을 좋아하는 것이 인심의 본성임을 직시한 것이다.

　혹자는 덕을 좋아함이 본성에 따르는 것이 아니거나 욕망의 부분을 제외한 본성의 일면에 불과한 것이라고 본다. 저절로 덕을 좋아하는 사람은 많지 않기 때문이다. 그렇지만 역시 많은 사람들이 덕 있는 이를 흠모하고 스스로도 덕을 지녀 고귀한 기품을 지니려고 한다. 덕을 좋아하는 것은 인간의 가치를 실현하기 위해 요청되는 도덕 의지라고 보아야 할 것이다.

己矣乎라 吾未見好德을 如好色者也케라.
(이의호　오미견호덕　여호색자야)

吾未見 이하는 「자한」 제17장에도 나오지만 「위령공」 편의 이 장에는 己矣乎 세 글자가 더 있다. 공자는 도덕을 열렬하게 실천하는 사람이 세상에 존재하지 않음을 알고 이 말을 다시 한 듯하다. 己矣乎는 절망의 영탄이되, 완전히 포기하지 않고 약간의 기대감을 남겨 둔 표현이다. 반면 己矣夫(이의부)는 완전히 절망했을 때의 영탄이다. 好德의 德은 사람이 하늘로부터 받은 도덕을 말한다. 덕 있는 사람을 가리킨다는 설도 있다. 好色의 色은 미색의 여인이다. 德과 色은 운이 같아 서로 짝을 이룬다.

用

016강

현명한 이와 함께 설지니

장문중은 지위를 훔친 자로다! 유하혜의 현명함을 알고도 더불어 조정에 서지 않았다.

「위령공」 제13장 장문중기절위자여(臧文仲其竊位者與)

「위령공」편의 이 장에서 공자는 장문중(臧文仲) 개인을 위와 같이 평가하면서 그 말 속에 '나를 세우기 위해서는 남을 먼저 세워 주어야 한다'는 입인(立人)의 보편 이념을 담았다.

장문중은 노나라 대부로 성은 장손(臧孫), 이름은 진(辰)이다. 중(仲)은 자, 문(文)은 시호다. 삼환의 세력이 강하지 않을 때 활동했는데, 지혜롭다는 평판이 있었다. 하지만 그는 제후가 지니는 복구(卜龜)인 채(蔡)를 지녔고, 사당의 기둥머리에 산 모양을 조각하고 동자기둥에 마름 문양을 넣었다. 이를 두고 공자는 「공야장」 제17장에서 그를 비판한 바 있다.

여기서 공자는 장문중이 "지위를 훔친 자"라고 심하게 꾸짖었다. 유하혜의 어짊을 알면서도 그를 조정에 서도록 추천하지 않았다는 이유에서이다. 유하혜는 이름이 전획(展獲)인데, 자가 금(禽)이어서

전금이라 부른다. 유하는 봉지(封地) 또는 호이다. 제나라가 노나라를 침략했을 때, 유하혜는 장문중에게 작은 나라로서 큰 나라 섬기는 방도를 일러 주었다. 또 노나라 동문 밖에 원거(爰居)라는 바닷새가 날아와 장문중이 새에게 제사 지내려 하자, 명분 없이 국가 전례를 더하지 말라고 설득했다. 하보불기(夏父弗忌)가 희공(僖公) 신위의 반열을 올리려 했을 때는 귀신의 도리와 인간의 도리를 모두 범하게 된다고 만류했다. 『맹자』에서는 유하혜를 두고 화(和)를 이룬 성인이라고 칭송했다.

범조우는 정치를 맡은 장문중이 현명한 이를 알지 못했다면 지혜가 밝지 못한 셈이요, 알고도 쓰지 않았다면 현명한 이를 가린 셈이므로 그 죄가 더욱 크다고 했다. 우리 사회의 지도층 가운데는 지위를 훔친 사람이 없으리라고 단언할 수 있을까.

臧文仲은 其竊位者與인저
知柳下惠之賢而不與立也로다.

'其~與'는 감탄과 추정의 어조를 드러낸다. 竊位는 '지위를 훔침'이다. 知의 목적어는 柳下惠之賢이다. 不與立은 '더불어 서지 않았다'는 말로, 함께 조정에 서지 않았다는 뜻이다.

017강

자신을 꾸짖는다

**자책하기를 많이 하고 남을 책하기를 적게 한다면
원망을 멀리하게 될 것이다.**
「위령공」 제14장 궁자후이박책어인(躬自厚而薄責於人)

자신을 많이 질책하면 나의 덕이 닦여서 원망이 없게 되고 남을 덜 질책하면 남이 나를 쉽게 따라서 원망을 듣지 않게 될 것이다.

송나라 학자 여조겸은 젊어서 기질이 거칠어 밥상이 맘에 들지 않으면 그릇을 부수고는 했다. 뒷날 병을 앓으면서 『논어』를 읽었는데, 이 장을 읽고는 문득 깨달아 거칠게 성내는 기질을 버렸다고 한다.

조선 숙종 때 소의(昭儀) 장씨(張氏), 즉 장희빈의 어머니가 지붕 있는 가마를 타고 대궐 안으로 들어오자 사헌부 지평이던 이익수(李益壽)가 가마를 불태우고 그 종을 잡아다 다스렸다. 처음에 숙종은 그가 멋대로 형벌을 내렸다 해서 금리에게 죄를 주라고 명했다. 그러나 다시 하교하며 이렇게 말했다. "칠정(七情) 가운데 성내는 것만은 제어하기 어려우니, 전날의 일이 참으로 후회스럽다. 여조겸은 필부인데도 기질을 변화시킬 수 있었거늘, 그 사람은 어떤 사람이며 나는 어떤 사람인가. 이번 일로 내 자신을 경계하노라." 명령을 철회하면서 여조겸의 고사를 끌어다가 자성의 뜻을 내비친 것이다. 다만 숙종의 자성은 일시적인 것으로 그쳤다.

남의 작은 잘못까지 샅샅이 찾아내는 행동을 두고 털을 불어 흠을 찾듯이 한다고 해서 취멱(吹覓)이라 한다. 현명한 사람은 자성을 귀하게 여기지만, 범용한 사람은 자기 눈 속 들보같이 큰 잘못을 좀처럼 보지 못한다. 여조겸 저 사람은 어떤 사람이며 나는 어떤 사람인가.

躬^궁自^자厚^후而^이薄^박責^책於^어人^인이면 則^즉遠^원怨^원矣^의니라.

躬自厚는 스스로 자기 잘못을 질책하기를 넉넉하게 한다는 뜻이다. 薄責於人은 남을 질책하기를 박하게 한다는 말로, 남에게 완전하기를 요구하지 않기에 남을 심하게 질책하는 일이 적다는 뜻이다. 遠怨은 원망을 멀리하게 된다는 말로, 여기에서 遠은 동사다. 자신이 남을 원망하는 일이나 남이 자신을 원망하는 일이나 모두 멀어지게 해서 결국 원망이 없게 한다는 뜻이다.

018강

어찌할까, 어찌할까

**어찌할까 어찌할까라고 말하지 않는 사람은 나도
어찌할 수 없다.**

「위령공」 제15장 불왈여지하여지하자(不曰如之何如之何者)

이 장은 정약용이 풀이했듯 진덕수업에 대해 말한 것이다.

선(善)을 향해 가는 사람은 학업이 진보하지 않음을 근심하고 세월이 함께해 주지 않음을 슬퍼하며 밤이나 낮이나 심사숙고해야 한다. 공부하는 사람이 이렇게 스스로 분발하지 않는다면 성인이라도 도울 길이 없을 것이다. 따라서 이 장은 계발의 교육과도 관련이 있다. 「술이」 제8장에서 공자는 "불분(不憤)이어든 불계(不啓)하며 불비(不悱)어든 불발(不發)이니라."라고 했다. 배우는 이가 통하려 애쓰지 않으면 열어 주지 않고, 애태우지 않으면 펴 주지 않는다는 말이다.

고려 말의 김우(金旴)는 성인 때 부르는 이름인 자가 자하(子何)였다. 원래 이름인 우는 쳐다본다는 뜻이다. 이색은 김우의 이름을 풀이한 글에서 우선 『맹자』「이루 하」에서 주나라 문왕이 도(道) 있는 어진 이를 갈망하기를 마치 아직 보지 못한 것처럼 했다는 말을 끌어와 이름인 '우'를 해설했다. 도 있는 이를 갈망하기를 아직 보지 못한 것처럼 한다는 말은 망도미견(望道未見)이라 하며, 투철한 구도심을 지니도록 격려할 때 쓴다. 이색은 다시 이 장에서 공자가 했던 말을 인용해 자인 '자하'를 해설하며 덕으로 나아가고 학업을 닦을 때는 혹 이르지 못하지나 않을까 염려하듯이 해야 한다고 충고했다.

나는 얼마나 절실하게 배움을 구하는가, 나의 공부는 진정한 자신을 성숙시키기 위한 것인가, 우리는 늘 숙고해야 한다.

不曰如之何如之何者는
吾末如之何也已矣니라.

如之何 如之何는 '어찌할까, 어찌할까!'라는 뜻이다. 어떻게 해야 나의 덕을 향상시키며 나의 공부를 닦을 수 있을까 深思熟考(심사숙고)하느라 마음 아파하고 조바심 태우는 것을 말한다. 이와 같이 하지 않고 함부로 행동하는 사람은 공자 자신도 어찌할 수 없다고 했다. 末은 아닐 未(미)와 같다.

019강

의미 있는 말

여럿이 하루 종일 함께 있으면서 말이 의리에 미치지 않고 작은 지혜를 행하기 좋아한다면 환난이 있을 것이다. 「위령공」 제16장 군거종일(群居終日)

고려 신종 때 권세가 기홍수와 차약송은 평장사(平章事)가 되어 중서성에 합좌했는데, 차약송이 기홍수에게 공작새가 잘 있느냐고 묻자 기홍수는 그에게 모란 기르는 방법을 물었다. 사람들은 공무의 자리에서 그들이 정치에 관한 사안을 논의하지 않고 사사로운 이야기를 주고받은 사실을 두고 옳게 여기지 않았다고 한다. 이제현의 『역옹패설』에 나오는 일화이다.

  조선의 정조는 젊은 관료들이 모이기만 하면 천한 농담이나 주고받는 것을 보고 개탄했다. 정조는 규장각 신하들을 질책하여 명망 있는 집안 출신으로 요직에 오른 젊은 관료들이 자기 몸을 단속하지 않고 그저 익살 부리는 것이나 좋아하므로, 몸은 모범이 될 만한 행실을 쌓지 못하고 입은 비속한 말을 익혀 옛 사대부의 기풍을 완전히 실추시켰다고 비판했다. 정조의 우려는 이 장에서 공자가 한탄한 뜻과 통한다.

주희는 이 장을 풀이하며, 말이 의리에 미치지 않으면 방벽(放辟)하고 사치(邪侈)한 마음이 불어나게 되고 작은 지혜를 행하기 좋아하면 위험함을 행하고 요행을 바라는 기미가 무르익게 된다고 경고했다. 방벽은 자기 멋대로 함, 사치는 간사하고 분수에 지나침이다.

물론 사람들이 모인 자리에서 엄숙하게 도의만 논할 수는 없다. 하지만 여럿이 모여 하찮은 이야기나 나누고 작은 지혜나 부린다면 우리는 "시들어 가고" 말 것이다. 박인환의 시 「목마와 숙녀」 가운데 "세월은 가고 오는 것/ 한때는 고립을 피하여 시들어 가고/ 이제 우리는 작별하여야 한다"라는 구절이 새삼 묘한 감흥을 불러일으킨다.

> 群居終日(군거종일)에 言不及義(언불급의)오
> 好行小慧(호행소혜)면 難矣哉(난의재)라.

群居는 여러 사람이 한데 모여 있음이다. 言不及義는 대화의 내용이 도덕이나 의리와 관계가 없음을 뜻한다. 小慧는 小惠(소혜)로 되어 있는 판본이 있다. 혹자는 慧와 惠를 구분해서 小惠가 옳다고 주장하기도 한다. 맹자는 공자가 관자에 대해 큰 정치를 하지 않고 작은 은혜를 베풀었다고 비판했다는 말을 인용한 일이 있다. 그래서 여기서도 小惠를 비판했다고 보는 것이다. 반면 주희는 小慧를 小智(소지)로 보았다. 작고 하찮은 才智(재지)라는 뜻으로 본 것이다. 정약용도 그 설을 따랐다. 難矣哉는 德(덕)으로 들어가지 못하므로 장차 환난과 해악이 있으리라는 뜻이다. '곤란하구나!'라고 탄식한 말로 보아도 좋다.

義

020강

군자란 무엇인가

군자는 의(義)로 바탕을 삼고 예(禮)로 그것을 행하며 겸손으로 그것을 말하고 신(信)으로 그것을 이루니, 이래야 군자로다. 「위령공」제17장 군자의이위질(君子義以爲質)

고전에서 말하는 군자란 어떠한 존재인가? 이 장에서 군자는 의(義)를 본질로 삼아 예의에 부합하도록 행동하고 겸허하게 말하며 어느 상황에서든 신실한 사람이다. 고원한 존재는 아니지만 주위에서 쉽게 찾기 어려운 인물이다.

    이 장에서 '의로 바탕을 삼음'과 '예로 그것을 행함'은 조행(操行, 태도와 행실)을 가리키고, '겸손으로 그것을 말함'과 '신으로 그것을 이룸'은 언어를 가리킨다고 보는 설도 있다. 혹은 그 넷이 순차적인 관계에 있다고 보기도 한다.

    정약용은 '예로 그것을 행함'은 위행(危行, 행동을 준엄하게 함), '겸손으로 그것을 말함'은 언손(言孫, 말을 낮춰 함)을 뜻하며, '신으로 그것을 이룸'은 행과 언을 총괄한다고 보았다. 그리고 '의로 바탕을 삼음'과 '신으로 그것을 이룸'이 수미를 이루어서, 행과 언이 의와 신의 두 날개라고 분석했다. 정약용이 말한 위행과 언손은 「헌문」 제4장의 "나라에 도가 있으면 말을 준엄하게 하고 행동도 준엄하게 하며, 나라에 도가 없으면 행동은 준엄하게 하되 말은 공손하게 해야 한다."에서 나왔다.

 이 장에서 신을 강조한 것은 「팔일」 제8장에서 "그림 그리는 일은 흰 비단 마련하는 것보다 뒤에 하는 것이다."라고 하면서 충신을 강조한 것과 통한다. 단 「팔일」 편에서는 충신을 예에 앞서는 바탕으로 중시했으나, 이 장에서는 신의 태도를 예에 따르는 행동과 겸손한 언어를 아우르는 말로 보았다.

君子는 義以爲質이오 禮以行之하며
孫以出之하며 信以成之하나니 君子哉라.

義는 聲訓(성훈)의 풀이 방식에 따르면 마땅할 宜(의)와 같다. 주희는 마음을 제어해서 일의 마땅함에 부합시키는 것이 義라고 설명했다. 義以爲質은 以義爲質과 같다. 質은 質幹(질간)이요 本質(본질)이다. 禮는 尊卑(존비)를 구별하고 사물을 질서 지우는 준칙이다. 禮以行之는 以禮行之와 같으며, 孫以出之와 信以成之도 같은 구문이다. 같은 짜임의 어구들을 늘어놓은 유구법을 사용했다. 孫은 遜(손)과 같으니, 謙遜(겸손)이다. 信은 誠信(성신)이다. 行之, 出之, 成之의 之는 모두 義를 가리킨다. 단 현대 학자들은 이 之에 휴지 기능만 있다고 보기도 한다. 君子哉는 '군자라 할 수 있으리라!'라고 영탄하는 말이다.

021강

能

나의 능력을 걱정한다

> 군자는 자신의 무능함을 병으로 여기지, 남이 자신을
> 알아주지 않음을 병으로 여기지 않는다.
>
> 「위령공」제18장 군자병무능언(君子病無能焉)

진(晉)나라 때 두예(杜預)는 자기 이름을 영원히 전하고자 『춘추』의 해석서인 『춘추좌씨전』에 주석을 달고 낙양성 동쪽 수양산에 자기 무덤을 미리 만들고는 묘표에 새길 글을 직접 지었다. 그리고 자기 공적을 기록한 비를 두 개 만들어 하나는 현산(峴山)에 세우고 하나는 한수(漢水)에 빠뜨려 두었다. 이렇듯 일반적으로 사람들은 죽은 뒤에 이름이 잊힐까 염려할 겨를조차 없이 살아 있는 동안에 이름이 드러나지 못할까 근심하고는 한다. 그렇기에 자기의 무능함은 탓하지 않고 남이 자기를 몰라준다고 투덜거리기 일쑤인 것이다. 이 장에서 공자는 그렇게 투덜거리지만 말고 자신을 냉철하게 되돌아보라고 가르친다.

공자는 제자들에게 내면을 닦아 자신을 충실하게 하는 전내실기(專內實己)의 공부에 힘쓰라고 거듭 촉구했다. 「학이」제16장에서는

"남이 나를 알아주지 않음을 걱정하지 말고, 내가 남을 알지 못함을 걱정해야 한다."라고 했고, 「헌문」 제32장에서는 "남이 나를 알아주지 않음을 걱정하지 말고, 자신이 능하지 못함을 걱정해야 한다."라고 했다. 「학이」 편에서는 남의 옳고 그름과 간사하고 정직함을 잘 분변하라 한 것이고, 「헌문」 편에서는 자기 자신의 무능함을 직시하라고 한 것이다. 이 장은 「헌문」 편의 가르침과 통한다.

조선 후기에 정제두(鄭齊斗)로부터 시작되어 일제 강점기 정인보로 이어지는 강화학파는 바로 전내실기의 공부를 제일 강조했다. 정권을 잡기 위한 공부, 명예나 이익을 쫓는 공부, 다른 사람을 억압하는 데 쓰이는 공부를 모두 허학(虛學)이라 규정하고 참된 나를 찾는 공부를 해 나간 것이다.

「이인」 제14장에서 공자는 "자신을 알아주는 이가 없음을 걱정하지 말고 알려질 만하게 되고자 해야 한다."라고 하기도 했다. 정말로 우리는 먼저 '알려질 만한' 사람이 되도록 힘써야 하리라.

君子는 病無能焉이오 不病人之不己知也니라.

病은 患(환)과 같다. 마음속에 얹어 두고 염려하는 것을 말한다. 그 목적어가 無能이다. 無能은 '자신에게 재능이 없음'을 뜻한다. 不病의 목적어는 人之不己知이다. 人之不己知는 남이 나를 알아주지 않음이다.

022강
稱
이름이 일컬어져야

군자는 세상 마치도록 이름이 일컬어지지 않음을 싫어한다. 「위령공」 제19장 군자질몰세이명불칭언(君子疾沒世而名不稱焉)

앞 장에서 공자는 군자라면 자신의 무능을 병으로 여겨야 하지, 남이 자신을 알아주지 않음을 병으로 여겨서는 안 된다고 했다. 그런데 바로 다음에 오는 이 장에서 공자는 "군자는 세상 마치도록 이름이 일컬어지지 않음을 싫어한다."라고 했으니, 둘 사이에 모순이 있지 않나 의심할 수 있다.

물론 공자는 제자들에게 남이 알아주지 않더라도 투덜거리지 않고 내면을 닦아 자신을 충실하게 하는 전내실기의 공부에 힘쓰라고 거듭 촉구했다. 그런데 전내실기의 실상은 나의 선덕과 선행을 남이 인정해 줄 때에만 비로소 드러난다. 그렇기에 군자는 세상 마치도록 이름이 일컬어지지 않음을 싫어한다고 한 것이다.

송나라 범조우는 이렇게 말했다. 군자는 학문을 함으로써 자신을 위하지 남이 알아주기를 구하지 않지만, 종신토록 이름이 일컬어지지 않는다면 선을 행한 실제가 없음을 알 수 있다. 한편 조선의 정약용은 이렇게 말했다. 뜻을 세운 군자는 개나 말처럼 이름 없이 사라져 가는 것을 부끄러워하는 법이니, 만일 몸이 죽음에 따라 이름마저 사라져 버린다면 어찌 이를 슬퍼하지 않겠는가. 사람으로서 몸이 다하도록 하나의 명성도 이루지 못한다면 죽어서 또한 명성이 있을 수 없기에 군자는 오로지 자신을 슬퍼하는 것이다.

남이 나를 알아주거나 알아주지 않는 것은 나와 상관없는 일이다. 하지만 뜻을 세운 이래 몸이 다하도록 하나의 명성도 이루지 못한다면 나 자신이 서글플 수밖에 없으리라.

> 군자 질 몰 세 이 명 불 칭 언
> 君子는 疾沒世而名不稱焉이니라.

여기서의 疾은 病(병)이나 患(환)과 마찬가지로 마음에 얹어 두고 염려함이다. 그 목적어가 沒世而名不稱이다. 沒世는 몸이 죽은 이후를 가리키는 말로, 終身(종신)과 같다. 名不稱은 善德(선덕)을 쌓고 善行(선행)을 했다는 명성이 세간에서 칭송되지 않음이다. 혹은 '이름이 실상과 합치하지 않음'이라고 보기도 하지만, 여기서는 취하지 않는다.

自反

023강

내 탓이오, 내 탓이오

군자는 원인을 자신에게서 찾고 소인은 남에게서 찾는다. 「위령공」제20장 군자구저기(君子求諸己)

군자는 잘잘못의 원인을 자기에게서 찾아 스스로 반성하지만 소인은 그 반대다. 이 장은 자율적 인간의 존재 방식을 간명하게 제시한다. 송나라 양시(楊時)는 이 장을 같은 「위령공」 편 제18장의 "군자는 자신의 무능함을 병으로 여기지, 남이 자신을 알아주지 않음을 병으로 여기지 않는다."라는 말과 연계시켰다. 즉 군자는 남이 알아주지 않음을 병으로 여기지 않지만 종신토록 이름이 일컬어지지 않음을 싫어하며, 종신토록 이름이 일컬어지지 않음을 싫어하지만 그 원인은 자기 몸으로 돌이켜 찾을 뿐이라고 보았다.

『중용』은 선비로서 활쏘기에서 정곡을 맞추지 못하면 원인을 자기에게서 찾는 일이 군자답다고 했다. 군자의 자기 반성을 활쏘기에 비유한 것이다. 『맹자』는 남을 사랑하는데도 그와 친해지지 않으면 자신의 인(仁)을 돌이켜 보고, 남을 다스리는데도 그가 제대로 다스려지지 않으면 자신의 지(智)를 돌이켜 보며, 남을 예(禮)로 대하는데도 그가 예로 답하지 않으면 자신의 경(敬)을 돌이켜 보라고 했다. 곧 불만족스러운 결과가 초래된 원인을 자신에게서 찾는 '반구저기(反求諸己)'의 태도를 지니라고 가르친 것이다.

그런데 자신을 반성하는 태도는 병적인 자책과는 거리가 멀다. 조선 후기의 최한기는 자기 반성의 태도에도 과불급의 병폐가 있을 수 있으니 주의하라고 지적했다. 만사의 원인을 자신에게서 찾으면서 미칠 수 없는 일까지 심력을 쏟을 필요는 없다. 무엇이든 지나치면 하지 않는 것만 못한 법임을 되새겨야 한다.

君子(군자)는 求諸己(구저기)오 小人(소인)은 求諸人(구저인)이니라.

諸는 之와 於가 합쳐진 글자다. 求諸己는 모든 일을 자기 책임으로 삼는 것, 求諸人은 나쁜 일을 남 탓으로 돌리는 것이다. 단 정약용은 求諸己를 '仁의 단초를 자기에게서 찾음'으로 보고, 이 장을 「안연」편의 제1장과 연결시켰다. 공자는 克己復禮(극기복례)가 仁이라 말하고는 "仁을 행함이 자기로부터 말미암는 것이지, 남으로부터 말미암겠는가?"라고 했는데, 그것이 바로 求諸己와 같다고 본 것이다. 일설로 갖추어 둘 만하다.

024강
군자의 긍지

군자는 긍지를 갖되 다투지 않고 무리 짓되 편당하지 않는다. 「위령공」 제21장 군자긍이부쟁(君子矜而不爭)

이 장에 따르면 군자는 긍지를 갖되 화평의 기운을 잃지 않으므로 남들과 괜스레 다투지 않는다. 또 군자는 남들과 어울려 무리를 짓되 권력에 빌붙으려는 사사로운 정을 지니지 않으므로 같은 무리끼리 당파를 이루지 않는다.

군자가 긍지를 갖되 다투지 않는다고 한 것은 「자로」 제26장에서 "군자는 여유 있되 교만하지 않고, 소인은 교만하되 여유가 없다."라고 한 것과 뜻이 통한다. 군자가 여유 있는 태도를 짓는 것은 긍지를 갖기 때문이며, 남들과 다투지 않는 것은 교만하지 않기 때문이다.

군자가 편당하지 않는다고 한 것은 「자로」 제23장에서 "군자는 화합하면서도 부화뇌동하지 않지만 소인은 부화뇌동할 뿐 화합하지 못한다."라고 한 것과 뜻이 통한다. 군자는 화합을 추구하므로 남들과 어울려 무리를 짓는다. 하지만 군자는 부화뇌동하지 않기 때문에 같은 무리끼리 당파를 이루지 않는 것이다.

여유와 교만, 화합과 부화뇌동, 긍지와 다툼, 무리와 당파는 군자와 소인이 나뉘는 경계다. 하지만 일상생활에서 이 두 가지 측면은 늘 혼재되어 있다. 어떤 해석가는 오곡 싹 사이에 가라지가 섞여 있다는 말로 둘 사이의 같은 점과 다른 점, 옳은 점과 잘못된 점을 금방 알기 어려움을 비유했다. 그렇지만 정밀하게 살펴보면 양자의 차이는 검은색과 흰색의 차이만큼 뚜렷하므로 구별해 내지 못할 것도 없다. 우리는 과연 군자와 소인을 구별할 안목을 지니고 있는가?

君子는 矜而不爭하며 群而不黨이니라.
군자　긍이부쟁　　군이부당

矜은 긍지를 지닌다는 뜻이되, 몸가짐을 莊重(장중)하게 지니는 일이라고도 한다. 爭은 남과 싸워 자기를 높이려는 일로, 남 이기길 좋아하는 마음에서 비롯된다. 남 이기길 좋아하는 마음을 好勝之心(호승지심)이라 하며, 이는 공부에서 가장 경계해야 할 것이다. 群은 남들과 마음으로 모이는 일, 黨은 권력자와 가까이 지내면서 무리 짓는 일을 뜻한다. 而는 역접의 접속사다.

025강
공평무사한 판단

**군자는 말을 잘한다고 해서 그 사람을 등용하지 않고
사람이 나쁘다고 해서 그의 좋은 말을 버리지 않는다.**

「위령공」 제22장 군자불이언거인(君子不以言擧人)

명경지수(明鏡止水)라는 말은 맑은 거울과 고요한 물이라는 뜻으로, 사념이 없는 깨끗한 마음을 비유한다. 군자의 마음은 바로 명경지수와 같아 판단을 명확하게 내린다고 한다. 곧 어떤 사람이 말을 잘한다고 해서 그를 거용하지 않으며, 덕행 없는 인물이라고 해서 그의 좋은 말까지 폐기하지 않는다. 이 장에서 공자는 군자의 공평무사한 지감에 대해 그와 같이 말했다.

정약용은 이 장을 풀이하며 "이언지인(易言之人)을 군자불취(君子不取)하고 광부지언(狂夫之言)을 성인유택(聖人有擇)이니라."라고 했다. "쉽게 말하는 사람을 군자는 취하지 않고, 미치광이 말이라도 성인은 채택함이 있다."라는 뜻이다. 쉽게 말하는 사람의 예로는 『삼국지연의』의 마속(馬謖)을 들었다. 마속이 병법 논하기를 좋아하자 유비는 그의 말에 과장이 많음을 알고 크게 써서는 안 된다고 했다. 제

갈공명은 말을 듣지 않았다가 후에 위(魏)나라를 정벌하려고 기산(祈山)을 공격할 때 마속이 제갈량의 지시를 어겨 크게 패했다. 성인이 미치광이의 말을 들은 예로는 『시경』「대아 판(板)」의 "옛날의 현자가 한 말이 있으니, 추요(芻蕘)에게도 묻는다 하네."라는 구절을 들었다. 추요는 꼴 베고 나무하는 사람이다.

쉽게 하는 말을 곧이곧대로 믿지 않는 한편 일반 대중의 쓸 만한 말에 귀 기울일 줄 아는 지감이 우리 사회의 지도자들에게 필요한 덕목이다.

$$\underset{군자}{君子}는\ \underset{불이언거인}{不以言擧人}하며\ \underset{불이인폐언}{不以人廢言}이니라.$$

不以言擧人은 좋은 말 하는 사람이 반드시 훌륭한 인물은 아니므로, 말만 듣고 그 사람을 쓰지는 않는다는 뜻이다. 以는 이유나 근거를 나타내는 개사이다. 不以人廢言은 덕행 없는 사람이라 해도 그가 한 말이 유익할 때는 버리지 않고 쓴다는 뜻이다.

026강

恕

한마디 말

> 자공이 "한 말씀으로서 종신토록 행할 만한 것이 있습니까?"라고 여쭈자, 공자께서는 "서(恕)일 것이다. 자기가 바라지 않는 바를 남에게 베풀지 말라는 것이다."라고 말씀하셨다.
>
> 「위령공」 제23장 유일언이가이종신행지자호(有一言而可以終身行之者乎)

앞서 「이인」 제15장에서 공자는 증자에게 "나의 도는 하나로 전체를 꿴다."라 했는데, 증자는 동문들에게 "선생님의 도는 충서(忠恕)일 따름이다."라고 부연했다. 주희는 충이란 자기 마음을 다하는 것, 서란 자기 마음을 미루어 다른 사람의 마음을 헤아림으로써 자기가 싫어하는 일을 다른 사람에게 행하지 않는 것이라고 보았다. 일관의 도를 충과 서로 구분한 것이다. 그런데 이 장에서 공자는 일생토록 행해야 하는 하나를 든다면 서일 것이라고 했다. 그렇기에 정약용은 일관의 도란 서이며, 충은 서의 바탕이라고 보았다.

이 장에서 공자는 서를 "자기가 바라지 않는 바를 남에게 베풀지 않는 것"이라고 정의했다. 「안연」 제2장에서도 중궁에게 인을 설명하면서 "자기가 바라지 않는 일은 남에게 베풀지 말라."라고 했다. 서는 곧 추기급물(推己及物)이다. 자기 마음을 미루어 남에게 미치는 것이니, 내가 상대방의 처지라면 어떨까를 생각해서 그를 대하는 배려의 태도를 말한다.

그렇다면 서는 인(仁)인가, 아니면 서와 인은 서로 다른가? 자기 마음을 미루어 남에게 미치는 것이 '서'라면 자기의 마음 그대로 남에게 미치는 것이 '인'이다. 거듭 말했듯 『맹자』 「진심 상」에서는 "힘써 제 마음으로 남의 마음을 헤아려 행하면, 인을 구하는 데 이보다 더 가까운 길이 없다."라고 했다. 따라서 서는 인에 비해 미진한 면이 있다. 그렇지만 자기를 다스리는 마음으로 남을 다스리고 자기를 사랑하는 마음으로 남을 사랑하는 서의 태도는 우리가 일생 동안 지켜야 할 한마디의 말로 결코 손색없을 것이다.

> 子貢이 問曰, 有一言而可以終身行之者乎잇가.
> 子曰, 其恕乎인저 己所不欲을 勿施於人이니라.

一言은 片言隻語(편언척어), 즉 한 조각 한마디의 말이다. 可以는 '그것으로써 ~할 수 있다'라고 흔히 풀이하지만, 가능을 나타내는 복합어로 보아도 좋다. 其恕乎는 '아마도 恕일 것이다'라는 말로, 추정의 어조를 지닌다. 己所不欲, 勿施於人은 「안연」 제2장에서 공자가 중궁에게 仁을 설명하면서 한 말과 같다.

027강

누구나 지닌 올바른 도

> 내가 남에 대해서 누구를 비난하고 누구를 과찬하겠는가! 만일 칭찬하는 경우가 있다면 시험해 본 적이 있기 때문이다. 지금의 백성들은 하, 은, 주 삼대 때 실행한 올바른 도를 지니고 있다.
>
> 「위령공」 제24장 오지어인야수훼수예(吾之於人也誰毀誰譽)

공자는 백성들의 심성이 본래 올바르다고 믿었다. 그의 믿음은 강하다. 이 장에서 공자는 사람을 비난하는 것과 칭찬하는 것을 아울러 말하면서 사람을 칭찬하는 쪽으로 결론을 짓고, 주로 시험해 본 바가 선이기 때문이라고 했다. 백성들은 하, 은, 주 삼대 때 올바른 도를 실행함으로써 형성된 심성을 그대로 갖추고 있으므로 개인의 호오에 따라 그들을 비난해서는 안 된다고 본 것이다.

당나라 위징은 이렇게 말했다. "만약 옛사람은 성질이 순박했는데 점점 시대가 내려옴에 따라 성질이 흐려졌다고 한다면, 오늘날에 이르러서는 마땅히 모두 도깨비로 변해 있어야 할 것이다." 그 역시 "사람은 누구나 성인이 될 수 있다."라는 신념을 지니고 있었던 것이다.

공자는 남의 선함을 보면 크게 칭찬하고는 했다. 이는 곧 그 자신이 선한 본성을 지녔거나 선을 지향했기 때문일 것이다. 공자는 『춘추』를 집필하면서 털끝만큼도 지나치지 않게 포폄(褒貶)을 했다고 전하는데, 이는 바로 시비의 공심(公心)을 드러낸 것이다. 그래서 학자들은 우왕·탕왕·문왕·무왕이 올바른 도로 상벌을 행했다면 공자는 올바른 도로 포폄을 행했다고 보았다. 공자는 백성들이 이상 정치의 시대 때 형성한 덕성을 지니고 있다고 믿었기에 함부로 헐뜯거나 과찬하지 않고 실정에 근거해 시비를 가리고자 한 것이다.

인간을 올바로 판단하는 공심의 발휘를 지금은 왜 기대하기 어려운가? 인간의 착한 본성을 확신하지 못하기 때문이 아니겠는가!

> 吾之於人也에 誰毁誰譽리오.
> 如有所譽者면 其有所試矣니라.
> 斯民也는 三代之所以直道而行也니라.

毁는 사람을 비난하는 일이니, 남의 악을 말하면서 그 진실을 깎아 내리는 것을 말한다. 譽는 사람을 찬양하는 일이니, 남을 사실보다 지나치게 칭찬하는 것을 말한다. 如는 '만일 ~이라면'이다. 其有所試矣는 일찍이 실제로 시험해 본 바가 있어 칭찬하는 것이지, 구차하게 그러는 것이 아니라는 뜻이다. 斯民은 지금 시대의 백성, 也는 주제화하는 어조사이다. 三代는 성스러운 군주가 다스렸던 이상적인 시대를 가리킨다. 直道는 선은 선, 악은 악이라고 시비를 분명히 함이다. 三代之所以直道而行也는 삼대 동안 直道를 실행했기에 지금 백성들이 純朴(순박)하다는 뜻이다.

028강

작은 일에 성내지 말라

> **교묘한 말은 덕을 어지럽히고, 작은 것을 참지 않으면
> 큰 계책을 어지럽히게 된다.**
>
> 「위령공」 제26장 교언난덕(巧言亂德)

이 장에서 공자는 교묘한 말을 경계하고 작은 일이라도 인내하라고 권면했다. 두 사항이 곧바로 연결되지는 않지만, 일상생활에서 흔히 겪는 사례를 들어 내면을 닦는 방도를 제시하고자 한 듯하다.

공자는 이미 「학이」 제3장에서 "말을 잘하고 얼굴빛을 잘 꾸미는 자 가운데 어진 사람이 드물다."라고 했고, 이 장에서는 교언이 덕을 어지럽힌다고 했다. 내실이 없는 번드르르한 말이 시비를 혼란시킬 뿐 아니라 인간의 본성까지 해칠 수 있다고 본 것이다.

'작은 것을 참지 않음'의 원문은 소불인(小不忍)이다. 주희는 이 말을 작은 일을 차마 하지 못함과 하찮은 일을 참지 못함의 두 가지로 풀이했다. 차마 못하는 마음이 지나쳐 일을 결단하지 못함을 '부인의 인(仁)'이라 하고, 하찮은 일을 참지 못하며 지나치게 과감한 것을 '필부의 용(勇)'이라 한다. 이는 남성과 여성을 차별한 말이 아니라

양자의 특성을 음과 양으로 대비시킨 말이다.

　인(忍) 공부는 참으로 어렵다. 주희는 수치스러운 일을 당했을 때는 참아야 하는 경우도 있고 참아서는 안 되는 경우도 있다고 했다. "일에는 분명히 인내해서 안 되는 것이 있거늘, 어찌 전적으로 인내만 배우겠는가? 인내만 배운다면 그 폐단이 구차하고 미천한 상태에 이르게 된다."라는 것이다. 정의에 어긋나는 일에 대해서는 분연히 저항하자. 하지만 정의와 무관한 작은 일에 일일이 분노하다 큰길을 잃지는 말자.

巧言은 亂德이요 小不忍則亂大謀니라.
(교언)　(난덕)　(소불인즉난대모)

巧는 '아름답다, 훌륭하다, 꾸미다'라는 뜻으로 巧言은 말을 꾸미는 일, 혹은 번드르르하게 꾸민 말을 가리킨다. 巧言亂德에 대해 공영달은 巧言과 利口(이구)가 德義(덕의)를 어지럽힌다고 풀이했는데, 德義의 주체는 분명하지 않다. 주희는 巧言이 옳고 그름을 變亂(변란)시키므로 그 말을 들은 사람은 지킬 바를 상실하게 된다고 보았다. 이에 비해 정약용은 巧言이 그 말을 하는 덕 있는 어진 사람 자신을 해치게 된다고 재해석했다. 小不忍은 작은 것을 참지 못한다는 말이다. 亂大謀는 대사를 실행할 큰 계책을 어지럽혀 완수되지 못하게 만든다는 뜻이다.

029강

인물 평가의 방법

> **여러 사람들이 그를 미워하더라도 반드시 살펴보고,
> 여러 사람들이 그를 좋아하더라도 반드시 살펴보아야
> 한다.** 「위령공」 제27장 중오지필찰언(衆惡之必察焉)

우리는 일생 남을 평가하고 또 남에게 평가받으며 살아간다. 그런데 과연 우리는 남을 사심 없이 공정하게 평가하고 있는가? 이 장에서 공자는 항간에 떠도는 소문이나 뭇사람의 부당한 논단에 휘둘리지 말고 내 스스로 상대방의 인격을 정밀하게 살펴보라고 권고한다. 차근차근 살펴보는 일, 이것이야말로 상대방을 진정으로 이해하는 방법인 것이다.

    사람들 가운데는 남에게 아첨하고 무리 짓기 좋아하는 아당비주(阿黨比周)의 소인이 있는가 하면, 자신의 정대함을 믿고 홀로 우뚝한 특립독행(特立獨行)의 군자도 있다. 세론만 따르다가는 평가를 그르치기 쉬우며, 심지어 이 사람 저 사람에게 호인이라고 일컬어지지만 실상 내면의 덕을 갖추지 못한 향원을 군자로 오인할 수도 있다. 그렇기에 공자는 인재를 등용할 때 뭇사람의 호오에 현혹되지 말고 진상을 살펴서 사람을 판단해야 한다고 말한 것이다. 맹자는 그 가르침을 이어 이렇게 말했다. "좌우의 측근들이 모두 유능하다고 말해도 아직 안 된다. 여러 대부들이 모두 유능하다고 말해도 아직 안 된다. 나라 안의 사람들이 모두 유능하다고 말한 연후에 살펴보고 정말 유능한 지 확인한 뒤에야 비로소 그 사람을 임용해야 한다."

인재 등용의 문제만이 아니다. 살아가면서 우리는 향원을 멀리하고 특행의 인사를 가까이하기 위해 사람을 충분히 살펴야 한다. 공자는 「이인」 제3장에서 "오로지 어진 사람이라야 남을 제대로 좋아할 수도 있고 남을 제대로 미워할 수도 있다."라고 했다. 남을 평가하려면 내 마음부터 공평무사해야 하리라.

衆惡之(중오지)라도 必察焉(필찰언)하며
衆好之(중호지)라도 必察焉(필찰언)이니라.

衆은 다수의 사람들이다. 惡는 嫌惡(혐오)로, 좋아할 好(호)와 상대된다. 察은 眞相(진상)을 상세하게 관찰하는 일이다. 必察焉의 주어는 판단 주체로서의 '나'인데 생략되어 있다. 같은 짜임의 두 문장을 나란히 두는 표현법인 대장법을 사용했다.

030강

사람이 도를 넓힌다

사람이 도를 넓혀 크게 하는 것이지, 도가 사람을 넓혀 크게 하는 것이 아니다.

「위령공」 제28장 인능홍도(人能弘道)

이 장은 매우 짧지만 『논어』 전체를 관통하는 사상을 이해하는 데 극히 중요하다.

    공자는 하늘에 대한 관심을 인간에 대한 관심으로 바꾸었다고 일컬어진다. 「선진」 제11장에서 자로가 죽음에 대해 묻자 공자는 "사람답게 사는 일도 다 모르는데 어찌 죽음을 말하겠느냐?"라고 한 바 있다. 그리고 여기서 공자는 "사람이 도를 넓혀 크게 하는 것이다."라고 해서 인본주의 사상을 분명하게 드러냈다. 이때의 도는 추상적인 무언가가 아니라 사람을 사람답게 하는 도덕 일반을 말한다. 공자의 관점에 따르면 사람 바깥에 도가 없고 도 바깥에 사람이 있지 않기에 도가 없으면 사람이라 할 수 없다. 이는 『중용』 제13장에서 "도는 사람과 멀리 떨어져 있지 않다. 따라서 사람이 도를 행하면서 사람을 멀리 한다면, 그것은 도라고 할 수 없다."라고 한 말과 통한다.

주희는 심(心)을 사람에게 귀속시키고 성(性)을 도에 귀속시켜 인심에는 지각이 있으나 도체에는 작위가 없기 때문에 사람이 도를 크게 할 수는 있어도 도가 사람을 크게 할 수는 없다고 풀이했다. 하지만 정약용은 만일 성을 도에 귀속시킨다면 도체란 지극히 크고 끝이 없거늘 어떻게 사람이 그것을 축소하거나 확대할 수 있다고 하겠으며, 사람이 도를 배우면 덕의 마음이 드넓어지고 나날이 빛나며 커지거늘 어떻게 도가 사람을 크게 할 수 없다고 하겠느냐고 반문했다. 이처럼 귀류법을 통해서 정약용은 심을 사람에 귀속시키고 성을 도에 귀속시키는 관점이 옳지 않다고 배격하고, 홍도(弘道)란 성인이 태어나 천하에 도를 넓히는 사실을 가리킨다고 보았다.

공자는 추상적인 도를 말하지 않았다. 오히려 도덕을 구체적으로 실천해 나가는 인간 의지를 중시했다. 우리는 인간이 어떤 존재인지 자각하고 도덕 의지를 발휘해 인간다운 삶을 살아야 할 것이다.

人能弘道요 非道弘人이니라.
<small>인 능 홍 도   비 도 홍 인</small>

弘은 확장시켜 크게 함이고, 道는 인간을 인간답게 만드는 도리를 뜻한다. 弘道는 恢弘道德(회홍도덕)이란 말로, 술어와 목적어의 짜임이다. 이를테면 直道(직도)가 수식어와 피수식어의 짜임인 것과 다르다. 조선 후기 화가 김홍도의 이름은 이 장에서 따온 것이다.

改

031강

잘못인 줄 알면 고쳐야

잘못을 저지르고도 고치지 않는 것을 잘못이라고 한다. 「위령공」 제29장 과이불개(過而不改)

『논어』에서는 거듭 자성을 강조한다. 자성은 내성 혹은 반성이라고도 한다. 이 장에서는 우리에게 삶의 매 순간 자성을 통해 스스로의 잘못을 고쳐 나가라고 촉구한다.

공자는 사람이라면 잘못을 저지를 수도 있다는 사실을 직시하되, 잘못을 꾸미고 더 나쁜 방향으로 나가는 것을 경계했다. 그래서 저지른 잘못을 고치는 개과(改過)를 중시했다. 「학이」 제8장에서 공자는 "과즉물탄개(過則勿憚改)하라."라고 했다. "잘못을 저질렀다면 고치기를 꺼리지 말라."라는 뜻이니, 잘못을 저지른 사실을 깨달으면 지체 없이 고치라고 권한 것이다. 「옹야」 제2장에서는 죽은 안연을 칭송하면서 "불천노(不遷怒) 불이과(不貳過)"라고 언급했다. 안연은 노여움을 다른 사람에게 옮기지 않았고 잘못을 두 번 거듭하지 않았다고 논평한 것이다.

최한기가 지적했듯, 성숙한 사람이라면 자기 행실에 잘못이 없다고 여기지 않고 잘못을 줄이고자 하기 때문에 자기에게 잘못이 있음을 깨달으면 즉시 고칠 것이다. 잘못을 감추지 않고 같은 잘못을 거듭 저지르지 않고자 노력하는 일이야말로 인격 수양의 근본 방법일 것이다. 하지만 스스로 돌이켜 보면 어떠한가. 사욕에 이끌리는 줄 알면서도 잘못을 저지르고 또 그 잘못을 고치지 않는 경우가 많지 않은가. 개과의 공부는 참으로 어렵다.

過而不改가 是謂過矣니라.
(과이불개) (시위과의)

이 글에는 過란 글자가 두 번 나오는데, 그 뜻에 약간 차이가 있다. 앞의 過는 자기도 모르게 저지르는 過失(과실)을 뜻하거나 중도를 얻지 못하는 過中(과중)을 뜻한다. 고의로 이치나 윤리에서 어긋나는 행동을 하는 죄악과는 다르다. 한편 是謂過矣의 過는 罪過(죄과)를 뜻한다. 이 장은 정약용에 따르면 잘못해서 중도를 잃은 자가 그 잘못을 고쳐 중도를 얻는다면 罪過라 할 수 없겠지만 만일 그 잘못을 고치지 않는다면 罪過라 할 만하다는 뜻이 된다.

032강

사색과 학문

내가 일찍이 종일토록 밥을 먹지 않고 밤새도록 잠을 자지 않고서 생각한 적이 있으나 유익함이 없었다. 배우는 것만 못했다. 「위령공」 제30장 오상종일불식(吾嘗終日不食)

공자의 학습은 학습과 사색을 병행하는 학이사(學而思)의 방법을 기초로 한다. 학이사는 기본적으로 윤리학 및 심성 수양 등 인간학과 관련이 깊지만, 지식학과도 통한다. 공자는 「위정」 제15장에서 "학이불사즉망(學而不思則罔)하고 사이불학즉태(思而不學則殆)니라."라고 말했다. "배우기만 하고 생각하지 않으면 얻음이 없고, 생각하기만 하고 배우지 않으면 위태롭다."라고 풀이한다. 주희는 '생각함'은 자기 마음에서 도덕률을 탐구해 나가는 구저심(求諸心)을 뜻하고 '배움'은 일을 익히는 습기사(習其事)를 뜻한다고 풀이했다. 이 장은 학이사의 문제와 관련이 깊되, 사색에 치우친 사람을 경계하는 뜻이 들어 있다. 공자 자신의 체험을 술회한 듯해서 친절하기도 하다.

이 장에서 공자는 학문과 사색 가운데 학문을 더 중시한 듯하다. 하지만 주희가 말했듯 공자는 사색만 하고 배우지 않는 자를 경계하기 위해, 마음을 수고롭게 해서 숨은 이치를 스스로 탐구해 내려 함은 마음을 겸손하게 지녀 남에게 배워 이치를 터득함만 못하다고 가르친 것이다. 정약용도 공자가 학문을 더욱 중시하는 것처럼 말한 이유는 자세히 알 수는 없지만 문면에 드러나지 않는 모종의 일이 있었기 때문일 것이라고 추측했다.

정녕 사색만 하고 익히지 않는 것도 한 가지 폐단이요, 익히기만 하고 사색하지 않는 것도 한 가지 폐단이다.

吾嘗終日不食하며 終夜不寢하여
以思호니 無益이라 不如學也로다.
(오상종일불식   종야불침   이사   무익   불여학야)

吾嘗終日不食, 終夜不寢, 以思는 같은 짜임으로 이루어진 대구인 終日不食과 終夜不寢을 나열한 후 以思라는 말로 빗장을 지르듯 매듭을 지었다. 이것을 雙關法(쌍관법)이라고 한다. 雙은 대구를 나열한 것을 말하고 關은 빗장을 말한다. 不如는 '~만 못하다'라는 뜻의 비교 구문을 만든다.

033강
가난을 걱정하지 않는다

> 군자는 도를 도모하지 음식을 도모하지 않는다. 밭을 간다 해도 굶주리는 일이 그 속에 있을 수 있고, 도를 추구하는 학문을 한다 해도 녹봉을 그 속에서 얻을 수 있다. 그렇기에 군자는 도를 걱정하지 가난을 걱정하지 않는다. 「위령공」 제31장 군자모도(君子謀道)

이 장을 잘못 읽으면 자칫 공자가 농사를 포함한 노동을 모두 경시하고 관념적인 공부만 중시한 것처럼 오해할 수 있다. 그러나 공자가 말하려 한 것은 자신을 완성하고 세상을 구원하려는 이상을 지닌 군자라면 지엽을 걱정하지 말고 근본을 다스려야 한다는 점이다. 근본은 도를 도모하는 일, 지엽은 음식을 도모하는 일이다.

「위정」 제18장에서 자장이 녹봉 구하는 방도를 물었을 때 공자는 "말에 허물이 적고 행동에 후회할 일이 적으면 녹봉은 그 가운데 있다."라고 했다. 녹봉 자체를 목표로 삼아 학문을 해서는 옳지 않으며 스스로를 완성하기 위해 우선 덕행을 닦으라고 말한 것이다.

군자는 도를 걱정하지 가난을 걱정하지 않는다고 했다. 도는 죽을 때까지 근심해야 할 것이기에 종신지우(終身之憂)라고 한다. 가난은 지금 당장의 걱정거리이기 때문에 일조지환(一朝之患)이라고 한다. 조선 전기의 김시습은 「북명(北銘)」의 앞부분에서 이렇게 말했다. "쪽박 물과 식은 밥을 먹을지언정 자리 차지하고 공짜 밥을 먹지 말며, 한 그릇 밥 받으면 그에 부합하는 힘을 써서 의리에 합당해야 하리. 하루 닥칠 근심보다는 종신토록 근심할 일 근심하고, 병들지 않고 구선(癯仙)처럼 파리하면서 안연처럼 뜻 바꾸지 않는 즐거움을 즐겨야 하리."

학문하는 사람이라면 자기 한 몸의 향락을 누리려 하기보다 도를 얻지 못할까 걱정해야 하리라. 큰 진리를 도모해야 하리라.

君子는 謀道요 不謀食하나니
耕也에 餒在其中矣요 學也에 祿在其中矣니
君子는 憂道요 不憂貧이니라.

謀는 영위하고 추구함이니, 圖謀(도모)라고 풀이한다. 耕은 農耕(농경)이다. 也는 耕을 주제로 제시하는 어조사이다. 餒는 飢餓(기아)이다. 在其中은 저절로 그 속에서 발생한다는 말이다. 耕也餒在其中矣는 농업을 하면 늘 굶주린다는 뜻이 아니라, 농사를 짓다 보면 수해나 한발 등 자연재해 때문에 먹을 것을 얻지 못해 굶주리는 경우도 있다는 말이다. 學은 여기서는 도를 추구하는 일을 말한다. 學也祿在其中矣는 학문을 하면 늘 녹봉을 얻을 수 있다는 뜻이 아니라, 학문을 하는 것은 도를 추구하기 위함이되 학문을 하면 도를 얻을 뿐 아니라 녹봉까지 얻는 경우도 있다는 말이다.

034강

위정자의 네 가지 덕목

禮

지혜가 미치더라도 인(仁)으로 지킬 수 없으면 비록 얻더라도 반드시 잃게 된다. 지혜가 미치며 인으로 지킬 수 있더라도 백성에게 장엄하게 임하지 않으면 백성들이 공경하지 않는다. 지혜가 미치며 인으로 지킬 수 있으며 백성에게 장엄하게 임하더라도 예(禮)로 백성을 고무하지 않으면 선하지 못하다.

「위령공」 제32장 지급지(知及之)

이 장에서 공자는 정치 지도자가 지녀야 할 덕목으로 지(知), 인(仁), 장(莊), 예(禮)의 넷을 들었다. 지는 사태의 본질과 변화에 통달하는 슬기, 인은 어질어서 남들에게 은혜를 끼치는 덕, 장은 권력을 지닌 자로서의 위엄, 예는 질서와 조리를 가리킨다. 공자는 그 넷 가운데서 예가 가장 중요하다고 했다.

여기서의 지는 특히 위정자가 수기치인(修己治人)의 방법을 충분히 앎을 가리킨다고 볼 수 있다. 그렇다면 첫 번째 구절은 위정자가 수기치인의 방법을 충분히 알더라도 인으로 지켜 나가지 않으면 반드시 나라나 지위를 잃고 말리라고 경계한 것이 된다. 곧 위정자에게는 지급인수(知及仁守)의 덕목이 요구되는 것이다.

한편 백성에 대해서는 장엄하게 임하고 예로 고무하라고 했다. 「위정」제20장에서 공자는 위정자의 장엄한 태도를 강조해 "백성을 대하길 장엄으로써 하면 백성이 공경한다."라고 했다. 또 같은 「위정」편 제3장에서는 정령과 형벌이 아니라 덕과 예를 정치의 근본으로 삼아야 한다고 주장하며 "백성들을 덕으로 인도하고 예로 가지런하게 하면 백성은 부끄러움이 있게 되고 또한 바르게 된다."라고 했다. '예로 고무한다(動之以禮)'는 말은 '예로 가지런하게 한다(齊之以禮)'는 말과 통한다.

지, 인, 장, 예는 오늘날의 정치 지도자들에게도 요구되는 덕목인 듯하다.

知及之_{라도} 仁不能守之_면
雖得之_나 必失之_{니라}.
知及之_{하며} 仁能守之_{라도} 不莊以涖之_면
則民不敬_{이니라}. 知及之_{하며} 仁能守之_{하며}
莊以涖之_{라도} 動之不以禮_면 未善也_{니라}.

知及之란 지능이 통치를 제대로 수행할 수 있는 정도에 미친다는 뜻이다. 주어 人君(인군)이 생략되어 있다. 守之는 얻은 지위를 지켜서 잃지 않음이다. 『주역』에서도 "성인의 큰 보배는 천자의 지위인데, 무엇으로 지위를 지키는가, 仁이다."라고 했다. 涖之는 '백성에게 임하다'로, 之는 民을 가리킨다. 動之는 백성을 鼓舞(고무)시켜 일어나게 함이다.

035강

큰 인물이 큰일을 한다

군자는 작은 일을 맡게 할 수 없으나 중대한 일은 받게 할 수 있고, 소인은 중대한 일을 받게 할 수 없으나 자잘한 일을 맡게 할 수 있다.

「위령공」제33장 군자불가소지이가대수(君子不可小知而可大受)

이 장에서 공자는 군자와 소인의 임무가 다름을 논했다.

앞서 「위정」제12장에서 공자는 "군자불기(君子不器)"라 했다. 군자는 그릇처럼 국한되지 않기에 한 가지 재주나 기예에만 능한 사람이 아니다. 군자는 회계 장부를 적어 기일 안에 조정에 보고하는 일이나 백성의 필수품인 미염(米鹽)을 관리하는 일에서는 재능을 발휘하지 못할 수 있다. 그러나 군자는 어린 군주를 보호하고 나라의 국정과 운명을 책임지며 군주를 요임금, 순임금과 같은 성군으로 만들어 백성들에게 큰 은택을 끼칠 수 있다. 같은 맥락에서 『회남자』는 살쾡이로 소를 잡거나 범으로 쥐를 잡을 수 없으며, 도끼로 터럭을 자르거나 칼로 아름드리나무 둥치를 자를 수 없다는 비유를 들었다. 오늘날의 관점으로는 군자와 소인의 차이를 현대 사회 내에서의 역할 분업으로 이해하면 좋을 듯하다.

『주역』해괘(解卦) 육삼(六三) 효사에 "짐을 등에 진 미천한 사람이 군자가 타야 할 수레를 탔으므로, 도둑이 눈치를 채고는 뺏으러 오니 마음이 곧더라도 부끄러움을 당하리라.(負且乘, 致寇至, 貞吝.)"라고 했다. 수레는 군자의 일을 비유하고 등짐은 소인의 일을 비유하니, 이 구절은 각자 차지한 자리가 걸맞지 않을 때 화가 초래된다는 뜻이다. 옛사람들은 자신의 역량에 비해 갑자기 높은 지위를 감당하게 되면 '부차승(負且乘)'은 아닌지 스스로 반성했다.

덕망이 있는 사람과 그렇지 못한 사람은 역할이 다를 수밖에 없다. 이 사실은 예나 지금이나 같다.

君子는 不可小知而可大受요
小人은 不可大受而可小知也니라.

이 장의 해석에는 두 가지 설이 있다. 주희는 知와 受를 서로 다른 것으로 보아 知는 내가 사람을 관찰하는 것, 受는 저 사람이 나에게서 받는 것을 가리킨다고 보았다. 이에 비해 정약용은 知와 受를 모두 '맡아보다'라고 해석했다. 곧 知를 일에 참여해 주관한다는 뜻의 與知(여지)로 본 것이다. 주희의 설에 따른다면 이 장은 '군자는 작은 임무를 가지고는 그 능력을 알 수 없으나 큰 임무를 받을 수 있고, 소인은 큰 임무를 받을 수는 없으나 작은 임무를 가지고 그 능력을 알 수 있다'는 뜻으로 풀이할 수 있다. 하지만 여기서는 정약용의 설을 따랐다. 可는 '~하게 할 수 있다', 不可는 '~하게 할 수 없다'이다. 小知는 작은 임무를 맡아봄, 大受는 큰 임무를 받아 행함이다.

仁 　036강
물과 불보다 중한 것

사람이 인을 필요로 하는 것은 물과 불을 필요로 하는 것보다도 심한데, 물과 불은 밟다가 죽는 자를 내가 보았거니와 인을 밟다가 죽는 자는 보지 못했다.

「위령공」 제34장 민지어인야심어수화(民之於仁也甚於水火)

이 장에서 공자는 인을 물과 불에 비유했다. 비유의 뜻에 대해서는 두 가지 설이 있다. 하나는 물과 불이 인간 생활에 꼭 필요하듯 인의 경우도 인간에게 필요한 것이라는 설이다. 또 하나는 사람들이 물과 불을 위험하다고 여겨 피하듯 인의 경우도 피한다는 설이다. 앞의 설은 마융이 주장하고 주희가 따랐다. 이 설에 따르면 위 구절은 물·불과 인은 모두 사람들이 살아가는 데 필수적인 것이지만 그중에서도 인이 가장 중요하다고 강조하고, 물과 불을 밟으면 죽을 수도 있지만 인은 밟아 나간다 해도 죽지 않거늘 무엇을 꺼려서 인을 행하지 않겠느냐고 말한 것이 된다. 뒤의 설은 왕필이 주장하고 정약용이 지지했다. 이 설에 따르면 위 구절은 사람들이 물과 불보다도 더 심하게 인을 피하므로 물과 불을 밟은 사람은 보았으나 인을 밟아 나가는 사람은 보지 못했다고 탄식한 것이 된다. 여기서는 마융과 주희의 설을 따랐다.

　풀이 방식은 다르지만 모든 해석이 이 장을 '살신성인(殺身成仁)'과 연결시킨다. 같은 「위령공」 제8장에서 공자는 "뜻 있는 선비와 어진 이는 삶을 구하느라 인을 해치는 일이 없고 몸을 죽여서라도 인을 이루는 경우가 있다."라고 했다. 인을 체득하려 하는 뜻 있는 선비와 이미 인을 체득한 어진 이는 구차하게 목숨을 부지하려다 마음을 상하고 인의 덕목을 해치는 일은 결코 하지 않는다고 한 것이다.

　공자가 그토록 권면했거늘, 우리는 어째서 인을 이루려 하지 않는 것인가?

民之於仁也에 甚於水火하니
민 지 어 인 야　　심 어 수 화
水火는 吾見蹈而死者矣어니와
수 화　　오 견 도 이 사 자 의
未見蹈仁而死者也케라.
미 견 도 인 이 사 자 야

民은 人(인)과 같다. 仁은 인간 마음의 덕이다. 民之於仁也는 '民이 仁에 대해서는' 혹은 '民과 仁의 관계는'이란 뜻을 나타낸다. 甚於水火는 마융의 설을 따라 물과 불보다 繁切(긴절)하다는 뜻으로 풀이했다. 여기서의 '於~'는 '~보다'라는 비교의 뜻을 나타낸다. 吾見蹈의 목적어는 水火인데, 술어보다 목적어를 앞에 두어 그 목적어를 강조했다.

踐

037강

인의 실천

인을 실천하는 일에서는 스승에게도 양보하지 않는다.
「위령공」 제35장 당인불양어사(當仁不讓於師)

인의 실천은 나의 자율에 달려 있다. 인을 실천할 때는 마땅히 스스로 용맹스럽게 해 나가야 하기에, 스승에게조차 양보해서는 안 된다. 공자는 이 장에서 그 점을 단호하게 말했다.

인이란 대체 무엇인가? 난문(難問)이다. 맹자는 "측은(惻隱)의 마음이 인의 단(端)이다."라고 했다. 인을 행하는 근본이 인간의 본심에 있다는 것이다. 정약용은 인을 행하는 근본은 본심에 있되, 인이라는 이름은 실천 이후에 붙는다고 보았다. 일상적으로 인이란 개념은 사람과 사람의 사이에서 각자 본분을 극진히 행하는 것을 가리킨다. 순임금은 아버지 고수(瞽瞍)의 마음을 진심으로 기쁘게 해 드림으로써 효를 이루었고, 비간(比干)은 은나라 주왕이 포악했지만 그를 위해 간곡하게 간언을 함으로써 충을 이루었으며, 주나라 문왕은 환과고독(鰥寡孤獨)의 사궁(四窮)을 불쌍히 여김으로써 자(慈)를 이루었다. 그 효, 충, 자의 실천이 인이다. 성리학에서 말하듯 인을 이(理)로 본다면

이 장에서의 인만이 아니라 사서오경에 언급된 인이란 글자를 모두 풀이하기 어렵다.

일상에서는 스승에게 예를 지켜 사양해야 하지만 인의 실천은 유기(由己), 즉 자기에게서 말미암는 일이므로 스승에게라도 사양해서는 안 된다. 「안연」 제1장에서는 "사욕을 극복해 예로 돌아가는 것이 인이니, 하루 사욕을 극복해 예로 돌아간다면 천하가 그 인으로 귀화하게 된다. 인을 행해 자기로부터 말미암지, 남으로부터 말미암겠는가."라고 했다. 나는 자율적인 주체인가? 인의 실천을 남에게 양보하고 있다면 그 대답은 부정적이다.

當仁하여는 不讓於師니라.
_{당 인} _{불 양 어 사}

當仁에 대해 주희는 '仁을 나의 임무로 삼아서는'이라고 풀이했으나 여기서는 공안국의 설을 따라 '仁을 실천하는 때를 당해서는'이라고 풀이했다. 不讓은 남에게 양보하지 않는다는 말이다. 於는 '~에게'이다. 師는 先生(선생)과 長者(장자)를 가리킨다.

038강

 정도를 따른다

군자는 정도를 따라 올곧으며, 작은 신의에 얽매이지 않는다. 「위령공」 제36장 군자정이불량(君子*貞*而不諒)

사람은 누구나 신의를 지켜야 한다고 말한다. 그렇거늘 공자는 이 장에서 군자는 작은 신의에 얽매이지 않는 법이라고 했다. 어째서인가? 군자는 올바른 도리를 흔들림 없이 굳게 지켜야 하지만, 시비곡직을 따지지 않고서 그저 처음 뜻을 관철하려고 고집만 해서는 안 되기 때문이다.

「자로」 제20장에서 공자는 선비를 세 등급으로 나눈 바 있다. 첫째는 부끄러움을 알아 자신을 단속하고 외국에 나가 사신의 중임을 수행하는 선비이며, 둘째는 일가친척들이 효성스럽다 일컫고 한마을 사람들이 공손하다 일컫는 선비이고, 셋째는 말에 신의 있고 행동에 과단성 있는 소인이다. 그중 셋째 부류에 대해 "말은 반드시 신의를 지키고 행동은 반드시 과단성을 지녀 마치 돌이 서로 부딪히는 듯한 소리를 내는 소인이 그나마 그다음 부류라 할 수 있다."라고 했으니, 여기서 말한 '작은 신의에 얽매이는' 경우와 통한다.

군자는 황하의 중류에 있는 지주석처럼 시대의 혼탁한 흐름에도 휩쓸려 가지 않는 의연한 인물이다. 이에 비해 융통성 없이 작은 신의만을 지키는 사람은 소인일 따름이지만, 그렇더라도 여전히 인간적인 미덕을 지닌 사람이다. 신의마저 없는 사람이라면 무어라고 하겠는가.

君子(군자)는 貞而不諒(정이불량)이니라.

貞은 바르고도 굳다는 말로, 節操(절조)가 굳은 것을 가리킨다. 諒은 작은 믿음, 융통성 없는 고집을 가리킨다. 다시 말해 諒은 좁은 아량으로 일시적인 기분이나 격렬한 감정에 근거한 판단을 내려 작은 의리를 지키는 것을 가리킨다. 미생이라는 사람이 약속을 지키려고 강물이 불어나는데도 다리 기둥을 붙잡고 떠나지 않다가 물에 빠져 죽었다는 尾生抱橋(미생포교), 즉 尾生之信(미생지신)의 고사가 그 예이다. 諒은 貞과 달리 義(의)에 온전히 부합하지는 않는다. 하지만 諒의 자세를 지닌다면 선비로서 아랫길은 갈 수 있을 것이다.

039강

敎 평등 교육의 이상

가르침이 있으면 구별이 없다.

「위령공」 제38장 유교무류(有敎無類)

우리는 공자를 위대한 교육자라고 일컫는다. 공자의 교육 사상을 가장 선명하게 드러내는 말이 바로 이 장이다. 가르침에 차별을 두지 않는 평등 교육의 이상을 담고 있다.

「술이」 제7장에서 공자는 "묶은 고기 한 다발 이상을 가져온 사람에게 학문을 가르치지 않은 적 없다."라고 했다. 집지의 예를 갖춘 자에게는 일찍이 가르쳐 주지 않은 적이 없었다는 뜻이다. 배우러 오는 이들의 신분이나 기질의 고하를 따지지 않고 균등하게 가르침을 베풀었기에 공자는 거느린 제자가 3000명에 고제만 77명이었다.

이익은 『성호사설』에서 주나라 말세에는 위의(威儀)·도수(度數) 등에 편중하면서도 그나마 일신의 행실을 중시했으나, 그 후 시대가 내려와 당나라에 이르자 문(文)의 폐습이 극도에 달해 신분에서 귀(貴)와 천(賤)을 구별하고 성씨에서 배타적인 부류를 이루게 되었다는 진단을 내렸다. 더 내려와 당세에는 집단 사이의 구별이 더 심해져서 사람마다 타고난 자질과 품성조차 집단에 따라 현격하게 다르다고 여기는 차별 관념이 널리 퍼졌다고 개탄했다. 이 개탄은 오늘날에도 해당하는 것 아니겠는가?

有_유敎_교면 無_무類_류니라.

無類의 類에 대해 마융은 종족의 부류로 보았다. 주희는 氣習(기습)의 차이에 따른 선악의 부류로 보고 "사람의 본성은 모두 선하지만 그 類에는 선과 악의 다름이 있으므로 가르치면 누구나 본성이 회복되어 악의 부류를 다시 논할 나위가 없을 것이다."라고 했다. 정약용은 인간을 선악으로 양분하는 것은 인성의 특성상 적절하지 않다고 비판하고, 中華(중화)와 夷狄(이적)이라는 종족의 부류 및 百官(백관)과 萬民(만민)이라는 貴賤(귀천)의 구별로 보았다. 여러 설들을 참조해서 無類는 신분이나 기습의 고하를 따지지 않았다는 뜻으로 풀이하면 좋을 것이다. 1960년대 중국 문화 대혁명의 이데올로그 자오지빈은 有敎無類를 "疆域(강역) 내의 民(민)들을 모두 동원하되, 族姓(족성)을 구분하지 않는다."라고 풀이했다. 그러나 有는 '域'으로 볼 수 있지만 有敎를 '域敎'로 볼 근거는 없다. 자오지빈은 誨(회)란 글자가 '가르치다'라는 뜻이고 敎는 '부리다'라는 뜻이라고 했으나, 敎는 敎令(교령)을 반포해서 敎化(교화)한다는 말로도 쓰였으므로 '가르치다'라는 뜻으로 轉化(전화)할 수 있었을 것이다.

040강

 뜻이 같은 사람과 함께

도가 같지 않으면 함께 일을 도모하지 말아야 한다.

「위령공」 제39장 도부동불상위모(道不同不相爲謀)

근대 이전의 유학자들은 이단을 배척한다면서 불교를 비판하고 같은 유학 내에서도 양명학을 비난하는 한편, 주희의 경전 해석이 아닌 다른 설을 주장하면 사문난적(斯文亂賊)이라고 공격했다. 그때 주로 쓰인 권위 있는 논거 가운데 하나가 바로 이 장이다.

  이단에 대한 공자의 견해는 사실 분명하지 않다. 「위정」 제16장에서는 "공호이단(攻乎異端)이면 사해야이(斯害也已)니라."라 했는데, 주희에 따르면 "이단을 전공(專攻)하면 해로울 뿐이다."라고 풀이된다. 곧 이단을 전적으로 연구해 정밀히 하고자 하면 해로우므로 성인의 도만 공부하라고 권면했다는 것이다. 하지만 혹자는 "이단을 공격하면 해로울 뿐이다."라고 풀이하고, 이단에 대해서는 관심을 갖지 말라는 뜻으로 본다. 어느 설을 따르든 이단의 설에 물들지 말고 성인의 도로 나아가라고 권면한 것은 분명하다.

  그런데 '도가 같지 않다'는 말은 반드시 이단의 추구만을 가리키는 것은 아니다. 이상이나 이상 실현의 방법이 다르다는 뜻으로 볼 수도 있다. 반면 같은 도를 추구하는 동도(同道)의 사람이란 말은 오늘날에는 같은 이념을 같은 방법으로 실현하는 사람을 가리킨다고 보면 좋다.

「위령공」 제1장을 보면 위나라 영공이 공자에게 진법을 묻자, 공자는 "예법에 관한 일은 일찍이 들었습니다만 군사에 관한 일은 배운 적이 없습니다." 하고는 이튿날 떠났다고 했다. 위나라 영공의 무도함을 알았기에 답변을 피한 것이다. 공자는 아무리 좋은 계책이 있더라도 그것을 둘러싼 외적 조건을 살펴서 건의했다. 종교와 사상이 다르면 무조건 배척해야 한다는 뜻으로 이 장을 풀이한다면 선독자(善讀者)라 하기 어렵다.

道^도不^부同^동이면 不^불相^상爲^위謀^모니라.

道不同은 지향하는 이념이나 나아가는 길이 같지 않다는 말이다. 不相爲謀는 서로 상담해 일을 이루려 해도 그럴 수 없다는 말이다. 道不同에 대해 주희는 선악과 正邪(정사)의 차이를 가리킨다고 보았다. 지나친 이분법인 듯하다. 정약용은 不同에 대해 선왕의 도로 말미암아 나아간다 해도 王道(왕도)를 추구하지 않고 霸道(패도)를 섞는다거나 궁벽한 이치를 찾아내 괴이한 행동을 하는 索隱行怪(색은행괴)로 빠지는 것을 가리킨다고 이해했다. 극단적 이분법을 극복하고자 한 것이다. 그러나 이 장이 패업의 군주나 索隱行怪의 은둔자를 배격하는 闢異端(벽이단)의 강령을 말했다고 보기는 어렵다. 그보다는 추구하는 이념이 같지 않은 사람에게 본심을 숨기고 겉으로 동조하는 척하지 말고 성실과 정직의 태도를 지니라고 강조한 듯하다.

041강

말의 기능

말은 뜻이 통하면 된다.
「위령공」제40장 사달이이의(辭達而已矣)

　말과 글은 뜻이 통하게 하는 것이 중요하지, 풍부하고 화려하다고 훌륭한 것은 아니다. 곧 말하거나 글 쓸 때는 자신의 뜻을 상대가 이해할 수 있도록 표현하는 데 중점을 두어야 하며, 본심이 드러나지 않거나 이해되지 않을 정도로 지나친 수식을 일삼아서는 안 된다.
　바로 이 장에서 한문 문장의 미학 원리인 사달(辭達)이라는 개념이 나왔다. 사달은 교언영색이나 과장분식(誇張粉飾)과 달리 표현에서 간이(簡易)함을 추구하는 것을 말한다. 그렇다고 사달이 수사(修辭)와 모순되는 것은 아니다. 수사라는 말은 본래『주역』건괘 문언전의 "수사입기성(修辭立其誠)"이라는 구절에서 나왔다. 북송의 정호는 이 구절을 "언사를 닦고 성찰한다면 곧 성(誠)의 경지를 세울 수 있다."라고 풀이했다. 종래의 학자들은『주역』건괘 문언전을 공자의 저술로 간주해 공자가 수사를 중시했다고 보았다. 또『춘추좌씨전』양공 25년의 기록에는 "말은 꾸미지 않으면 오래 효력을 갖지 못한다."라는 말이 있는데, 이 말도 공자의 말로 간주된다.

공자는 문질빈빈(文質彬彬, 바탕과 문채가 어우러져 빛을 냄)을 군자의 이상으로 삼았으므로 언사에서도 내용과 형식의 조화를 추구했을 것이다. 공자는 역사서 『춘추』를 엮으며 미언(微言, 뜻이 깊은 말)을 통해 서술자의 판단을 공적 평가로 부각시키는 수사법을 활용했다.

따라서 글은 사달이면 된다고 강변하면서 거칠고 건조한 언사로 만족해서는 안 될 듯하다.

辭(사)는 達而已矣(달이이의)니라.

辭에 대해 일본의 오규 소라이와 조선의 정약용은 대부가 사명을 띠고 외국에 나가 專對(전대)할 때의 辭令(사령)을 가리킨다고 보았다. 하지만 여기서 辭는 문장과 언어를 두루 가리키는 개념으로 보는 것이 옳을 듯하다. 達은 意志(의지)를 상대에게 충분히 통하게 함이다. 而已矣는 '~일 따름이다'로, 제한과 단정의 어조를 지닌다.

助

042강

약자에 대한 배려

> **악사 면이 뵐 적에 섬돌에 이르자 공자께서는 "섬돌입니다."라고 말씀해 주시고, 자리에 이르자 "자리입니다."라고 말씀해 주셨으며, 모두 자기 자리에 앉자 "아무개는 여기 있고 아무개는 저기 있습니다."라고 일러 주셨다.** 「위령공」 제41장 사면현(師冕見)

인간을 진심으로 사랑하는 사람은 신체가 부자유한 사람이나 호소할 곳 없이 고통 겪는 사람을 괄시하지 않을 것이다. 이 장은 공자가 앞 못 보는 악사를 위해 섬돌 있는 곳과 그의 자리를 알려 주었으며 자리에 함께하는 사람들을 일일이 일러 주었다는 일화를 전한다.

악사 면이 공자를 알현하고 나간 뒤 자장은 "조금 전에 선생님께서 보여 주신 행동이 악사와 더불어 말하는 도리입니까?"라고 물었다. 공자는 "그렇다. 그것이 악사를 도와주는 도리이다."라고 대답했다. 앞 못 보는 사람을 돕는 마땅한 도리를 다한 것이지, 억지로 마음을 두어서 한 일이 아니라는 뜻이다. 또한 공자는 자장과의 문답에서 악사 면을 장님이라 일컫지 않았다. 장애 있는 사람을 차별하지 않으려 그런 듯하다.

　이 장에서 공자가 악사를 배려한 언동을 기록한 것은 공자의 제자들이 선생님의 일언일동을 존경하는 마음으로 살펴보고 배우려 했기 때문이다. 실로 선생과 제자의 관계는 모름지기 무심해서는 안 되며, 선생은 그 일거수일투족으로 제자들의 사표가 되어야 한다. 오늘날 공교육에서는 교사와 제자의 관계가 너무 무심한 것만 같다. 안타깝다.

> 師冕이 見할새 及階어늘 子曰, 階也라 하시고
> 及席이어늘 子曰, 席也라 하시고
> 皆坐어늘 子告之曰, 某在斯 某在斯라 하시다.

師冕은 樂師(악사) 冕으로, 비교적 지위 높은 음악가였다. 옛날에는 사람의 이름을 말할 때 관직이나 직분을 먼저 말한 뒤 이름을 붙였다. 及階는 '계단에 이르다'라는 뜻이다. 某在斯, 某在斯는 악사에게 '아무개는 여기 있고 아무개는 여기 있다'고 자리에 함께하는 사람들을 일일이 알려 준 것을 표현한 구절이다.

陳

043강

제대로 못하면 그만두라

공자께서 말씀하셨다. "구야, 주임이 말하길 능력을 펴서 지위에 나아가되 제대로 할 수 없으면 그만두라 고 했다. 위태로운데도 붙잡아 주지 못하고 넘어지는 데도 부축해 주지 못한다면 장차 그러한 신하를 어디 에 쓰겠느냐?"

「계씨(季氏)」제1장 계씨장벌전유(季氏將伐顓臾) 1

「계씨」편 14장 가운데 첫 번째 장이다. 「계씨」편은 각 장의 체재가 일정하지 않다. 『논어』의 판본으로는 노론(魯論), 제론(齊論), 고론(古論) 세 가지가 있는데, 그중 주가 되는 것은 노론이나 「계씨」편은 제론에서 온 것일 수 있다. 이 장은 노나라 대부 계씨가 전유(顓臾)를 정벌하려고 하자 계씨의 가신인 구, 즉 염유와 자로가 공자에게 그 사실을 알리고 자문을 청한 내용이다.

계씨는 노나라 삼환 가운데 계손씨로, 세력이 컸다. 전유는 노나라의 속국이다. 염유는 계씨가 태산에 군주의 제사인 여제를 지낼 때 말리지 못했고 계씨를 위해 세금을 증액했기 때문에 공자의 꾸지람을 듣기도 했다. 염유와 자로가 보고해서 계씨가 전유를 정벌하려 한다는 사실을 알게 된 공자는 "구야, 그건 네 잘못이 아니냐!"라고 꾸짖었다. 공자에 따르면 전유는 노나라 선왕으로부터 동몽산(東蒙山) 기슭의 영지를 물려받은 노나라의 사직지신(社稷之臣)이므로 계씨를 정벌한다는 것은 부당하다. 염유는 "주군인 대부가 정벌하려 합니다만, 우리 둘은 바라지 않습니다."라고 변명했다. 그러자 공자는 옛 사관인 주임의 말을 인용해 그를 다시 꾸짖은 것이다.

국가나 단체를 이끄는 지도층은 공자가 인용한 주임의 말에 유념해야 하리라. 누구든 맡은 바 직분에 충실히 임하며 자신의 능력을 펴야 한다. 만일 그럴 수 없다면 그만두어야 하지, 자리에 연연해서는 안 된다.

> 孔子曰. 求야 周任이 有言曰. 陳力就列하여
> 不能者止라 하니 危而不持하며
> 顚而不扶면 則將焉用彼相矣리오.

陳力就列은 자신의 재능과 힘을 쏟아 직책에 나아감, 즉 자기 직무에 전력을 쏟음이다. 不能者止란 그렇게 할 수 없으면 직책을 그만두어야 한다는 뜻이다. 相은 盲人(맹인)을 도우는 것처럼 국정을 돕는 補佐(보좌)나 宰相(재상)을 가리킨다.

任

044강
누구의 잘못이랴

또한 네 말은 잘못되었다. 호랑이와 들소가 우리에서 뛰쳐나오고 거북 등껍질과 옥이 궤 안에서 훼손된다면 이것이 누구의 잘못이겠느냐? 「계씨」 제1장 계씨장벌전유 2

앞에서 이어진다. 노나라 대부 계씨가 전유를 정벌하려고 하자 계씨의 가신인 염유와 자로가 공자에게 알렸다. 공자는 계씨가 사직의 신하인 전유를 정벌하는 것은 부당하다고 여겨 그 일을 저지하지 못한 염유를 탓했다. 염유는 자기들 뜻이 아니라고 변명했지만, 공자는 옛 사관인 주임의 말을 인용해 "자기 직무에서 전력을 쏟을 수 없으면 직책을 그만두어야 한다."라고 꾸짖었다. 그러고 나서 위와 같이 덧붙였다. 공자는 호랑이와 들소가 우리에서 뛰쳐나오고 거북 등껍질과 옥이 궤 속에서 훼손되었다면 그것들을 맡아 지키는 자가 책임을 면할 수 없다고 말함으로써 가신의 지위에 있는 염유와 자로가 계씨의 악행을 저지하는 책임을 떠맡아야 한다고 가르친 것이다.

고려 신종 3년인 1200년, 이규보가 완산을 다스릴 때 남원에서 반란이 일어났다. 그곳 관리들이 염찰사(廉察使)로 있던 윤위(尹威)에게 보고하자 윤위는 남원으로 가서 도적들을 설득해 투항하게 만들었다. 윤위는 두셋의 괴수만 참수하고 나머지 사람들은 놓아주었다. 이규보는 축송의 시에서 "공은 말했지, 너희는 왜 진작 방비하지 않았더냐고. 거북과 옥이 궤에서 손상되면, 이는 누구의 수치인가!"라고 했다. 이 장을 전고로 사용한 것이다.

이 장을 읽으면서 "이것이 누구의 잘못이겠느냐?"라는 질책을 스스로에게 던져 볼 사람은 비단 정치를 맡은 인사들만이 아닐 것이다.

且爾言이 過矣로다 虎兕가 出於柙하며
차 이 언   과 의   호 시   출 어 함
龜玉이 毀於櫝中이 是誰之過與오.
구 옥   훼 어 독 중   시 수 지 과 여

過矣는 '잘못이다'로, 단정의 어조를 지닌다. 柙은 檻(함, 우리)이다. 龜는 거북 등껍질인데 龜卜(구복)에 사용했다. 정약용은 虎兕가 계씨의 포학함을 비유하고 龜玉이 계씨의 존귀함을 비유한다고 보았다. 꼭 그렇게 볼 필요는 없을 듯하다. 是誰之過與는 '이것이 누구의 과실인가?'라는 뜻을 나타내는 의문문이다.

045강

변명을 미워한다

공자께서 말씀하셨다. "구야, 군자는 내심 바라는 것이 있으면서 솔직히 말하지 않고 굳이 변명하는 것을 미워한다." 「계씨」 제1장 계씨장벌전유 3

앞에서 계속 이어진다. 노나라 대부 계씨가 전유를 정벌하려 한다는 사실을 염유와 자로가 공자에게 알렸는데, 공자는 두 사람이 계씨를 저지하지 못했다고 질책했다. 그러자 염유는 전유가 요해지인 데다가 계씨의 영지인 비(費)와 가까우므로 지금 정벌하지 않으면 앞으로 계씨의 자손들에게 걱정거리가 되리라고 말했다. 이는 염유 자신이 계씨의 모의에 가담했음을 드러낸 말로, 앞서 자신들은 반대했다고 변명한 것과 모순되었다. 그래서 공자가 위와 같이 꾸짖은 것이다.

「자장」 제8장에서는 "소인은 허물을 저지르면 반드시 꾸미려 한다."라고 했다. 『맹자』「공손추 하」에 보면 "옛날 군자(군주와 대신)들은 허물이 있으면 고쳤는데 지금 군자들은 허물이 있으면 그것을 이루는구나!"라 하고, "어찌 지금 군자들이 다만 허물을 이룰 뿐이겠는가, 그 김에 변명까지 하는구나!"라고 했다. 맹자의 이 말은 공자가 염유를 꾸짖은 뜻과 통한다.

굳이 변명한다는 뜻의 '필위지사(必爲之辭)'는 과실이 있거늘 말재주를 부려 호도한다는 뜻의 '문과식비(文過飾非)'와 같다. 식비란 말은 『장자』「도척」에 나온다. 공자가 유하혜를 위해 그 아우인 강도 도척을 설득하겠다고 하자, 유하혜가 "도척은 역량이 적과 맞설 수 있고 변설이 식비를 잘하므로 갈 필요가 없다."라고 말하는 대목이 있다. 한편 문과식비란 합성어는 당나라 유지기(劉知幾)가 쓴 『사통(史通)』에 나온다. "용렬한 유학자와 말단의 학자가 문과식비를 일삼는다고 했다. 문과식비의 잘못을 저지르거나 속내를 감추고 번드르한 말로 꾸미는 것은 정말 미워할 일이다. 문과식비는 염치를 잃은 행위이거늘 그 사례집은 오늘날 점점 부피가 두꺼워지고 있다.

> 孔子曰, 求야 君子는 疾夫舍曰欲之오
> 而必爲之辭니라.

疾은 미워한다는 뜻이다. 타동사 뒤의 夫는 목적어를 끌어온다. 舍는 捨(사)와 같으니 '~을 버려두다', '~를 하지 않다'라는 뜻이다. 欲之에 대해 주희는 '利(이)를 탐한다'라고 풀이했으나, 홍대용이 지적했듯 일반적으로 무언가를 바란다는 뜻으로 보아도 좋다. 爲之辭는 이유를 끌어와 변명하는 것이다. 혹자는 이 문장을 君子疾夫에서 끊어 읽어 '군자는 너의 말과 같은 것을 미워한다'는 뜻으로 본다. 그렇다면 舍는 止(지)와 같아 但(단), 즉 '다만'이라는 뜻이 되고 뒤의 舍曰欲之, 而必爲之辭는 "다만 바란다고 말해야지, 구차하게 다른 말로 변명하려 하다니!"로 풀이된다. 여기서는 주희 등의 일반적인 독법을 따른다.

046강

均 균등을 추구하다

> 내가 들으니, 나라를 차지하고 집을 지닌 자는 인구의 부족을 근심하지 않고 균등하지 못함을 근심하며 가난을 근심하지 않고 편안치 못함을 근심한다고 했다. 균등하면 가난할 리 없고 화평하면 백성이 부족할 리 없으며 백성이 편안하면 나라가 기울지 않는다.
>
> 「계씨」 제1장 계씨장벌전유 4

앞에서 계속된다. 공자는 염유와 자로가 노나라 대부 계씨의 가신으로 있으면서 전유를 정벌하려 하는 계씨의 모의에 가담한 사실을 알고 그들을 꾸짖었다. 그리고 정치가들은 영토와 인구를 늘리려 할 것이 아니라 수입과 배분이 공평하고 상하 각 계층의 사람들이 조화를 이루며 백성들이 생업에 편안하도록 만들어야 한다고 역설했다. 즉 공자는 정치의 원리를 균(均), 화(和), 안(安)의 셋으로 보았다.

계씨는 백성과 재물을 늘리기 위해 전유의 땅을 빼앗으려 했다. 하지만 노나라 대부가 노나라의 속국을 침략하는 일은 부당했으며, 군주와 대부 사이의 알력으로 나라 전체가 불안정해질 위험이 있었다.

본래 군주와 대부 및 사는 전지와 봉록에 차등이 있고 그에 따라 예전(禮典)도 달랐다. 공자는 위정자가 분수를 지켜 신분에 상응하는 봉록을 받는 데 만족하면 백성들도 마음이 화평해질 것이므로 안으로 혼란하지 않고 밖으로 외침이 없게 되리라고 보았다.

사회가 안정되어 백성들이 생업에 편안하며 화락한 것을 안거낙업(安居樂業)이라고 한다. 『한서』「화식전서(貨殖傳序)」에 보면, 사농공상이 각각 자기의 직분에 종사해 각자가 그 거처를 편안히 여기고 그 직업을 즐기는 것은 『논어』「위정」 제3장에서 "덕으로 인도하고 예로 가지런히 한다."라고 말한 덕치의 결과라고 보았다. 『서경』에서도 누누히 강조하듯이 정치의 실효를 위해서 형벌은 불가결하다. 하지만 정치는 형벌을 우선시할 것이 아니라 직도로 행해야 한다는 이념은 예나 지금이나 다르지 않다.

丘也는 聞하니 有國有家者는
不患寡而患不均하며 不患貧而患不安이라 하니
蓋均이면 無貧이오 和면 無寡요 安이면 無傾이니라.

丘也聞은 '나는 이런 말을 들었다'이니, 丘는 일인칭으로 쓰인 공자의 이름이다. 有國은 제후로서 나라를 차지함, 有家는 卿大夫(경대부)로서 일족을 거느림을 말한다. 寡는 토지나 백성이 적다는 말이다. 而는 역접의 접속사다. 均은 각자의 지위에 상응해 수입과 배분이 균등한 것을 뜻한다. 貧은 재물이 부족함, 安은 마음이 평안함, 傾은 기울어 넘어짐이다.

047강

문화와 도덕의 정치

> 먼 지방 사람이 복종해 오지 않으면 문덕(文德)을 닦아서 그들을 오게 하고, 그들이 오면 편안하게 해야 한다. 「계씨」 제1장 계씨장벌전유 5

고려 초 학사들이 국왕에게 경서를 강론하는 곳을 문덕전(文德殿)이라 했다. 인종 14년(1136년)에는 수문전(修文殿)이라 고쳤는데, 그때부터 고려 말까지 우문관(右文館)이라 했다가 다시 수문전이라 하는 등 명칭이 여러 번 바뀌었다. 문덕전이나 수문전이라는 이름은 모두 이 장에 나오는 공자의 말에서 따온 것이다.

이 「계씨」 편 제1장은 『논어』 중에서 이례적으로 길다. 공자는 작심한 듯 염유와 자로가 노나라 대부 계씨의 전유 정벌 계획을 저지하지 못한 사실을 비판했다. 그리고 한 국가나 영지를 다스리는 위정자는 다른 지역을 정벌하려 하지 말고 경 내의 문덕을 진흥해서 먼 지방의 사람이 믿음으로 복종해 오도록 만들어야 한다고 말했다.

당나라의 원결(元結)은 「치풍(治風)」이라는 시에서 "다스림을 어떻게 하는가, 문덕을 닦아야 한다. 청정순일(淸淨純一)하기까지 하다면, 어느 누구든 순응하고 본받으리."라고 했다.

 고려 때 학문을 강론하는 전각에 문덕이나 수문이라는 명칭을 붙인 것은 문화적 자신감을 표방한 것이기에 그 이름이 당당하고 또 향기롭다. 오늘날에 이르기까지 우리나라는 경제나 사회 문화의 여러 면에서 정말로 크게 성장했다. 이제 문덕을 더욱 닦고 청정순일의 수준을 이루어 세계 속의 중심으로 거듭나야 할 때이다.

遠人이 不服이면 則修文德以來之하고
既來之면 則安之니라.

遠人은 천자나 제후의 도성으로부터 멀리 떨어진 변방 부근 사람으로, 국경 밖의 사람을 모두 가리킨다. 文德은 문화와 도덕이란 말로, 禮樂(예악)에 따른 교화와 信義(신의) 있는 정치 등을 포함한다. 既來之는 '이미 遠人이 信服(신복)해 왔다면'이다. 安之는 그들을 安堵(안도)하게 한다는 말이다.

和

048강

한 병풍 안의 근심

나는 계씨의 근심이 전유에게 있지 않고 한 병풍 안에 있을까 두렵다. 「계씨」 제1장 계씨장벌전유 6

「계씨」 제1장은 공자의 이 말로 비로소 매듭지어진다. 공자는 노나라 대부 계씨가 전유를 정벌하려고 계획할 때 제자 염유와 자로가 저지하지 않았음을 비난하고, 위정자는 경역 안의 문덕을 진흥해서 국경 밖의 사람이 스스로 복종해 오도록 해야 한다고 가르쳤다. 이어 "지금 너희는 계씨를 돕되 먼 지방 사람들이 복종해 오지 않는데도 오게 하지 못하고, 나라가 분열되고 무너지는데도 지키지 못하면서 나라 안에서 창과 방패를 움직일 것을 꾀하니, 나는 계씨의 근심이 전유에게 있지 않고 한 병풍 안에 있을까 두렵다."라고 덧붙였다. 원문의 '소장지내(蕭墻之內)'는 군주와 신하가 상견할 때 치는 병풍 안이라는 뜻으로, 곧 궁중 안의 가까운 곳을 이른다. 단 계씨가 전유를 정벌한 사실은 역사서에 나오지 않는다.

후한 말의 원소(袁紹)는 조조(曹操)와 견줄 정도로 세력이 강했다. 하지만 원소가 죽은 뒤 후계자인 작은아들 원상(袁尙)과 그를 인정하지 않는 장남 원담(袁譚)이 반목해 전투를 일삼는 바람에 원씨 일족은 조조에게 패망하고 말았다. 원씨의 우환은 공자가 말했듯 '한 병풍 안에' 있었으니, 곧 자중지란(自中之亂) 때문에 무너진 것이다. 내홍(內訌)이 한 집단을 망하게 만든다는 사실은 이때에만 해당하는 것이 아니다. 이 사실을 모르는 사람이라곤 없건만, 사화의 여러 단체나 집단은 오늘도 내홍을 겪는다. 어째서인가?

> 오 공 계 손 지 우
> 吾恐季孫之憂가
> 부 재 전 유 이 재 소 장 지 내 야
> 不在顓臾而在蕭墻之內也하노라.

恐은 '~하지 않을까 두렵다'는 뜻이다. 季孫之憂란 계손씨의 장래 근심이란 말이다. 不在는 '~에 있지 않다', 在는 '~에 있다'라는 뜻이다. 蕭墻은 군주와 신하가 상견할 때 치는 병풍이다. 蕭는 엄숙할 肅(숙)의 뜻이라고 한다. 옛 주석에 따르면 천자는 外屛(외병), 제후는 內屛(내병), 대부는 簾(염, 발), 士는 帷(유, 휘장)를 쳐서 안과 밖을 구분해야 했으나 대부 계손씨는 僭越(참월)해서 屛(병)을 쳤다. 그래서 공자가 여기서 蕭墻이란 말을 썼다고 한다. 蕭墻之內는 궁궐 담장 안, 신변 가까운 곳을 가리킨다.

049강

흥망의 조짐

천하에 도가 있으면 예악과 정벌이 천자로부터 나오고
천하에 도가 없으면 예악과 정벌이 제후로부터 나온다.

「계씨」 제2장 천하유도(天下有道) 1

「계씨」 제2장은 공자의 이 말로 시작한다. 예악은 정책 일반을 가리키며, 정벌은 악한 자를 주살하고 책망하는 일을 가리킨다. 예로부터 예악을 제정하고 정벌을 명하는 일은 천자의 권한이라고 여겨졌으므로 공자는 이렇게 말한 것이다. 이어서 공자는 예악과 정벌이 제후로부터 나오면 10세(世) 뒤에 정권을 잃지 않는 자가 드물고, 대부로부터 나오면 5세 뒤에 잃지 않는 자가 드물며, 제후의 대부의 가신인 배신(陪臣)이 국명을 잡으면 3세 뒤에 잃지 않는 자가 드물다고 했다. 흔히 예악과 정벌의 권한을 가로챈 제후는 10세 뒤에 망하고 대부는 5세 뒤, 배신은 3세 뒤에 망한다고 풀이한다. 하지만 정약용은 제후가 예악과 정벌의 권한을 행사하면 천자는 10세 뒤 권좌를 완전히 빼앗기고 만다는 뜻으로 보았다. 일리 있다.

주나라 유왕(幽王)이 견융(犬戎)에게 살해된 후, 평왕(平王)은 기원전 770년에 낙양(洛陽)으로 도읍을 옮겼다. 때는 노나라 은공(隱公) 원년에 해당한다. 이후 주나라 왕실은 미약해지고 제후들은 참월하게 예악을 제정하며 정벌을 명했다. 공자는 하극상의 난세를 개탄하는 한편, 천하를 안정시키려면 명분을 바로잡아야 한다고 주장했다. 즉 『춘추』에서 공자는 미언을 통해 정명의 대의를 역설했다고 간주된다.

명나라가 멸망한 후 우리 지식인들은 예악과 정벌이 중국 천자로부터 나오지 않게 된 이상 중화 세계의 계승권은 소(小)중화의 나라인 우리나라에 있다고 믿었다. 관념적이긴 하나 주체적 의식을 반영한다고 보아야 할 것이다.

天下有道면 則禮樂征伐이 自天子出하고
天下無道면 則禮樂征伐이 自諸侯出하니라.

有道는 도리가 행해진다는 뜻이다. 天下有道는 천자가 정점에 위치하고 제후들이 그 명령에 복종하는 질서가 서 있어서 천하가 평화로운 것을 말한다. 無道는 그 반대어이다. 自天子出은 천자로부터 나온다는 뜻, 自諸侯出은 제후로부터 나온다는 뜻이다. 전체적으로 天下有道와 天下無道의 상황을 대비하고 같은 짜임의 두 문장을 나란히 두는 대장법을 사용했다.

議

050강

정치를 논하는 일

천하에 도가 있으면 정권이 대부에게 있지 않고,
천하에 도가 있으면 서민들이 의논하지 않는다.

「계씨」 제2장 천하유도 2

앞에서 이어진다. 공자는 하극상의 난세를 개탄해 예악을 제정하고 정벌을 명하는 일은 천자의 권한이어야 한다고 강조했다. 그러고 나서 천하가 안정되면 천자나 제후가 아닌 대부들이 정사를 마음대로 할 수 없고, 또 윗사람에게 실정(失政)이 없으므로 아랫사람들이 비난할 일도 없다고 말했다.

여기서 '서민들이 의논하지 않는다'고 한 것은 아랫사람들의 입에 재갈을 물려 말하지 못하게 한다는 뜻이 아니다. 위정자들이 정치를 잘못하지 않기 때문에 서민이 그 실정을 비판하지 않게 된다는 뜻이다. 이는 「태백」 제14장에서 공자가 "그 지위에 있지 않으면 그 정사나 직무에 대해 논하지 말아야 한다."라고 한 뜻과 다르다. 후자가 조직 내에서 월권을 방지해야 한다는 의미라면, 이 장은 위정자가 정치를 올바로 해야 한다고 강조했다.

지위 없는 사람이 국정에 대해 논하는 것을 처사횡의(處士橫議)라 한다. 하지만 현대에는 국민 모두가 정치에 참여하므로 국민의 정치적 의사 표시를 횡의로 규정할 수 없다. 옛날에는 보통 사람이 나랏일에 대해 논하는 창구로 간쟁의 북과 비방의 나무가 있었다고 전한다. 곧 요임금은 북을 걸어 두어 정치를 비판하려는 사람이 치게 했고, 순임금은 나무를 세워 놓고 정치의 잘못을 비방하는 말을 쓰게 했다고 한다. 필부필부의 말도 모두 위에 들리게 하는 것이 이상적인 정치라는 점은 예나 지금이나 같다.

天下有道(천하유도)면 則政不在大夫(즉정부재대부)하고
天下有道(천하유도)면 則庶人(즉서인)이 不議(불의)하나니라.

政不在大夫는 정권이 대부에게 있지 않고 제후나 군주에게 있다는 말이다. 庶人은 政事(정사)를 맡지 않는 아랫사람들을 말한다. 不議는 의논하지 하지 않는다는 말인데, 곧 비난하지 않는다는 뜻이다.

051강

友 세 부류의 벗

> 유익한 벗이 세 부류이고 손해되는 벗이 세 부류이니,
> 벗이 정직하며 벗이 성실하며 벗이 견문이 많으면
> 유익하고, 벗이 외모만 잘 차리며 벗이 나긋나긋하기만
> 하며 벗이 말만 번드르르하면 손해된다.
>
> 「계씨」 제4장 익자삼우(益者三友)

삼익(三益)과 삼손(三損)이라 하면 내게 유익한 세 부류의 벗과 내게 손해 끼치는 세 부류의 벗을 가리킨다. 이 장에서 공자가 교우의 문제를 논하면서 익자삼우(益者三友)와 손자삼우(損者三友)를 꼽은 데서 나온 말이다. 익자삼우는 직(直), 양(諒), 다문(多聞)의 벗이며 손자삼우는 편벽(便辟), 선유(善柔), 편녕(便佞)의 벗이다.

주희는 이렇게 말했다. 벗이 정직하면 나의 허물을 들을 수 있고, 벗이 성실하면 나도 성실함으로 나아가고, 벗이 견문이 많으면 나의 지혜도 밝아지게 된다. 하지만 벗이 외모만 그럴싸하거나 아첨을 잘하거나 구변만 좋다면 삼익의 벗을 사귀는 것과 정반대의 결과가 나타날 것이다.

누구든 살아가면서 벗의 도움을 받는 일이 많다. 한나라 원제(元帝) 때 간의대부(諫議大夫)를 지낸 공우(貢禹)는 벼슬이 없는 시절에 관의 먼지를 털면서 조정에 몸담고 있는 친구 왕길(王吉)이 불러 주기를 기다렸다고 한다. 이 고사로부터 탄관(彈冠, 관의 먼지를 텀)이라고 하면 의기투합하는 지기(知己)의 손을 함께 잡고서 벼슬길에 나설 준비를 한다는 뜻을 나타내게 되었다.

공자는 벗과의 사귐을 통해 나의 인(仁)이 자라나게 하라는 가르침인 이우보인(以友輔仁)을 강조했다. 그렇거늘 우리는 종종 면교(面交, 얼굴이나 알고 지냄)나 시교(市交, 이해관계로 사귐)에 만족하고는 한다. 이 얼마나 졸렬한가.

益者三友요 損者三友니
友直하며 友諒하며 友多聞이면 益矣오
友便辟하며 友善柔하며 友便佞이면 損矣니라.

友直, 友諒, 友多聞은 벗이 정직하고 성실하며 견문이 많다는 말로 풀어도 좋고, 정직한 이와 성실한 이 그리고 견문이 많은 이를 벗 삼는다는 말로 풀어도 좋다. 즉 각각의 구에서 友를 주어로 보아도 좋고 타동사로 보아도 좋다. 友便辟, 友善柔, 友便佞의 友도 마찬가지다. 便辟은 정직하지 못하고 외모만 그럴싸함, 善柔는 성실하지 못하고 아첨만 잘함, 便佞은 견문의 실제가 없고 구변만 잘함을 가리킨다.

052강
세 가지 좋아하는 일

> 좋아하는 일 중에 유익한 것이 세 가지이고 손해되는 것이 세 가지이니, 예악으로 절제하기를 좋아하며 다른 사람의 선함을 말하기 좋아하며 어진 벗이 많음을 좋아하면 유익하고, 교만하게 기세 뻗치는 것만 좋아하며 편안히 노는 것만 좋아하며 분별없는 향락에 빠짐을 좋아하면 손해된다. 「계씨」 제5장 익자삼요(益者三樂)

이 장에서 공자는 사람이 좋아하는 일 중에 유익한 것이 셋이고 해로운 것이 셋이라고 꼽았다. 곧 익자삼요(益者三樂)와 손자삼요(損者三樂)를 말한 것이다.

'예악으로 절제하기를 좋아함'은 예악이 절도에 맞는 상태가 된 것을 좋아함을 뜻한다. 옛날에는 지식 교육보다도 예악의 절도를 익히는 일을 중시했다. '다른 사람의 선함을 말하기 좋아함'은 남의 착한 점을 말하기 좋아함이다. 「학이」 제16장에서 공자는 "내가 남을 제대로 알지 못하는 것을 걱정하라."라고 했다. 이 구절과 뜻이 통한다. '어진 벗이 많음을 좋아함'은 벗을 두루 사귀어 좋은 벗을 많이 두는 것을 말한다. 「위령공」 제9장에서 자공이 인의 실천 방법을 묻자 공자는 "이 나라에 살면서는 대부 가운데 현명한 자를 섬기고 선비 가운데 어진 자를 벗 삼아야 한다."라고 했다. 이 구절과 뜻이 통한다.

한편 교만하게 기세 뻗치는 것인 교락(驕樂), 편안히 노는 것만 좋아하는 것인 일유(佚遊), 분별없는 향락에 빠지는 것인 연락(宴樂)은 사람의 심지를 나태하게 만드는 세 가지 악이라고 말할 수 있다.

정조가 말했듯, 이 장은 익자삼우를 벗하면 익자삼요의 결과를 가져오고 손자삼우를 벗하면 손자삼요의 결과를 가져온다고 경계한다. 나는 지금 어떤 벗을 사귀고 있는가?

益者三樂요 損者三樂니 樂節禮樂하며
樂道人之善하며 樂多賢友면 益矣오
樂驕樂하며 樂佚遊하며 樂宴樂이면 損矣니라.

이 장에서는 樂 자가 세 가지 음으로 읽히며 모두 11번이나 나오므로 잘못 읽기 쉽다. 三樂는 '삼요'라고 읽어 세 가지 좋아함으로 풀이한다. 樂를 '좋아할 요'로 읽는 것이다. 단 일본의 오규 소라이나 조선의 정약용은 '즐길 락'으로 읽어야 의미가 깊다고 했다. 여기서는 관습적인 독법을 따랐다. 樂道人之善는 남의 착함을 말하기 좋아함이니, 여기서 道는 '말하다'이다. 樂驕樂은 존귀함을 믿고 멋대로 행동하는 것을 좋아함이다. 驕樂의 樂은 큰 뜻이 없다. 樂佚遊는 安逸(안일)에 빠지는 것을 좋아함이다. 佚과 逸은 통용된다. 樂宴樂은 주색에 빠져 거칠게 행동하는 것을 좋아함이다.

053강

말해야 할 때 말하라

> 군자를 모심에 세 가지 잘못이 있으니, 말씀이 미치지
> 않았는데 먼저 말하는 것을 조급함이라 이르고,
> 말씀이 미쳤는데 말하지 않는 것을 숨김이라 이르며,
> 안색을 살피지 않고 말하는 것을 눈멂이라 이른다.
>
> 「계씨」 제6장 시어군자(侍於君子)/삼건(三愆)

 이 장에서 공자는 군자와의 대화 때 삼건(三愆, 세 가지 잘못)을 범해서는 안 된다고 했다. 어른이 말을 꺼내지 않았는데 이쪽에서 먼저 말한다면 조급하다 하겠고, 어른이 말을 꺼냈거늘 이쪽에서 말하지 않는다면 숨기는 것이 된다. 또 말해야 할지 어떨지 어른의 안색을 살피지 않고 함부로 말하는 것은 눈멀었다고 비난받을 수 있다. 이 셋이 삼건이다.

 옛사람들은 말해야 할 때 말하는 '시연후언(時然後言)'을 중시했다. 줄여서 시언이라 한다. 「헌문」 제14장에 보면 위나라의 공명가가 대부 공숙문자에 대해 "그분은 말해야 할 때 말씀하시므로 사람들이 그 말을 싫어하지 않는다."라고 했다. 공자는 공명가의 평가를 전면

수긍하지는 않았지만 마찬가지로 시언을 중시했다. 삼건을 범하면 시언이 아니다.

    또한 옛사람들은 평소에도 언어에 신중했지만 어른을 모시고 있을 때는 특히 언어를 공손히 해야 한다고 보았다. 이를테면 어버이가 살아 계신 사람은 평소에 '늙다'라는 말을 하지 않았다. 군자를 모시고 있을 때는 바라보지 않고 대답하는 것은 예가 아니었다. 어른이 물으면 사양하지 않고 대답하는 것 또한 예가 아니었다. 어른이 아직 꺼내지 않은 이야기에 대해서는 이 말 저 말 해서도 안 되었다. 『예기』「곡례(曲禮)」에 보면 "얼굴을 바르게 하며 듣기를 공손히 하라. 다른 사람의 설을 취해다가 자기 설인 것처럼 하지 말며, 남의 말을 듣고 맞장구치지 말라."라고 했다.

    오늘날 언어 예절은 이전과는 많이 다르다. 다만 말해야 할 때 말하라고 한 이 장의 가르침은 여전히 유효한 듯도 하다.

侍於君子에 有三愆하니
言未及之而言을 謂之躁요
言及之而不言을 謂之隱이오
未見顔色而言을 謂之瞽니라.

여기서 君子는 연령 및 지위가 높은 사람과 덕이 높은 사람을 포괄한다. 三愆의 愆은 과실 過(과)와 같다. 『순자』에서는 "말을 꺼내야 하지 말거늘 말하는 것을 오만함이라 이른다."라 하고 나서 숨김과 눈멂에 대해 『논어』의 이 장과 마찬가지로 규정했다. 순자가 본 『논어』에는 躁가 傲(오)로 되어 있었던 듯하다.

054강

戒 세 가지 경계

> 군자에게는 세 가지 경계가 있으니, 젊을 때는 혈기가 정해지지 않았으므로 경계가 여색에 있고, 장성해서는 혈기가 한창 강하므로 경계가 싸움에 있으며, 늙어서는 혈기가 쇠했으므로 경계가 음식이나 재물 얻음에 있다.
>
> 「계씨」 제7장 군자유삼계(君子有三戒)

인간은 지기(志氣)와 혈기(血氣)로 이루어져 있다고 할 수 있다. 혈기는 혈액의 운동에서 생겨나는 생기로, 이것은 본능에 속하므로 누구나 연령별로 비슷한 특성을 나타낸다. 하지만 위대한 인물은 지기가 남달라 혈기를 억제하고 좋은 방향으로 쓸 수 있었다. 이 장에서 공자는 인간의 삶을 세 시기로 나누고 각 시기마다 혈기의 특성을 잘 파악해서 지기로 조절하라고 가르쳤다. 그 가르침을 삼계(三戒)라고 한다.

정약용은 혈기가 충만하면 내보내기를 생각하고 공허하면 채우기를 바라는 것이 천지 만물의 본성이므로 혈기가 충만한 소장(少壯)의 때는 여색이나 싸움을 좋아하고 혈기가 부족한 노년에는 음식과 재물로 채우려 든다고 했다. 안정복은 혈기가 쇠하면 후사에 대한 생각이 절실해져 공효를 계산하고 이익을 가까이하려 한다고 풀이했다. 소, 장, 노의 구분선은 오늘날과 옛날이 다르다. 하지만 생명의 원리로 볼 때 나이에 따라 혈기와 욕망하는 바가 다름은 마찬가지일 것이다.

소장의 욕망 분출도 경계해야 하지만, 노욕(老慾)도 경계해야 한다. 그래서 성대중은 자신의 격언을 모아 엮은 「질언(質言)」에서 "여색은 몸을 해칠 뿐이고 싸움은 몸을 죽이기도 하지만, 탐욕을 경계하지 않으면 화가 심한 경우 집안을 망치기도 하며 적은 경우라도 몸을 망친다. 그러므로 군자의 삼계 중에서는 노욕을 경계하는 것이 으뜸이다."라고 했다. 노욕은 다른 말로 노탐(老貪)이라고도 한다.

　　　　군자유삼계　　　　소지시　　혈기미정
　　　　君子有三戒하니 少之時에 血氣未定이라
　　　　계지재색　　　　금기장야　　　혈기방강
　　　　戒之在色이오 及其壯也하여 血氣方剛이라
　　　　계지재투　　　　금기로야　　　혈기기쇠
　　　　戒之在鬪요 及其老也하여 血氣旣衰라
　　　　계지재득
　　　　戒之在得이니라.

戒는 警(경)과 같다. 少之時는 13세 이전이다. 血氣未定이란 혈기가 격렬하게 움직인다는 뜻이다. 在는 '~에 있다', 及은 '~에 이르러서는'이다. 壯은 30세부터 40세까지이다. 剛은 강하고 성대함이다. 老는 50세 이후를 가리킨다. 得은 음식이나 재물을 얻음을 뜻한다.

055강

하늘을 두려워하라

> 군자에게는 세 가지 두려움이 있으니, 천명을 두려워
> 하고 대인을 두려워하며 성인의 말씀을 두려워한다.
>
> 「계씨」 제8장 군자유삼외(君子有三畏) 1

이 장에서 공자는 도리를 알아 실천해 나가는 군자라면 세 가지 두려움이 있어야 한다고 했다. 이를 삼외(三畏)라 한다. 외란 경외(敬畏)함이다. 군자는 천명을 경외해야 한다. 또한 군자는 덕이 높은 대인(大人)을 경외해야 하고, 도덕의 기준이 되는 옛 성인의 말씀을 경외해야 한다. 대인은 천명이 존재함을 깨달은 사람으로서 높은 지위에 있는 사람을 가리킨다. 옛날에는 정치를 담당하는 대인이 천명을 깨닫고 있는가의 여부를 중시했다. 성인의 말씀은 예악과 도덕의 원리나 상서와 재앙의 사실을 통해 천명의 실재를 가르쳐 주는 글을 말한다.

주희는 천명이란 하늘이 부여한 이치로, 심성에 품부(稟賦)해서 인간으로 하여금 선으로 나아가고 악에서 벗어나게 하는 것이라고 보았다. 하지만 정약용은 주희의 해석이 미비하다고 비판하고는 나날이 인간을 굽어보아 선악을 가려서 복이나 재앙을 내리는 존재가 천

명이라고 했다. 또한 천명을 두려워함이란 엄탄(嚴憚, 경계하고 꺼림)이 아니라 계신공구를 뜻한다고 해석했다. 인간의 자기완성을 위해서는 도덕 실천의 의미를 완결 짓는 무언가가 존재해야 한다고 여겼기 때문인 듯하다.

천명이란 바로 인간이 하늘로부터 부여받았다고 여겨 자율적으로 실천하는 도덕이다. 하지만 사람들은 도덕을 실천하기보다는 길흉화복의 운을 더 알고 싶어 한다. 날 때부터 정해져 있다고 여겨지는 길흉화복의 운은 인간의 불평등을 낳는 선택할 수 없는 조건이다. 공자도 운을 언급했지만, 그것은 도덕적 근거로서의 천명을 더욱 강조하기 위함이었다. 그런데 후대에 이르러 술수가는 사주팔자를 따지고 1년마다의 소운과 10년마다의 대운을 따진다. 공자의 뜻과는 거리가 멀다.

君子有三畏하니 畏天命하며 畏大人하며
畏聖人之言이니라.

君子有三畏는 '군자에게는 삼외가 있다'는 말로, 군자는 세 가지를 경외해야 한다는 뜻이다. 天命은 하늘이 부여한 이치를 가리킨다. 大人은 천명이 존재함을 깨달은 사람으로서 높은 지위에 있는 사람을 가리킨다. 聖人之言은 성인이 끼친 말씀이다.

056강

이런 자가 소인

**소인은 천명을 알지 못하므로 두려워하지 않는다.
대인을 함부로 대하며 성인의 말씀을 업신여긴다.**
「계씨」 제8장 군자유삼외 2

앞에서 이어진다. 공자에 따르면, 도리를 알아 실천해 나가는 군자라면 삼외가 있어야 한다. 천명을 두려워하고 대인을 두려워하며 성인의 말씀을 두려워하는 것이 삼외다. 그런데 군자와 달리 삶의 참된 의미를 알려 하지 않고 명예나 이익만 추구하거나 심지어 악행을 저지르는 소인은 어떨까? 소인은 인간의 심성에 천명이 내재한다는 것을 모르기 때문에 천명을 두려워할 줄 모른다. 천명은 인간으로 하여금 선으로 나아가고 악에서 벗어나게 하는 도덕 명령과 같은 것이다. 천명의 존재를 모르는 소인은 덕이 높은 대인을 함부로 대하고 도덕의 기준이 되는 옛 성인의 말씀을 업신여긴다.

노자의 『도덕경』은 천명을 하늘의 그물에 비유해 하늘의 그물은 워낙 커서 엉성한 듯하지만 빠져나갈 수 없다고 했다. 송나라 형병(邢昺)은 이 말을 부연하면서 하늘의 그물은 워낙 커서 소원(疏遠)하지만 음탕한 이에게 벌을 내리고 선한 이에게 상을 주는 일에서는 털끝만큼의 잘못도 없다고 했다. 현실에서 남이 나를 평가하고 상벌을 내리는 일은 곡절이 많고 때때로 부당하다. 하지만 나의 마음에 내재한 천명인 양심은 나를 심판할 때 결코 휘어지는 일이 없다. 그렇기에 옛사람들은 낙천지명(樂天知命)이라 했다. 천명이 휘지 않음을 알고 천분을 즐기는 것, 이것이 하루를 수백 년처럼 사는 방법이리라.

「계씨」편의 여러 장은 석 삼(三) 자를 써서 삶의 지침을 제시했다. 이 가운데 삼우(三友)는 학(學)에 대해 말하고 삼요(三樂)는 심(心)에 대해 말했다. 삼건(三愆)은 언(言)의 문제를 말하고 삼계(三戒)는 행(行)의 문제를 말했다. 삼외(三畏)는 이(理)로 말한 것이고 삼품(三品)은 기질(氣質)로 말한 것이다. 삼우와 삼요가 군자와 소인의 구분 없이 인간의 보편적인 문제를 말했다면, 삼건과 삼계에서는 군자가 경계할 일을 말했다. 삼외에서는 군자는 두려워할 줄 알지만 소인은 두려워하지 않는다고 해서 군자와 소인을 나누었다.

小人은 不知天命而不畏也라.
狎大人하며 侮聖人之言이니라.

狎은 너무 친하고 익숙해져 존경하지 않는 것을 말한다. 侮는 가볍게 보고 무시하는 것을 말한다. 앞의 내용에 이어 소인의 특성을 이렇게 설명하는 것은 동어 반복에 가깝다. 하지만 이 설명은 실제로 대인을 경외하지 않고 성인의 말씀을 경외할 줄 모르는 소인을 懲治(징치)하는 효과가 있다.

057강

통하지 못하면 배우라

> 태어나면서부터 아는 자는 상등이요, 배워서 아는 자는 다음이요, 통하지 못하는 바가 있어서 배우는 자는 그다음이니, 통하지 못하는 바가 있는데도 배우지 않으면 사람으로서 하등이다. 「계씨」 제9장 생이지지(生而知之)

인간은 기준에 따라 여러 방식으로 분류할 수 있다. 이 장에서 공자는 배움의 조건과 태도를 기준으로 삼아 인간을 네 부류로 나누었다. 곧 생지(生知), 학지(學知), 곤지(困知), 하우(下愚)의 넷이다. 이때 배움의 내용은 지식에 국한되지 않고 인간으로서 실천해야 할 인륜을 가리킨다.

『중용』에 보면 어떤 이는 태어나면서부터 알고 어떤 이는 배워서 알며 어떤 이는 곤혹을 겪고서 알되 앎이란 점에서는 동일하며, 어떤 이는 편안히 행하고 어떤 이는 이로움으로 행하며 어떤 이는 힘써 행하되 성공이란 점에서는 동일하다고 했다. 이 3단계설은 인간이 지닌 재능에는 선천적인 차이가 있음을 인정하면서 누구든 학문과 수양을 통해 성(誠)의 영역에 도달할 수 있다고 희망적으로 말하고 있다. 그런데 공자는 이 장에서 말한 인간의 네 등급 가운데 생지와 하우는 변화하지 않는다고 했다. 생지는 곧 성인이므로 보통 사람들과 달리 성품의 변화가 있을 수 없다. 이에 비해 하우는 곤혹을 겪으면서도 포기한 사람들이다. 그들은 자기를 혁신할 계획을 세우지 않기에 하우를 극복할 수 없다. 얼른 보면 공자는 인간의 선천적 조건을 불변의 사실로 간주한 듯도 하다. 하지만 앞서 공자는 인간은 누구나 올곧게 태어났고 역사 이래 인류는 직도(直道)를 실천해 왔다고 했다. 곧 처음부터 하우인 사람은 없으며, 문제는 자포자기의 여부라고 역설한 것이다.

사실 『중용』이나 이 장에서 인간 일반의 현실과 가장 밀접한 말은 곤지이다. 인간은 지적, 기술적, 예술적 추구에서 그러한 상황을 수없이 맞닥뜨린다. 그런데 그 상황에 부딪혀 포기한다면 이는 공자가 경계했던 '금을 긋는 일'이요 맹자가 말한 '자포자기'이다. 나는 스스로 하우이고자 어깃장을 놓고 있는 것은 아닐까, 스스로 되물어야 한다.

生_생而_이知_지之_지者_자는 上_상也_야요 學_학而_이知_지之_지者_자는 次_차也_야요
困_곤而_이學_학之_지가 又_우其_기次_차也_야니
困_곤而_이不_불學_학이면 民_민斯_사爲_위下_하矣_의니라.

生而知之의 生而는 '태어나면서부터'라는 뜻이며, 之는 의미를 지니지 않는 문법적 목적어라고 보아도 좋고 道理(도리)를 가리킨다고 보아도 좋다. 困은 나무가 구속 때문에 자라지 못함을 가리키니 곧 困難(곤란)과 困惑(곤혹)이다. 난관에 부딪혀 스스로 해결하지 못한다는 뜻이다. 民斯爲下는 사람의 경우 이것이 下愚(하우)이자 下等(하등)이라는 뜻이다.

058강

아홉 가지 생각

> 군자는 아홉 가지 생각이 있으니, 볼 때는 밝게 볼 것을 생각하고 들을 때는 밝게 들을 것을 생각하며 얼굴빛은 온화할 것을 생각하고 몸가짐은 공손할 것을 생각하며 말은 진실할 것을 생각하고 일은 공경할 것을 생각하며 의심스러우면 물을 것을 생각하고 성이 나면 나중에 닥칠 환난을 생각하며 이익 얻게 되면 의(義)를 생각해야 한다. 「계씨」 제10장 군자유구사(君子有九思)

이 장에서 공자는 덕을 닦는 사람이라면 볼 때, 들을 때, 얼굴빛을 가질 때, 몸가짐을 취할 때, 말할 때, 일할 때, 의심날 때, 화날 때, 이익 얻을 때의 아홉 경우에 그때그때 전일해야 한다고 했다. 이것을 구사(九思)라고 한다. 저 아홉 가지는 동(動)에 속하므로 구사는 동의 공부라 할 수 있다. 또 전일은 경(敬)의 자세이므로 구사는 미발(未發)의 때에 마음을 달아나지 않게 하는 정(靜)의 공부라 할 수도 있다.

구사는 『예기』에서 말한 구용(九容)과 상관이 있다. 『예기』 「옥조(玉藻)」에 보면, 군자의 용모는 점잖고 조용해야 하기에 발은 진중하고 손은 공손하며 눈은 단정하고 입은 듬직하며 말소리는 조용하고 머리는 곧으며 기운은 엄숙하고 서 있는 모습은 덕스러우며 낯빛은 씩씩하도록 해야 한다고 했다. 율곡 이이는 몸과 마음을 가다듬으려면 구용이 절실하고, 학문을 진취시키고 지혜를 더하려면 구사가 절실하다고 했다. 최한기는 구용과 구사가 표리를 이루므로 신기(神氣)를 밝게 닦아 변화시키면 용모로 나타나는 강유(强柔)와 화열(和悅)의 기상이 일마다 마땅하게 된다고 했다.

구사와 구용을 바로 하는 일은 공자가 「안연」 제1장에서 "예가 아니면 보지 말고, 예가 아니면 듣지 말고, 예가 아니면 말하지 말고, 예가 아니면 행동하지 말라."라고 했던 사물(四勿)과도 밀접한 관련이 있다. 한편 구용 공부는 밖에 속하고 구사 공부는 안에 속한다고 볼 수도 있다. 몸가짐에서 비례(非禮)를 제재하고 마음가짐을 전일하게 가져야 한다는 것이다.

용의(容儀)는 신기가 바깥으로 드러난 것이다. 신기를 닦는다면 거울에 비춰 보거나 남에게 물을 필요도 없이 바른 용의를 지니게 된다. 사람은 자기 얼굴에 스스로 책임을 져야 한다!

君子有九思하니 視思明하며 聽思聰하며
色思溫하며 貌思恭하며 言思忠하며
事思敬하며 疑思問하며 忿思難하며 見得思義니라.

視思明은 '볼 때는 밝게 보기를 생각한다'로, 視는 주어가 아니라 주제어이다. 이하 모두 같다. 忿思難은 성났을 때는 뒤에 올 수 있는 患難(환난)을 고려해 억제한다는 뜻이다. 見得思義는 「헌문」편의 "見利思義(견리사의)"와 같다.

059강

踐 선의 실천

> 선을 보고는 미치지 못할 것처럼 하고 선하지 못한 것을 보고는 끓는 물에 손을 넣는 것처럼 한다. 나는 그러한 사람을 보았고 그러한 말을 들었다.
>
> 「계씨」 제11장 견선여불급(見善如不及) 1

고려 때 이규보는 어느 고승을 칭송해서 "묵상하여 세간 인연이 허망함을 깨닫고, 도를 즐겨 그 맛을 깊이 알게 되니, 횡진(橫陳)일랑 죄다 밀초 씹는 맛으로 돌리고, 정욕을 혐의하여 끓는 물 만지듯이 여기네."라고 했다. 횡진을 밀초 씹는 맛으로 돌린다는 것은 불교의 『능엄경』에서 "횡진을 맞닥뜨릴 때는 맛을 밀초 씹듯 여기라."라고 한 구절에서 따왔다. 횡진은 옆으로 누운 미색을 뜻하고, 밀초는 아무 맛 없는 물건을 뜻한다. 이규보의 이 시에서 정욕을 혐의하여 끓는 물에 손을 넣듯이 여긴다고 한 말은 바로 이 장에서 가져왔다.

    공자는 선을 보면 마치 도망가는 것을 뒤쫓되 아무리 뒤쫓아도 미치지 못할까 염려하는 것과 같은 마음으로 추구하고, 선하지 못한 것을 보면 마치 열탕에 손을 집어넣었다가 델까 봐 재빨리 손을 빼듯 주저 없이 그로부터 벗어나야 한다고 말했다. 선과 악을 분별해서 선을 좋아하고 악을 미워하라고 가르친 이 말을 근거로 주희는 원본 『대학』에 "악을 미워함은 악취를 싫어하듯이 하고 선을 좋아함은 여색을 좋아하듯이 한다."라는 말을 보충했다.

그런데 공자는 그토록 선을 추구하고 불선을 멀리하는 사람을 실제로 보았고 또 그러한 사람이 있었다는 옛말을 듣기도 했다고 했다. 공자가 말한 그러한 사람이란 제자들 가운데 안연, 증자, 염경(冉畊), 민자건 등을 가리키는 듯하다. 우리는 그런 옛말은 알고 있지만, 과연 그런 사람을 실제로 보았다고 할 수 있을까?

見善如不及하며 見不善如探湯을
吾見其人矣오 吾聞其語矣로라.

如不及은 미치지 못할까 염려하듯 서둘러 한다는 뜻이다. 見善如不及은 「태백」 제17장에서 "배움은 미치지 못할까 여기듯이 하고, 또한 잃어버리지나 않을까 두려워해야 한다."라고 한 말 중에 "學如不及(학여불급)"과 유사하다. 如探湯은 끓는 물을 더듬는 것처럼 한다는 뜻이다. 吾見其人과 吾聞其語에서 其는 앞에 나온 두 구절을 지시한다.

060강

숨어 살며 뜻을 추구한다

> 숨어 살면서 뜻을 추구하고 의를 행하면서 도를 행한다. 나는 그러한 말만 들었고 그러한 사람은 보지 못했다. 「계씨」 제11장 견선여불급 2

앞에서 이어진다. 군자의 실천과 관련해서 은거구지(隱居求志)와 행의달도(行義達道)라는 두 경지를 제시한 유명한 구절이다.

은거구지와 행의달도에 대해 많은 학자들이 양자를 하나로 연관 지어 풀이했다. 정약용도 이 설을 지지하고 그 예로 백이·숙제를 들었다. 하지만 그 둘을 진퇴의 상이한 국면으로 보는 설도 유력하다. 주희는 이 구절에 해당하는 인물로 이윤과 태공의 예를 들었으니, 후자에 해당한다.

이 장을 진퇴에 관련시켜 이해한다면 그 뜻은 「술이」 제10장에서 공자가 안연에게 "쓰이면 도를 행하고 버림받으면 은둔하는 태도를 오직 나와 너만이 지니고 있다."라고 했을 때의 "용지즉행(用之則行) 사지즉장(舍之則藏)"이란 말과 관련이 있다. 이윤은 본래 유신(有莘)의 들판에서 농사 짓고 숨어 살면서 요순의 도를 즐겼지만 은나라 탕왕이 세 번이나 사람을 보내 초빙하자 군주를 요순과 같이 만들고 백성을 요순 때의 백성과 같이 만들기로 결심해서 탕왕의 재상이 되었다. 한편 태공은 곧 여상(呂尙)으로 흔히 강태공이라 부른다. 위수(渭水)의 반계(磻溪)에서 낚시하다가 주나라 문왕을 만나 사부가 되었다. 뒤에 문왕의 아들 무왕을 도와 은나라를 멸망시켰다.

은거구지란 숨어 살면서 뜻을 추구하는 행위이다. 행의달도는 의를 행하면서 도를 행하는 행위다. 전자는 홀로 선을 쌓아 나가는 독선기신(獨善其身)의 삶이고, 후자는 천하 사람들을 아울러 구제하려 하는 겸제천하(兼濟天下)의 삶이다.

공자는 출처진퇴에서 자유자재해야 한다는 말만 들었고 그러한 사람은 보지 못했다고 했다. 혹은 안연만이 자유자재했는데 그가 죽은 뒤로는 그런 사람을 더는 볼 수 없게 됐다는 말로 풀이하기도 한다. 어떻든 간에 출처진퇴에서 자유자재하기란 참으로 어렵다는 것을 다시 생각하게 된다.

隱居以求其志하며 行義以達其道를
吾聞其語矣오 未見其人也로라.

隱居以求其志는 세상에 쓰이지 않아 在野(재야)에 있더라도 세상을 구원하겠다는 뜻을 버리지 않고 오히려 더욱 추구하는 것을 말한다. 行義는 뜻을 세상에 펼 수 있는 지위를 얻어 올바른 정치를 실행하는 것을 말한다. 또한 可(가)와 不可(불가)를 미리 정하지 않고 오직 義를 따른다는 無適無莫(무적무막)의 태도도 포괄한다. 達其道는 자신이 배워 이상으로 삼은 도를 널리 천하에 실현하는 것을 말한다. 達은 通達(통달)하게 한다는 뜻이다.

稱

061강

누구의 이름이 남는가

> 제나라 경공은 말 사천 필을 소유했지만 죽는 날에 사람들이 덕이 있다고 칭송하는 일이 없었고, 백이와 숙제는 수양산 아래서 굶주렸으나 사람들이 지금에 이르도록 칭송하고 있다.
>
> 「계씨」 제12장 제경공유마천사(齊景公有馬千駟)

이 글을 혹자는 제11장의 후반이라 보기도 하지만, 여기서는 주희의 설을 따라 제12장으로 간주한다. '공자왈(孔子曰)'이 없고 끝 부분이 앞과 잘 이어지지 않는 등 혼란이 있다. 단 취지는 분명하다. 부귀한 자가 칭송받는 것이 아니라 인격을 완성해서 인류의 표준이 될 만한 인물이 칭송받는다는 것이다.

제나라 경공은 영공의 아들인데, 대부 최저가 장공을 시해하고 옹립한 제후이다. 그가 정치에 대해 묻자 공자는 "군군, 신신, 부부, 자자(君君, 臣臣, 父父, 子子)" 여덟 자를 일러 주었다. 하지만 그는 끝내 공자를 등용하지 않았다. 경공은 우산(牛山)에 노닐다가 도성을 내려다보고 "강물이 질펀히 흐르는 이 고장을 버리고 어떻게 죽는단 말인가!"라고 탄식했는데, 이에 곁에 있던 안영이 "장공과 영공이 죽지 않았다면 임금께서 어떻게 이 자리에 있겠습니까?"라고 비웃었다. 세금을 무겁게 부과하고 형벌을 가혹하게 시행했으며 첩의 아들을 태자로 세워 훗날 난을 초래했으니, 칭송할 만한 인물이 아니다.

한편 백이와 숙제는 고죽국의 왕위를 서로 양보하다가 함께 나라를 떠났다. 앞서도 여러 번 나왔듯이, 그들은 주나라 무왕의 은나라 토벌을 불의하다 여겨 주나라 곡식을 먹지 않고 수양산에 들어가 고사리를 캐 먹다가 굶어 죽었다. 「술이」 제15장에서 공자는 백이숙제가 구인득인(求仁得仁, 인을 추구해서 인을 얻음)했기에 아무 원망이 없었다고 했다. 구인득인이야말로 남에게 칭송받을 만한 일인 것이다.

齊景公은 有馬千駟호되
死之日에 民無德而稱焉이오
伯夷叔齊는 餓于首陽之下호되
民到于今稱之하나니라.

千駟의 駟는 4필의 말을 한 단위로 삼는 글자다. 無德而稱은 德 있다고 칭송하는 일이 없다는 뜻이다. 옛 판본에는 德이 得(득)으로 되어 있고 而도 없었다고 하니, 그렇다면 '칭송할 수 없다'는 뜻이 된다.

詩

062강

시의 공부

> 일찍이 부친께서 홀로 서 계실 때 제가 종종걸음으로 뜰을 지나가는데, "시를 배웠느냐?" 물으시기에 "아직 배우지 못했습니다."라고 말씀드렸더니 "시를 배우지 않으면 말을 제대로 할 수 없다." 하시므로 저는 물러 나와 시를 배웠습니다.
>
> 「계씨」 제13장 진항문어백어(陳亢問於伯魚) 1

예전의 책 중에는 과정(過庭)이란 제목이 붙은 것이 더러 있다. 박지원의 아들 박종채도 『과정록』을 엮었다. 과정이란 뜰을 가로지른다는 말이되, 부친의 가르침이라는 뜻으로 쓰인다. 그 출전이 바로 이 장이다.

공자의 제자 진항은 선생님의 아들 백어(伯魚)가 특별한 가르침을 받지 않을까 궁금해했다. 진항은 백어에게 "그대는 이문(異聞)이 있지 않겠소?"라고 물었다. 이문이란 다른 사람은 못 듣고 특별히 한 사람만 들은 내용이란 뜻이다. 백어는 없다고 대답하고는 위와 같이 말을 이었다. 언젠가 공자는 "시를 공부했느냐?"라고 묻고는 "시를 공부하지 않으면 남을 응대할 때 말을 제대로 할 수 없다."라고 가르쳤다는 내용이다. 시는 시 삼백, 즉 훗날 『시경』이라는 경전이 된 시집의 시를 가리킨다.

진항은 사심을 지녀 성인의 마음을 의심한 듯하다. 하지만 공자는 문하생들에게 그랬듯 자식에게도 시를 배우라고 권했다. 시는 완곡한 표현 속에 화자의 의지를 담아내는 수사법이 뛰어나므로 대화에 응용할 수 있기 때문이다. 「양화」 제9장에서 공자는 제자들에게 『시경』의 효용을 이렇게 설명했다. "시는 감흥을 불러일으키고, 물정을 살필 수 있게 하며, 여러 사람과 어울릴 수 있게 하며, 원망을 발산할 수 있게 하며, 가까이는 부모에게 효도하고 멀리는 임금에게 충성하게 하며, 새와 짐승과 초목의 이름을 많이 알게 한다." 곧 공자가 백어에게 시 공부를 강조한 것은 아들이라고 해서 특별히 후하게 가르친 것이 아니었다.

교육자라면 공자의 공평무사함을 배워야 하리라.

嘗獨立이어시늘 鯉趨而過庭이러니
曰, 學詩乎아. 對曰, 未也로이다.
不學詩면 無以言이라 하여시늘 鯉退而學詩호라.

嘗獨立의 주어는 공자인데 생략되었다. 鯉는 공자의 아들 백어의 이름으로, 여기서는 일인칭으로 쓰였다. 趨는 종종걸음으로 걷는 것을 말한다. 學詩乎는 詩, 즉 『시경』을 배웠느냐고 묻는 말이다. 乎는 의문으로 말을 맺는다. 未也는 未學也의 준말이다. 無以言은 '말을 할 수 없다'는 말로, 남을 응대할 때 말을 제대로 할 수 없다는 뜻이다.

063강

禮

예를 배우는 뜻

다른 날 또 부친께서 홀로 서 계실 때 제가 종종걸음으로 뜰을 지나가는데, "예를 배웠느냐?" 물으시기에 "아직 배우지 못했습니다."라고 말씀드렸더니 "예를 배우지 않으면 설 수 없다." 하시므로 저는 물러 나와 예를 배웠습니다. 「계씨」 제13장 진항문어백어 2

앞에서 이어진다. 진항이 공자의 아들 백어에게 "부친께 우리들과는 달리 특별히 가르침을 더 받은 것이 없습니까?"라고 물었을 때, 백어는 없다고 대답하고, 다만 어느 날 공자가 시를 공부했느냐고 물었던 일이 있다고 덧붙였다. 백어가 아직 배우지 않았다고 대답하자 공자는 시를 공부하지 않으면 남을 응대할 때 말을 제대로 할 수가 없다고 했다. 백어는 그 사실을 말한 뒤 다시 위와 같이 말했다.

   백어는 자신이 아버지에게 받은 가르침이라고는 "시를 배우지 않으면 말을 할 수 없다."와 "예를 배우지 않으면 설 수 없다." 두 마디뿐이라고 했다. 공자가 홀로 서 있을 때 자식에게 가르쳐 준 바가 이러했으니, 자식에게만 후하게 가르친 일이 없다는 사실을 잘 알 수 있

142

다. 「학이」 제10장에서 진항은 자공에게 "선생님께서는 어느 나라에 가시더라도 반드시 정사에 참예하시니, 스스로 구한 것인가 아니면 맡긴 것인가?" 하고 물었던 일이 있다. 대개 공자의 본심을 잘 파악하지 못했던 듯하다.

『시경』의 시와 생활 규범의 예를 학도들에게 가르치는 것은 공자의 일반적 교육 방침이었다. 오늘날의 공교육도 순정한 정서를 드러내고 의지를 완곡하게 표현하는 시 교육과 인간관계에서 품위를 유지하도록 도와주는 예절 교육을 강화해야 할 듯하다.

>
> 他日_{타일}에 又獨立_{우독립}이어시늘 鯉趨而過庭_{이추이과정}이러니
> 曰_왈, 學禮乎_{학예호}아 對曰_{대왈}, 未也_{미야}로이다.
> 不學禮_{불학예}면 無以立_{무이립}이라 하여시늘 鯉退而學禮_{이퇴이학예}호라.

他日은 '다른 날'이다. 앞서의 일이 있던 날로부터 며칠 지난 시점을 가리킨다. 又獨立의 주어는 공자이다. 學禮乎는 '禮를 배웠느냐?'라고 묻는 말이다. 無以立은 '설 수 없다'로, 인간관계에서 자신의 지위를 유지하며 품위 있게 설 수 없다는 뜻이다.

064강
聞 하나를 물어 셋을 얻다

> 진항이 물러나 기뻐하면서 말했다. "하나를 물어서 세 가지를 얻었으니, 시가 중요하다는 것을 들었고 예가 중요하다는 것을 들었으며 군자는 자기 자식을 멀리한다는 것을 들었다." 「계씨」 제13장 진항문어백어 3

계속해서 이어진다. 진항이 공자의 아들 백어에게 공자로부터 특별히 더 가르침을 받은 것이 없냐고 물었을 때, 백어는 다만 "시와 예를 공부하지 않으면 안 된다."라는 가르침을 들었다고 했다. 공자는 문하의 누구에게나 시와 예의 중요성을 가르쳤으므로 백어가 들은 것은 이문(異聞)이 아니었다. 진항은 그 사실을 알고 뜻밖에도 세 가지 유익한 가르침을 들었다고 기뻐했다.

진항은 백어와의 대화에서 『시경』의 시가 중요하다는 사실, 예가 중요하다는 사실, 군자는 자기 자식을 멀리한다는 사실을 알게 되었다. 문일득삼(問一得三)이라 하면 적은 노력으로 많은 이득을 얻는 것을 뜻하는데, 그 성어가 바로 이 장에서 나왔다. 일석이조와 같은 뜻으로 사용하지만 일석이조는 영어 속담을 일본인들이 한자로 번역한 말이다.

 『시경』의 시를 익히면 정서를 순화시키고 남들을 응대할 때 속뜻을 완곡하게 드러낼 수 있다. 예를 익히면 인간관계에서 자신의 지위를 확립하고 품위를 지킬 수 있다. 진항은 공자가 백어에게 시 공부와 예 공부의 의의에 대해 밝힌 말을 백어를 통해 간접적으로 접할 수 있었다. 그리고 공자가 백어를 가르친 태도와 방식을 통해 군자는 자기 자식을 멀리한다는 사실을 스스로 알게 되었다.

 군자가 자기 자식을 멀리하는 이유는 무엇인가? 교육자로서 공평무사함을 지키기 위해서이다. 자식을 가르칠 때는 역자이교(易子而敎, 자식을 바꾸어 가르침)를 해야 한다. 『맹자』 「이루 상」에서 말했듯, 아버지와 자식이 책선을 행하면 서로 사이가 소원해질 우려가 있기 때문이다.

陳亢이 退而喜曰, 問一得三호니
聞詩聞禮하고 又聞君子之遠其子也호라.

退는 진항이 백어와 함께 있던 곳에서 물러난다는 말이다. 問一得三에서 問一은 백어에게 공자의 특별한 가르침을 따로 받지 않았느냐고 물은 것이다. 得三은 뒤에 나오는 '시가 중요하다는 사실', '예가 중요하다는 사실', '군자는 자기 자식을 멀리한다는 사실'을 알게 된 것을 가리킨다. 聞詩는 '시를 들었다'는 뜻이 아니라 '시 공부의 중요성을 들었다'는 뜻이다. 聞禮 역시 '예 공부의 중요성을 들었다'는 뜻이다.

065강

알현의 예법

양화가 공자를 알현하려 했으나 공자께서 만나 주지 않으시자 공자께 삶은 돼지를 선물로 보냈는데, 공자께서 그가 없는 틈을 타서 사례하러 가시다가 도중에 그를 만나셨다. 「양화(陽貨)」 제1장 양화욕현공자(陽貨欲見孔子) 1

「양화」편 26장의 첫 번째 장이다. 양화는 노나라 계씨의 가신이었던 양호와 동일 인물인 듯하다. 양화는 본래 맹씨(孟氏)로, 계씨의 가신으로 있다가 얼마 후 대부의 자리에 올라 노나라 정치를 멋대로 했다고 한다.

양화는 공자를 자기 쪽으로 불러서 만나 보려 했으나 공자는 가지 않았다. 그러자 양화는 공자가 집에 없는 틈을 타서 공자의 집으로 삶은 돼지를 보냈다. 『예기』에 따르면, 사(士)는 대부가 선물한 것을 자기 집에서 직접 받지 못했다면 대부의 집으로 찾아가 사례해야 한다. 그렇기에 『맹자』「등문공 하」에서는 대부의 직에 있던 양화가 공자를 자기 집으로 오게 하고 싶었으나 무례하다는 말을 들을까봐 사람을 시켜 공자가 집에 없을 때 삶은 돼지를 보낸 것이라고 부연했다.

『맹자』는 양화가 보낸 돼지가 증돈(蒸豚), 즉 삶은 돼지였다고 했다. 이후 증돈이라고 하면 선비를 대접하되 성심으로 하지 않고 형식만 갖추는 것을 가리키게 되었다. 공자는 양화의 의도를 알고 양화가 집에 없을 때 그의 집으로 가서 사례하려 했다. 하지만 가는 길에 양화를 만나고 말았다.

양화가 공자를 알현하려 한 것은 존자를 대하는 좋은 뜻이라고 할 수 있다. 하지만 양화는 난을 일으킬 때 공자에게 도와 달라고 청하려 했을 것이므로 그 의도가 불순했다. 그렇기에 후대 사람들은 공자가 그를 만나 주지 않은 것은 의로운 행동이고, 양화가 없을 때 그의 거처로 가서 사례하려 한 것은 예에 부합한다고 보았다. 서양의 어떤 학자는 이 일화를 두고 공자가 위선적인 인물이었다고 평하기도 했으나 공자의 심리를 제대로 분석한 결과라 보기는 어렵다.

옛사람은 남과의 작은 만남에서도 의와 예를 중시했다. 우리가 배울 점이 적지 않다.

陽貨가 欲見孔子어늘
孔子가 不見하신대 歸孔子豚이어늘
孔子가 時其亡也而往拜之러시니 遇諸塗하시다.

欲見의 見을 교정청 언해본은 '현'으로 읽었다. 공자가 양화보다 덕이 높았으므로 양화가 공자를 알현하려 했다고 본 것이다. 歸는 보낼 饋(궤)와 같다. 豚은 본래 '어린 돼지'이지만 『맹자』의 기록에 따라 蒸豚(증돈, 삶은 돼지)으로 풀이한다. 時其亡也의 時는 기회를 엿봐 틈탄다는 뜻이고, 亡은 無(무)와 같다. 遇諸塗의 諸는 '그를 ~에서'이며, 塗는 '길' 또는 '途中(도중)'이다.

066강

時 세월은 기다리지 않는다

양화가 "보배를 품고서 나라를 어지럽게 하는 것을 인(仁)이라 할 수 있겠소?" 하니 공자께서 "인이라 할 수 없습니다." 하셨다. 양화가 "종사하기를 좋아하면서 자주 때를 놓치는 것을 지(知)라 할 수 있겠소?" 하니 공자께서 "지라 할 수 없습니다." 하셨다. 양화가 "세월은 흘러가니, 세월은 나를 위해 기다려 주지 않는 법이오." 하자 공자께서는 "알았습니다. 제가 장차 벼슬을 하겠습니다." 하셨다. 「양화」 제1장 양화욕현공자 2

앞에서 이어진다. 양화는 공자에게 "이리 오시오. 그대에게 할 말이 있소." 하고는, 정치에 참여하지 않으려는 공자를 넌지시 비판했다.

양화는 '보배를 품고서 나라를 어지럽히는 것'이 인(仁)이라 할 수 있느냐고 물었다. 공자가 덕을 품고 있으면서 혼미한 나라를 구원하려 하지 않는다고 비판한 것이다. 이어 '종사하기를 좋아하면서 자주 때를 놓치는 것'을 지(知)라 할 수 있느냐고 물었다. 공자가 이상 정치를 실현하려는 뜻을 지니고도 기회를 자주 놓치는 것을 꼬집은 것이다. 마지막으로 양화는 '흘러가는 세월은 나를 위해 기다려 주지 않는 법'이라고 말했다. 공자가 이념을 실천하지 못하고 세월만 흘려보내고 있다고 지적해 그 초조감을 부추기려 한 것이다.

공자는 양화의 말을 듣고 굳이 변론하지 않았다. 양화의 비판과 재촉에 대해 이치에 근거해서 대답했을 따름이다. 큰 이념을 위한다면서 일시나마 불의에 굴복하는 일은 결코 옳지 않았기에 그의 천거로 정치에 참여할 뜻은 조금도 없었다.

"세월은 흘러가니, 세월은 나를 위하여 기다려 주지 않는 법이다."라는 양화의 말은 세월의 흐름을 안타까워하라는 뜻이다. 이 말도 참 좋다. 그러나 공자의 시간 관념은 이와 달랐다. 공자는 시중을 중시했지, 시간이 덧없이 흘러간다며 슬퍼하지 않았다. 쉬운 일이 아니다.

> 曰. 懷其寶而迷其邦이 可謂仁乎아.
> 曰. 不可하다. 好從事而亟失時가 可謂知乎아.
> 曰. 不可하다. 日月이 逝矣라 歲不我與니라.
> 孔子曰. 諾다. 吾將仕矣로리라.

懷其寶는 '보물을 품고 있다'는 말인데, 덕과 재능을 품고 있다는 뜻이다. 迷其邦은 실제로 나라를 혼미하게 만든다는 뜻이 아니라 혼미한 나라를 그냥 내버려 둔다는 뜻이다. 위 글에서 孔子曰 이하만 공자가 마지못해 대답한 것이고 그 앞은 양화의 자문자답일 수도 있다. 중국의 李贄(이지)와 毛奇齡(모기령), 조선의 정약용이 이 설을 주장했다. 여기서는 주희의 설을 따랐다. 從事는 政事(정사)에 참여한다는 뜻이다. 亟는 '자주', 失時는 '기회에 미치지 못함'이다. 歲不我與는 세월이 나와 함께 머물지 않는다는 뜻이다.

067강

본성과 습관

성(性)은 서로 비슷하나 습관에 의해 서로 멀어지게 된다. 「양화」 제2장 성상근야(性相近也)

버릇이 되어 버린 성질을 습성(習性)이라고 한다. 이때 '성'은 성질이나 특성을 나타내는 부속어이다. 하지만 이 장에서 공자는 성과 습을 구분했다. 사람마다 성은 같지만 습관에 따라 서로 달라진다고 지적한 것이다.

공자가 말한 성은 『중용』에서 '하늘이 명한 바'로 규정한 인간의 본성이다. 성에 대해 북송의 정이는 기질지성(氣質之性)을 가리킨다고 보았고, 남송의 주희는 기질지성과 본연지성(本然之性)을 아울러 가리킨다고 보았다.

이에 반해 정약용은 성을 실체로 보지 않았다. 그는 『맹자』와 『도덕경』, 『시경』 등의 고전을 종합해서 인간 정신의 허령(虛靈)한 본체를 대체(大體)라 했다. 그리고 대체의 구체적 활동의 국면을 도심(道心)이라 보고, 대체가 선을 좋아하고 악을 싫어하는 기호의 측면이 성이라고 보았다. 성을 기호라고 규정하는 이른바 성기호설(性嗜好說)

을 주장한 셈이다. 한편 습은 습관(習慣), 습숙(習熟), 친습(親習), 훈습(薰習) 등의 복합어로 사용된다. 단 개인이 홀로 선한 행위나 악한 행위를 익히는 것이 아니라, 교육이나 환경의 영향을 받아 선악의 기질을 형성해 가는 것을 가리킨다.

정약용은 이렇게 말했다. 덕을 좋아하고 악을 부끄러워하는 성은 성인이나 범인이나 같으므로 성은 서로 비슷하다 할 수 있지만, 어진 사람을 가까이 하느냐 소인을 가까이 하느냐 하는 습관은 갑과 을이 다르므로 결국 습관에 의해 서로 멀어지게 된다는 것이다.

현실의 인간은 서로 똑같지 않다. 차이도 있고 차별도 있다. 그러나 공자는 유교무류(有敎無類)라 해서 가르침에 차별을 두지 않았다. 선을 좋아하고 악을 미워하는 본성은 서로 같기에 인간은 학문과 교육을 통해 서로 조화로운 삶을 살아 나갈 수 있다고 믿은 것이다. 학문과 교육이 인간의 인간다운 본성을 성장시키는 방편이 될 수 없다면 우리는 희망을 어디에서 찾을 것인가.

性相近也나 習相遠也니라.

이 글은 짜임이 같은 두 개의 문장을 나란히 두는 대장법을 사용해 性과 習의 문제를 논했다. 近은 同(동), 遠은 異(이)의 뜻을 함축한다. 性相近은 사람이 타고난 본성은 서로 가깝다는 뜻이다. 習相遠은 습관의 결과로 형성된 인격이나 개성은 서로 다르다는 뜻이다.

068강
移 인간은 달라질 수 있다

오직 지극히 지혜로운 자와 지극히 어리석은 자는 변하지 않는다. 「양화」 제3장 상지여하우(上知與下愚)

앞서 공자는 선을 추구하고 악을 미워하는 본성의 면에서 인간은 서로 비슷하지만 교육이나 환경의 영향을 받아 선이나 악의 기질을 형성해 가기 때문에 인격과 개성이 서로 달라진다고 했다. 이어서 공자는 다만 상지(上知)와 하우(下愚)는 습관 때문에 변화하는 법이 없다고 했다. 상지는 지극히 지혜로운 사람이란 뜻인데, 본성이 완전히 선한 사람을 가리킨다. 하우는 지극히 어리석은 사람이란 뜻이되, 지적 능력이 모자라거나 타고난 기질이 나쁜 사람을 가리키는 것이 아니다. 아무리 그런 사람이라고 해도 자기 자신을 다스린다면 변화하지 않을 리 없다. 그래서 송나라 때 정이는 하우란 기질이 좋든 나쁘든 관계없이 자포자기(自暴自棄)하는 사람을 가리킨다고 했다. '자포'는 거절해서 믿지 않는 것, '자기'는 체념해서 하지 않는 것이다. 곧 자포자기란 곤란을 겪으며 애써 알고자 하는 곤지(困知)조차 하려고 하지 않는 것을 말한다.

정약용은 주자학자들이 기질의 청탁(淸濁)을 선악의 근본으로 본 것을 비판하며 기질은 본성의 선악과 아무 관계가 없다고 했다. 또 맹자의 성선설(性善說)이 옳기는 하지만 본성이 선하다 해서 도덕적 자율성과 별개로 무조건 선하다고 이해해서는 안 된다고 강조했다. 인간에게는 선할 수도 있고 악할 수도 있는 권형(權衡, 저울)이 부여되어 있다. 즉 인간은 자기 스스로의 의지에 따라 선을 행하거나 악을 저질러서 결국 공을 일으키고 죄를 불러오는 것이다. 물론 하늘이 생지의 성인을 내기는 한다. 하지만 이는 그에게 군사(君師)의 지위를 주어 만민을 구제하게 하려는 것일 따름이다. 그 외에 학지(學知)의 현인, 곤지의 보통 사람, 지능이 모자란 사람은 각각 기질이 다를 뿐 선선오악(善善惡惡)의 본성은 모두 같다.

　　나는 어떤 사람이고자 하는가? 자포자기하는 하우이고자 하는가?

　　　　唯^유上^상知^지與^여下^하愚^우는 不^불移^이니라.

唯는 '다만, 오로지'의 뜻을 나타낸다. 上知의 知는 智(지)와 같다. 上知는 지극히 지혜로운 사람으로, 본성이 완전히 선한 사람을 가리킨다. 下愚는 지극히 어리석은 사람으로, 기질이 좋든 나쁘든 관계없이 自暴自棄(자포자기)하는 사람을 가리킨다. 不移는 습관에 의해 굳어진 인격이나 개성이 바뀌지 않는다는 뜻이다.

069강

작은 마을의 다스림

> 공자께서 무성에 가시어 현악에 맞춰 노래 부르는 소리를 들으셨다. 공자께서 빙그레 웃으시며 말씀하셨다. "닭 잡는 데 어찌 소 잡는 칼을 쓰느냐?"
>
> 「양화」 제4장 자지무성(子之武城) 1

이 장은 공자가 정치의 본령에 대해 밝힌 일화를 수록했다. 문화 예술의 정치를 뜻하는 '현가지성(弦歌之聲)'이라는 성어와 '우도할계(牛刀割鷄)' 즉 "소 잡는 칼로 닭을 잡는다."라는 속담이 여기서 나왔다.

어느 날 공자는 문인들을 데리고 제자 자유가 맡아 다스리는 무성으로 갔다. 무성은 노나라의 마을이다. 자유는 오(吳)나라 사람인데, 노나라에서 무성의 수령으로 벼슬하고 있었다. 공자는 자유가 정치의 큰 도구인 예악을 이용해 그 작은 마을을 다스리고 있는 사실을 알고는 빙그레 웃었다. 후대의 어떤 학자들은 공자가 자유의 그릇된 통치 기술을 비웃은 것이 아니라, 왕좌(王佐, 제왕을 보좌함)의 인물이 작은 마을이나 다스린다고 애석해한 것이라고 풀이하기도 한다.

이익은 『성호사설』에서 옛날에 군자는 사람을 사랑하므로 큰 정치든 작은 정치든 구별하지 않았으니 이는 모두 공자의 가르침 때문이라고 했다. 그래서 자유는 왕좌의 재주로 백 리 고을을 다스려 예악을 행했고, 복자천은 덕 있는 자에게 예절을 다해 스승의 교훈을 얻었으며, 중궁은 지혜가 미치지 못하고 일이 이치에 어긋날까 염려해 어진 이를 구하는 데 급급했다는 것이다. 이익은 정치에 소외되어 있었기 때문에 이렇게 해설한 듯하다.

『공자가어』에 보면 선보(單父)의 재(宰, 수령)로 있었던 복자천은 빈곤한 자를 구제하고 재능 있는 이들을 등용해서 소인들의 비난을 잠재우고, 다시 아비로 섬기는 자, 형으로 섬기는 자, 친구로 삼은 자, 스승으로 섬기는 자를 두고서야 제대로 된 정치를 할 수 있게 되었다고 공자에게 평가받았다고 했다. 지방관의 통치는 인정(仁政)을 실시하면서 올바른 자문을 두어야 한다는 사실을 이 일화에서 알 수 있다.

子之武城하사 聞弦歌之聲하시다.
夫子莞爾而笑曰, 割鷄에 焉用牛刀리오.

弦은 고전 음악을 연주하는 거문고와 비파 등 현악기를 말한다. 弦歌之聲은 올바른 음악의 음색 또는 현악기에 맞춰 노래 부르는 소리를 가리킨다. 요컨대 예악이 바르게 시행됨을 함축한다. 割鷄焉用牛刀는 작은 일의 처리에 큰 도구는 필요하지 않다는 뜻이다. 割鷄는 작은 재능을 시험해 보는 일로, 흔히 작은 고을을 다스리는 일을 말한다. 옛날의 어떤 지방관은 집무 기록을 모아 '割鷄錄(할계록)'을 엮기도 했다. 焉은 의문사인데, 여기서는 반어적으로 쓰였다. 之는 '가다'라는 뜻의 동사이다. 莞爾는 동사 莞 뒤에 그러할 爾를 붙여 의태어로 만들었다.

070강

정치의 방도

> 자유가 대답했다. "예전에 제가 선생님께 듣기를, '군자가 도를 배우면 사람을 사랑하고 소인이 도를 배우면 부리기 쉽다.'라고 하셨습니다." 공자께서 말씀하셨다. "얘들아, 언의 말이 옳으니 방금 전에 내가 한 말은 농담이었을 뿐이다." 「양화」 제4장 자지무성 2

앞에서 이어진다. 공자는 자유가 백성들에게 예악을 가르침으로써 무성을 다스리고 있는 것을 보고, 정치의 큰 도구라 할 예악으로 작은 마을을 다스리는 것을 알고 빙그레 웃었다. 혹은 왕좌의 인물이 작은 마을이나 다스린다고 애석해하며 웃었는지도 모른다. 그러자 자유는 공자의 가르침을 외워 자신은 선생님의 옛 가르침에 따라 예악을 통해 다스리는 것이라고 말했다. 공자는 평소 정치를 하는 사람이든 일반 백성이든 도를 배워야 한다고 가르쳤는데, 이때 도는 예악을 가리킨다.

자유가 이의를 말하자 공자는 그의 말을 전면 승인하고 제자들에게 그의 말이 옳다고 확인해 주었다. 당시 사람들과 달리 자유는 정치에 예악을 제대로 사용했으므로 그의 두터운 믿음을 가상히 여기며 또한 문인들의 의혹을 풀어 준 것이다. 공자는 때에 따라 농담을 하기도 해서 긴장과 이완의 조화를 이루었다. 말을 신중히 하라고 가르치되, 적절한 해학도 구사했던 것이다. 『시경』「기욱」에도 "해학을 잘하는 것이니, 지나침이 되지 않는다."라는 말이 나온다.

한편 공자의 가르침 가운데 "소인이 예악을 배우면 부리기 쉽다."라고 한 말은 현재와 맞지 않는다. 하지만 사람 사이를 질서 지우는 예와 사람의 마음을 화평하게 해 주는 악을 정치의 기본 도구로 생각한 점은 현재에도 시사하는 바가 있다.

자유는 공자의 가르침을 인용해 "군자가 도를 배우면 사람을 사랑한다."라고 했다. 정치가나 지도자가 올바른 이념을 지녀야 시민과 구성원을 진정으로 사랑하고 보호하게 된다는 것은 예나 지금이나 변함없다. 누구나 알지만 실현이 어려운 일이다.

子游가 對曰, 昔者에 偃也聞諸夫子호니
曰, 君子가 學道則愛人이오
小人이 學道則易使也라호이다.
子曰, 二三子아 偃之言이 是也니
前言은 戱之耳니라.

昔者는 '예전'이다. 聞諸夫子의 諸는 曰 이하를 가리킨다. 君子는 통치자, 小人은 피지배자인 백성이다. 道는 禮樂(예악)이다. 易使는 柔順(유순)해져서 부리기 쉽다는 뜻이다. 是也는 '옳다'라고 인정하는 말이다. 前言戱之耳는 앞서 "닭 잡는 데 어찌 소 잡는 칼을 쓰느냐?"라고 했던 말이 농담이었을 따름이라고 확인해 준 것이다.

071강

언제 나아갈 것인가

공자께서 말씀하셨다. "나를 부르는 것이 어찌 공연히 하는 일이겠느냐? 나를 써 주는 자가 있으면 나는 동쪽의 주나라를 만들 것이다."

「양화」 제5장 공산불요이비반(公山弗擾以費畔)

이 장에 나온 공자의 사적은 역사상의 시기와 맞지 않는다. 게다가 공자가 벼슬에 나아가는 데 급급한 인상을 주기 때문에 뒷사람이 끼워 넣은 것처럼 여겨진다. 하지만 이 장에서 다룬 일화는 공자가 세상 구원의 뜻을 강하게 지녔던 사실을 잘 말해 준다고 볼 수도 있다.

노나라 계씨의 가신 공산불요(公山弗擾)가 양호와 함께 계환자를 붙잡아 가두고 비읍을 근거지로 삼아 반란을 일으키고는 공자를 부르자, 공자가 공산불요의 쪽으로 가려고 했다. 공산은 성이고 이름이 불요인데 『춘추좌씨전』에는 불뉴(不狃)로 표기했다. 그런데 자로가 불만스럽게 "가실 것 없으십니다. 하필 공산씨에게 가려고 하십니까?"라고 따졌다. 이에 공자는 "나를 써 주는 자가 있으면 나는 동쪽의 주나라를 만들 것이다."라고 대답했다. 자신의 정치 이념을 실현

158

함으로써 문명의 나라를 새로 만들 수 있다는 포부를 밝힌 것이다.

하지만 공산불요가 공자를 써 준다 하더라도 계씨의 가신인 그가 어떻게 옛 주나라의 정치를 일으키겠는가? 또 비읍은 반란자가 거점으로 삼은 반읍(叛邑)이거늘, 그런 곳에 의거해 왕업(王業)을 일으킬 수 있겠는가? 이에 대해 정이는 공자가 천하에 훌륭한 일을 할 수 없는 사람이란 없으며 허물을 고칠 수 없는 사람이란 없다고 생각했으므로 공산불요를 찾아가려 한 것이라고 풀이했다. 그러고 나서 공자는 공산불요가 필시 잘못을 고치지 못할 줄 알았기 때문에 끝내 그를 찾아가지 않았다고 덧붙였다.

시중의 성인에게도 진퇴의 문제는 참으로 어려웠으리라. 하물며 이 혼탁한 시대에야 더 말해 무엇하랴.

子曰, 夫召我者는 而豈徒哉리오
如有用我者인댄 吾其爲東周乎인저.

豈徒哉는 '어찌 공연히 그러겠는가?'라는 뜻의 반어적 표현이다. 徒는 '공연히'라는 뜻이다. 爲東周에 대해서는 여러 해석이 있지만, 대개 동방의 노나라에 西周(서주)의 도를 일으켜 노나라를 西周처럼 번성한 나라로 흥기시키겠다는 뜻인 듯하다. 공자는 西周의 문왕, 무왕, 성왕, 강왕의 시대를 이상으로 삼았다.

072강
敏 다섯 가지 실천

> 공손하면 모욕을 받지 않고, 너그러우면 많은 사람을 얻게 되고, 신실하면 남이 나를 의지하고, 민첩하면 공적을 세우고, 은혜로우면 충분히 사람을 부릴 수 있다. 「양화」 제6장 자장문인어공자(子張問仁於孔子)

「양화」 편에는 『논어』의 일반적인 문체와 다른 글이 많다. 이 6장도 인(仁)의 내용을 다섯 가지로 나열하는 방식이 특이하다. 곧 공자의 젊은 제자였던 자장이 인에 대해 묻자 공자는 "다섯 가지를 천하에 행할 수 있다면 인이 된다."라고 대답했고, 자장이 구체적인 내용을 다시 묻자 공(恭), 관(寬), 신(信), 민(敏), 혜(惠)의 다섯을 열거한 후 위와 같이 각각의 내용을 상세히 설명했다.

다섯 가운데 가장 중요한 것은 맨 처음의 공이다. 「안연」 제2장에서는 "문을 나서면 큰 손님을 대하듯이 하고 사람을 부릴 적에는 큰 제사를 받들듯이 하라."라고 했고, 「자로」 제19장에서는 번지가 인에 대해 묻자 공자가 "평상시 집에 거처할 때도 공손한 태도를 지녀야 한다."라고 했다.

「학이」제5장에서도 공자는 제후의 나라를 다스리는 기본 원리로 일을 공경하고 미덥게 함, 재물 쓰기를 절도 있게 하고 사람을 사랑함, 백성 부리기를 때에 맞춰 함 등 3사를 거론하면서 경(敬), 신(信), 절(節), 애(愛), 시(時)의 5요를 들었다. 경은 여기서의 공에 해당하고, 신은 그대로 신이며, 애는 여기서의 혜에 해당한다.

관에 대해 「팔일」제26장에서 공자는 "남들의 위에 있으며 관대하지 않고, 예식을 거행하며 공경하지 않으며, 상례에 임해 슬퍼하지 않는다면 무어 볼 만한 것이 있겠는가?"라고 했다.

정치에서의 민에 대해 공자가 직접 언급한 것은 없다. 하지만 공자는 「학이」제14장에서 "일을 민첩히 하고 말을 삼가라."라고 하는 등 실천에 신속할 것을 강조했다. 따라서 정치에서도 신속한 실천이 요구됨은 물론이다.

恭則不侮하고 寬則得衆하고
信則人任焉하고 敏則有功하고
惠則足以使人이니라.

恭則不侮는 '내가 공손하면 남이 나를 모욕하지 않는다'는 뜻이다. 위의 다섯 구는 則이라는 접속사를 중간에 써서 조건과 결과의 짧은 문장을 이루었는데, 한문의 특성상 앞의 구와 뒤의 구가 주어를 달리할 수 있다. 恭則不侮와 信則人任焉의 두 문장은 앞의 주어와 뒤의 주어가 다르다. 恭寬信敏惠에 대해서는 마음의 덕목으로 볼 수도 있고 仁政(인정)의 조건으로 볼 수도 있다.

救

073강

세상 구원의 뜻

자로가 말했다. "예전에 제가 선생님께 듣기를, 군자는 직접 그 몸에 불선을 저지른 자의 무리에 들어가지 않는다고 하셨습니다. 지금 필힐이 중모 땅을 근거로 반란했는데, 선생님께서 그리로 가려 하시는 것은 어째서입니까?" 「양화」 제7장 필힐소자욕왕(佛肸召子欲往) 1

이 장에 나오는 공자의 행적도 앞의 제5장과 마찬가지로 역사적 기록과 맞아떨어지지 않는다. 후대의 찬입인지 모른다. 하지만 두 장에는 공자의 구세(救世) 정신이 잘 드러나 있다.

앞서 제5장에서는 노나라 계씨의 가신 공산불요가 비읍을 근거지로 삼아 반란을 일으키고 공자를 부르자 공자가 가려고 했다. 이에 자로가 따져 물으니 공자는 노나라에 서주의 도를 일으키겠노라는 뜻을 밝혔다. 이 제7장에서는 진(晉)나라 대부 조간자(趙簡子)의 가신 필힐(佛肸)이 중모(中牟)를 근거지로 삼아 반란을 일으키고 공자를 부르자 공자가 가려고 했다. 이번에도 자로가 반대하며 위와 같이 말했다. 노나라 애공 5년, 공자의 나이 63세 때 일이라고 한다.

자로는 스승의 옛 가르침을 입론의 근거로 삼았다.「양화」제4장에서 자유가 예악을 통해 무성을 다스리는 것을 본 공자가 빙그레 웃었을 때 자유가 공자의 옛 가르침을 외워 자신의 일을 합리화했던 화법과 같다.

공산불요는 계씨를, 필힐은 조간자를 배반한 것이지 나라를 배반한 것이 아니므로 공자가 그들에게 가고자 한 것은 명분에 어긋나지 않는다. 다만 불선을 행하는 자의 무리에는 들어가지 말라고 한 가르침은 그 나름의 의미를 지닌다. 구세의 실천을 위해 공자가 진퇴에 고심한 사실을 우리는 새겨보아야 한다.

> ^{자로왈} ^{석자} ^{유아문저부자}
> 子路曰, 昔者에 由也聞諸夫子호니
> ^왈 ^{친어기신} ^{위불선자}
> 曰, 親於其身에 爲不善者어든
> ^{군자불입야} ^{필힐} ^{이중모반}
> 君子不入也라 하시니 佛肹이 以中牟畔이어늘
> ^{자지왕야} ^{여지하}
> 子之往也는 如之何잇고.

由는 자로의 이름이다. 聞諸夫子의 諸는 曰 이하를 가리킨다. 君子不入은 不善을 행한 자의 나라, 가문이나 무리에 들어가지 않는다는 뜻이다.

074강

뜻을 견지해야

공자께서 말씀하셨다. "그렇다. 그런 말이 있었다. 하지만 이런 말도 있다. '단단하다고 말하지 않겠는가, 갈아도 얇아지지 않는다면. 희다고 말하지 않겠는가, 검은 물을 들여도 검어지지 않는다면.'"

「양화」 제7장 필힐소자욕왕 2

앞에서 이어진다. 진나라 대부 조간자의 가신 필힐이 반란을 일으키고 공자를 부르자 공자가 가려고 했다. 이에 자로가 반대하면서 공자가 "불선을 행하는 자의 무리에는 들어가지 말라."라고 가르쳤던 말을 외웠다. 공자는 자신이 이전에 그러한 말을 했다는 것을 인정했다. 하지만 그 말은 수행하는 사람을 위한 가르침이었다. 덕을 온전히 갖춘 군자는 불선인 속에 던져지더라도 그들에게 동화되지 않고 오히려 그들을 선도할 수 있다.

공자는 옛 속담을 인용해 새로운 가르침을 전했다. 아무리 갈아도 얇아지지 않는 것을 진정으로 단단하다 말하고, 검은 물을 들여도 검어지지 않는 것을 진정으로 희다 말한다는 속담이다. 다시 말해 견정

(堅貞, 단단하고 올곧음)의 자세를 지닌 사람은 아무리 나쁜 상황이라도 극복하고 개선할 수 있다는 뜻을 암시한 것이다.

조선 후기의 오재순은 40년간 사용한 석우(石友), 곧 벼루에 명(銘)을 새겨 벼루의 '갈아도 얇아지지 않는' 미덕을 찬양했다. 이 장의 말을 차용해 벼루를 두고 갈아도 닳지 않는다고 한 것은 벼루의 속성을 말하면서 자신의 단단하고 올곧은 정신을 상징적으로 드러낸 것이다. 그의 아들은 「석우명」을 벼루에 새겨 부친의 관 오른편에 함께 매장해서 부친의 묘지(墓誌)로 삼았다.

갈아도 얇아지지 않고 검게 물들여도 검어지지 않는 덕이 군자의 이상이다. 불선인을 멀리해야 하겠지만, 불선인의 사이에 들어가더라도 그들을 선도할 수 있는 적극적 실천가가 군자인 것이다.

> 子曰. 然하다. 有是言也니라. 不曰堅乎아
> 磨而不磷이니라. 不曰白乎아 涅而不緇니라.

有是言也는 그런 말이 있었다는 뜻이다. 不曰堅乎와 不曰白乎는 과거의 말이나 일반적인 통념의 말을 환기하는 표현이다. 磷은 조금씩 닳아 얇아짐이다. 涅은 물속에 있는 검은 흙으로, 여기서는 검게 물들인다는 뜻이다. 緇는 검은색인데, 여기서는 검게 물든다는 말이다.

075강
한곳에 매이지 않는다

내가 어찌 뒤웅박과 같겠는가? 어찌 매달려 있기만 하여 식용이 되지 못하겠는가? 「양화」 제7장 필힐소자욕왕 3

앞에서 이어진다. 공자는 진나라 대부 조간자의 가신으로서 반란을 일으킨 필힐의 부름에 응하려 하며, 군자는 불선인 속에 던져지더라도 그들에게 동화되지 않고 그들을 선도할 수 있다는 뜻을 말했다. 그러고 나서 위와 같이 반어와 비유의 표현을 통해 세상을 위해 일하고자 하는 뜻을 분명히 했다. 곧 뒤웅박은 먹지 못하는 식물이기 때문에 한 곳에 매달려 있지만, 자신은 그와 달리 동서남북으로 갈 수 있기에 한곳에 매여 있지 않겠다고 말했다.

뒤웅박이 매달린 채로 있다는 표현은 『주역』 정괘(井卦)에서 "우물이 깨끗한데도 먹지 않는다."라고 한 것이나 정괘(鼎卦)에서 "꿩의 맛있는 고기를 먹지 못한다."라고 한 표현과 마찬가지로 재능이 있는데도 등용되지 못함을 비유한다. 그래서 포계(匏繫)라 하면 쓸모없는 사람을 비유하고, 포계지탄(匏繫之歎)이라 하면 재능이 있어도 등용되지 못하는 것을 탄식하는 말이 된다.

신라 최치원은 지리산 쌍계사의 「진감화상비명 병서(眞監和尙碑銘
並序)」에 이런 일화를 적었다. 진감 선사가 부모상을 당해 흙을 직접
등에 지고 날라 봉분한 후 "내가 뒤웅박처럼 젊은 나이에 그냥 한곳
에만 죽치고 있어서야 되겠는가!"라고 하고는 804년에 당나라로 건
너가 창주(滄洲)의 신감 대사(神鑑大師)를 만나 수계를 했다. '뒤웅박'
운운한 공자의 말을 한곳에 안주하지 않으려는 굳은 결심을 나타내
는 말로 사용한 것이다.

군자의 출처진퇴에는 경법(經法)과 권도(權道)가 있다. 공자가 앞
서 "군자는 직접 그 몸에 불선을 저지른 자의 무리에 들어가지 않는
다."라고 한 것은 경법을 밝힌 것이다. 반면 공자가 필힐의 부름에 가
려 했던 것은 천하에 변화시킬 수 없는 사람이 없고 할 수 없는 일이
없다고 생각했기 때문이니, 큰 권도를 따르려 한 것이다. 하지만 공자
는 필힐이 변화될 인물이 아니므로 옳은 일이 이루어질 수 없음을 알
고는 결국 가지 않았다. 만일 우리가 권도를 실행한다면서 불선을 저
지르는 자의 무리 속으로 들어간다면, 그것은 오만이요 기만이다. 성
인이 아니고서야 어찌 권도를 운위할 수 있겠는가.

吾豈匏瓜也哉라. 焉能繫而不食이리오.

'吾豈~'와 '焉能~'은 모두 반어법의 표현이다. 匏瓜는 별자리를 가리킨다는
설도 있지만, 뒤의 어구로 보아 뒤웅박으로 보는 설이 옳다. 繫而不食은 '꼭지
에 매달려 있기만 해서 먹히지 않는다'는 말로, 不食은 피동의 부정문이다.

076강

여섯 가지 폐단

인(仁)을 좋아하되 배움을 좋아하지 않으면 그 폐단으로 어리석게 되고, 지혜를 좋아하되 배움을 좋아하지 않으면 그 폐단으로 방탕하게 되며, 믿음을 좋아하되 배움을 좋아하지 않으면 그 폐단으로 해치게 되고, 정직을 좋아하되 배움을 좋아하지 않으면 그 폐단으로 급하게 되며, 용맹을 좋아하되 배움을 좋아하지 않으면 그 폐단으로 어지럽게 되고, 강직을 좋아하되 배움을 좋아하지 않으면 그 폐단으로 경솔하게 된다.

「양화」 제8장 육언육폐(六言六蔽)

이 장은 공자가 "유야! 너는 육언(六言)과 육폐(六蔽)를 들었느냐?" 하자 자로가 "아직 듣지 못했습니다."라고 대답하는 말로 시작한다. 공자의 평소 어투와 달라 후대 사람이 끼워 넣은 글로 보기도 한다. 그러나 자로는 평소 선언선행을 보면 곧바로 받아들이고 의리에 용맹했으나 학문을 깊이 하지 않아 폐해에 빠질 우려가 있었으므로 공자가 그에게 육언육폐를 가르쳐 주었다고 볼 수도 있다. 곧 공자는 인

(仁), 지(知), 신(信), 직(直), 용(勇), 강(剛)의 육언은 본디 인간이 마땅히 지녀야 할 여섯 미덕이다. 하지만 이를 갖추었다 해도 학문을 하지 않으면 각각 우(愚), 탕(蕩), 적(賊), 교(絞), 난(亂), 광(狂)의 여섯 폐단에 빠질 수 있음을 경계했다. 또 육언을 좋아하기만 하고 그 이치나 시행 방법을 제대로 배우지 않는다면 덕을 좋아하는 본성조차 가리게 될 것이다.

육지(陸贄)가 당나라 덕종에게 천자의 육폐를 논한 글이 있었는데, 영조도 홍문관에 육폐를 논한 글을 올리라고 했다. 이때 오원(吳瑗) 등이 「육폐잠(六蔽箴)」을 지어서 남 이기길 좋아함, 과실 듣기를 부끄러워 함, 교묘한 변명을 잘 구사함, 총명을 자랑함, 위엄을 심하게 차림, 강퍅한 성격을 부림 등을 군주의 육폐로 거론했다. 군주뿐이겠는가. 누구나 이런 폐단이 없는지 수시로 점검해야 하리라.

好仁不好學이면 其蔽也愚요 好知不好學이면 其蔽也蕩이오 好信不好學이면 其蔽也賊이오 好直不好學이면 其蔽也絞요 好勇不好學이면 其蔽也亂이오 好剛不好學이면 其蔽也狂이니라.

전체 글은 동일한 구조의 여섯 문장으로 이루어져 있다. 蔽는 遮掩(차엄, 막아서 가림)이란 말로, 곧 弊端(폐단), 弊害(폐해)를 뜻한다. 蕩은 흐트러진다는 뜻이다. 주희는 높이와 폭을 궁극까지 추구해서 그칠 곳을 모름이라고 풀이했다. 賊은 해친다는 뜻으로, 殘忍(잔인)함을 말한다. 絞는 끈을 지나치게 꽉 묶은 것처럼 갑갑하다는 뜻이다. 好信의 弊端은 고지식한 믿음인 諒(량)과 통한다. 亂은 條理(조리)를 어지럽힘이다. 狂은 輕擧妄動(경거망동)함이다.

詩

077강

시의 가치

> 시는 의지를 흥기하게 하고 정치의 득실을 관찰할 수
> 있게 하며 무리 지을 수 있게 하고 원망을 적절히
> 드러낼 수 있게 하며, 가까이는 어버이를 섬기고
> 멀리는 임금을 섬길 수 있게 하며 새와 짐승, 풀과
> 나무의 이름을 많이 알게 한다.
>
> 「양화」 제9장 소자하막학부시(小子何莫學夫詩)

이 장에서 공자는 제자들에게 왜 시 삼백, 즉 『시경』을 공부하지 않느냐고 꾸짖고는 위와 같이 말했다.

공자는 『시경』의 기능과 가치를 네 가지로 나누어 제시했다. 첫째는 의지를 흥기시킴이니, 시의 효용론적 가치를 말한 것이다. 둘째는 풍속의 성쇠를 보아 사태의 득실을 살핌이니, 시의 반영론적 가치를 말한 것이다. 셋째는 사람들과 조화하게 함이니, 역시 시의 효용론적 가치를 말한 것이다. 넷째는 정치를 은근히 풍자함이니, 시의 정치론적 기능을 말한 것이다. 앞서 「위정」 제2장에서 공자는 시 삼백 편의 뜻을 한마디 말로 총괄하면 "생각에 간사함이 없다."라고 해서 시의

효용론적 가치를 '사무사(思無邪)'라고 개괄한 바 있다.

또한 공자는 시를 읽으면 마음이 정화되므로 가정에서는 부모에게 효를 다하고 관직에 나가서는 군주를 제대로 섬길 수 있다고 했다. 덧붙여 시에는 물명(物名)이 많이 나오므로 시를 익히면 어휘가 풍부해진다고 했다. 공자는 시 교육이 지닌 가치를 정말 다각도로 인식했다.

한자 문화권의 지식인들은 『시경』을 깊이 공부했다. 전한의 광형(匡衡)은 어릴 때부터 『시경』을 잘 해석했으므로 유학자들이 "『시경』을 함부로 풀이하지 말라. 광형이 온다."라고 말할 정도였다. 『시경』뿐 아니라 문학 일반의 교육은 정서 발달과 사고 훈련에 매우 중요하다. 그렇거늘 지금 우리는 문학 공부를 너무 등한시하는 것 같다.

> 詩는 可以興이며 可以觀이며 可以群이며
> 可以怨이며 邇之事父며 遠之事君이오
> 多識於鳥獸草木之名이니라.

可以興 이하 네 구는 동일한 짜임이다. 興은 興起(흥기)시킴이다. 觀은 풍속의 성쇠를 보아 사태의 득실을 살핌을 뜻한다. 群은 많은 사람들과 조화하되 방탕한 데로 흐르지 않음이다. 怨은 정치를 諷刺(풍자)함으로써 원망하되 성내지 않음이다. 邇之와 遠之의 之는 음조를 고르는 어조사이다. 邇之事父와 遠之事君은 인간의 도리를 통틀어 거론한 互文(호문)이다. 事父는 가까운 일, 事君은 먼 일이라고 구별할 필요는 없다. 鳥獸草木之名은 萬象(만상)의 명칭이다. 『시경』에는 풀 50종, 나무 52종, 새 36종, 짐승 24종, 물고기 14종, 벌레 18종의 이름이 나온다고 한다.

078강

詩 시로 기르는 마음

> 너는 주남과 소남을 배웠느냐. 사람으로서 주남과 소남을 배우지 않으면 담장을 마주하고 서 있는 것과 같으니라. 「양화」 제10장 여위주남소남의호(女爲周南召南矣乎)

이 장에서 공자는 아들 백어에게 『시경』을 공부하라고 타이르면서 위와 같이 말했다. 앞서 제9장에서 제자들에게 "너희는 어째서 시 삼백을 공부하지 않느냐?"라고 꾸짖었던 것과 같은 맥락이다. 「계씨」 제13장에서 공자는 백어에게 『시경』을 배우지 않으면 남을 응대할 때 말을 제대로 할 수 없다고 꾸짖은 바 있다. 여기서는 주남과 소남을 공부하지 않으면 담장을 마주하고 서 있는 것과 같다고 했다. 담장을 마주하고 서 있다는 것은 사물과 아주 가까이에 있으면서도 제대로 보지 못하고 그로부터 한 걸음도 나아가지 못한다는 뜻이다.

주남과 소남은 현재 통용되는 『시경』의 맨 앞에 놓여 있다. 이 두 편에 담긴 25수의 시들에 대해서는 대개 도덕주의적으로 해석해서 자기 몸을 닦고 집안을 다스리는 일을 다루고 있다고 본다. 그런데 이 시들은 남녀와 부부의 일을 소재로 삼아 이성 간의 정을 솔직하게 노래했다고 볼 수도 있다. 아마도 공자는 세상에 올바른 도리가 행해져 남녀가 스스로의 정을 자연스럽게 드러낼 수 있었던 것을 높이 평가한 듯하다. 한편 공자가 주남과 소남을 거론한 것은 『시경』 전체를 가리켜 운운한 것이라고 볼 수도 있고, 주남과 소남의 시편을 연주하는 음악을 공부하라고 권면한 것이라고 볼 수도 있다. 여기서는 앞의 설을 취했다.

공자는 주남과 소남을 공부함으로써 인간의 자연스러운 본성을 있는 그대로 아름답게 여기는 마음을 길러야 한다고 보았던 듯하다. 감정을 결핍한 차가운 이성의 소유자는 그저 목석에 불과할 뿐이라는 점을 새삼 생각하게 한다.

女爲周南召南矣乎아. 人而不爲周南召南이면
其猶正牆面而立也與인저.

女는 '너'라는 이인칭이다. 爲는 學(학)과 같다. 周南召南은 현재 통용되는 『시경』의 처음 두 편이다. 현재의 『시경』에는 주나라 초기부터 춘추 시대 초기까지 쓰인 황하 중류 지방의 시 305편이 수록되어 있으며, 國風(국풍)·小雅(소아)·大雅(대아)·頌(송)의 4부로 이루어져 있다. 國風은 여러 나라의 민요, 雅는 공식 연회에서 사용한 儀式歌(의식가), 頌은 종묘의 제사에서 쓰던 樂詩(악시)이다. 周南과 召南은 國風의 첫머리에 놓여 있다. 『시경』에 대해서는 원래 四家(사가)의 주가 전했으나, 정현이 毛氏(모씨)의 텍스트에 주해를 붙인 뒤 毛傳(모전)만 남았으며 그때부터 『시경』을 毛詩(모시)라고도 부른다. '其猶~與'는 '아마도 ~과 같을 것이다'라는 뜻을 나타낸다.

質

079강

실질을 중시해야

예다 예다 하지만 옥과 폐백을 이르겠는가?
악이다 악이다 하지만 종과 북을 이르겠는가?

「양화」 제11장 예운예운(禮云禮云)

예와 악은 사회의 질서와 조화를 이루는 데 필요한 조건이지만, 그 형식만 중시한다면 사회 전체가 활력을 잃게 된다. 그때의 예는 허문(虛文)일 따름이다. 그렇기에 이 장에서 공자는 누구나 예가 중요하다 말하지만 예는 옥과 폐백, 즉 예물에 있지 않으며 누구나 악이 중요하다 말하지만 악은 종과 북, 즉 악기에 있지 않다는 사실을 환기했다. 예는 공경의 마음이 본질이고 악은 화평의 정신이 본질임을 지적하려 한 듯하다. 정이는 "지극히 부도(不道)한 도적들에게도 예악이 있으니, 우두머리가 명령을 내리고 부하가 따라야만 도적질을 할 수 있다."라고 해서 형식적인 예악만 중시해서는 안 된다고 극론했다.

공자는 「팔일」 제3장에서 "사람으로서 어질지 못하면 예를 어떻게 하며, 사람으로서 어질지 못하면 악을 어떻게 하겠는가?"라고 말한 바 있다. 그 말에 비추어 보면 이 장에서도 예와 악보다 인간의 심성과 덕목이 본질임을 말하려 했는지 모른다.

한나라 고조가 제위에 오르자 숙손통(叔孫通)이 노나라 유생 30명을 모아 의례를 제정하려 했다. 당시 다른 유생들은 모두 참여했지만 두 유생만은 "당신은 열 명의 군주를 섬기며 아첨해서 존귀해졌지만 천하가 어수선한 상황에서는 예악을 일으킬 수 없소. 예악을 일으키려면 백 년간 덕을 쌓아야 하오."라고 하면서 초청을 거부했다. 『사기』「숙손통열전」에 나온다.

시민 예절은 사회 질서를 유지하는 데 중요하다. 하지만 사회 지도층이 인덕을 쌓고 구성원들이 화평한 마음을 갖는 일부터 선행해야 함을 잊지 말아야 할 것이다.

禮云禮云이나 玉帛云乎哉아.
樂云樂云이나 鐘鼓云乎哉아.

禮云, 禮云이라고 반복한 것은 사람들이 늘 하는 말을 옮긴 것이다. 樂云, 樂云도 같다. 玉은 公侯伯子男(공후백자남)의 다섯 등급이 각각 예식 때 사용하는 桓圭(환규), 信圭(신규), 躬圭(궁규), 穀璧(곡벽), 蒲璧(포벽) 등 다섯 종류의 옥을 말한다. 帛은 본래 제후의 세자, 부용국의 군주 등이 선물로 쓰는 비단을 말하는데, 여기서는 군주나 신하들이 복색에 쓰는 비단을 가리킨다고 보아도 좋다. 분홍빛의 纁(훈), 검은빛의 玄(현), 노란빛의 黃(황) 등이 있다. 云乎哉의 乎哉는 강한 반어의 어조를 나타낸다. 鐘은 銅(동)과 주석의 합금으로 만들었으며 鼓는 양, 소, 말의 가죽을 대어 만들었다.

080강

표리부동해서야

얼굴빛은 위엄스러우면서 마음은 유약한 것을 소인에게 비유한다면 벽을 뚫고 담을 넘는 도둑과 같다고 하리라. 「양화」 제12장 색려이내임(色厲而內荏)

인격을 갖춘 군자와 그렇지 못한 소인은 어떤 차이가 있는가? 군자는 내면의 덕이 바깥의 위엄으로 드러나 안과 밖이 일치한다. 하지만 소인은 표리부동하다. 얼굴빛은 위엄스러운 듯하지만 마음은 유약하기만 하다. 이 장에서 공자는 소인을 벽을 뚫거나 담을 넘는 도둑에 비유했다. 실상은 없이 이름만 도둑질해서 항상 남이 그 사실을 알까 두려워한다고 지적한 것이다.

「공야장」 제24장에서 공자는 좌구명이 '말을 듣기 좋게 하고 얼굴빛을 곱게 하며 공손을 지나치게 하는 것'과 '원망을 감추고 그 사람과 사귀는 것'을 벽을 뚫거나 넘어가서 도둑질하는 것보다 부끄럽게 여겼던 일을 회고하면서 "나 또한 부끄러워하노라."라고 말했다. 좌구명이 미워한 "교언영색주공(巧言令色足恭)"이 곧 여기서 말한 '얼굴빛은 위엄스러우면서 마음은 유약한 것'에 해당한다.

도둑을 가리켜 양상군자(梁上君子)라고 한다. 양(梁) 자는 들보 양(樑)과 같다. 후한의 진식(陳寔)은 도둑이 들보 위에 숨어 있는 것을 알아차리고는 자손을 훈계하며 "착하지 못한 사람도 본시 악한 것이 아니라 버릇이 습관이 되어 그리된 것이니, 저 양상군자도 그러하다."라고 했다. 이 말을 도둑이 듣고서 놀라 떨어졌다고 한다. 옛날의 도둑은 기한(飢寒)에 시달리고 목숨이 절박해서 도둑이 된 것이라 그나마 염치가 있었기에 몰래 훔치면서 남들이 알까 두려워했다. 그래서 뒤의 「자장」제19장에서 증자는 "범법한 실정을 알았으면 불쌍히 여겨야 하지 기뻐해서는 안 된다."라고까지 했다. 하지만 실상에 맞지 않게 고위직에 있는 자들은 염치가 아예 없어서 남을 두려워하지도 않을 것이다. 공자는 그것을 슬퍼했고, 나도 그것을 슬퍼한다.

色厲而內荏을 譬諸小人컨댄
其猶穿窬之盜與인저.

色厲는 안색이나 태도가 위엄 있는 듯 보이는 것을 말한다. 주희의 설을 따른다. 內荏은 心弱(심약)해서 안정감이 없는 것을 말한다. 주희는 荏을 柔弱(유약)이라고 풀이했다. 小人에 대해 주희는 細民(세민)이라고 주석을 달았는데, 여기서는 영세민이나 농민을 말하는 것이 아니라 권력을 훔쳐서 백성들에게 重稅(중세)를 부과하고 백성들을 탄압하는 인물을 말한다. 穿窬의 穿은 벽에 구멍을 뚫는 것, 窬는 담을 넘는 것이다.

081강

賊

향원이 되지 말라

향원은 덕의 적이다.
「양화」 제13장 향원덕지적야(鄕原德之賊也)

인격을 갖춘 군자와 정반대의 인물을 소인이라고 한다. 비난받아 마땅한 소인은 그 실체가 분명하기 드러나기에 경계로 삼을 수 있다. 하지만 향원은 다르다. 향원이란 시골 사람 중에 근후한 자란 뜻인데, 세속과 동화하고 더러운 세상에 영합해 유독 지방 사람들 사이에서 근후하다고 일컬어지는 존재를 말한다. 이 장에서 공자는 향원은 덕이 있는 듯하지만 실로 덕이 없기에 참된 덕을 어지럽힌다는 뜻에서 향원을 미워했다. 신조도 주견도 없는 사이비 행동은 사람들의 판단력을 흐리므로, 향원이야말로 덕의 적이라고 하지 않을 수 없다.

『맹자』「진심 하」에서는 향원의 사람됨에 대해 비난하려 해도 거론할 것이 없고 풍자하려 해도 풍자할 것이 없다고 하며 이렇게 말했다. "유행하는 풍속과 어울리고 더러운 세상과 부합해서 처신은 흡사 충신한 사람 같고 행위는 마치 청렴결백한 것 같으므로, 모든 사람이 그를 좋아하면 스스로도 자신이 옳다고 생각하나 그로 말미암아 요순의 도에 들어갈 수 없기 때문에 그를 덕의 적이라고 하는 것이다."

「자로」 제21장에서 공자는 "중도에 맞게 행동하는 사람을 얻어 같이할 수 없다면, 반드시 뜻이 큰 사람이나 절조를 굳게 지키는 사람과 함께할 것이다. 뜻이 큰 사람은 나아가 취하려 하고, 절조를 지키는 사람은 하지 않는 바가 있다."라고 했다. 중도에 맞게 행동하는 선비가 없다고 해서 향원을 선택해서는 안 되며, 차라리 뜻이 큰 광자나 절조 있는 견자와 함께 일하는 편이 낫다고 말한 것이다. 그런데 향원은 광자나 견자를 비난한다. 『맹자』「진심 하」에 보면 향원은 광자와 견자를 두고 "행하는 것이 어찌 그리 쓸쓸하고 고독하단 말인가. 이 세상에 태어난 바에야 세상 사람들과 살면서 사람 좋다고 인정받으면 되는 것 아닌가?"라고 말한다고 한다. 하지만 공자는 일찍이 "내 문전을 지나면서 들르지 않아도 내가 유감으로 여기지 않는 자는 오직 향원이로다. 향원은 덕의 적이다."라고 했다고 맹자는 덧붙였다.

향원은 사(私)만 알고 공(公)을 모르며 통념에 순응할 뿐 진취를 모른다. 우리는 혹 향원의 실체를 못 알아보고 그를 후덕하다 여기고 있지 않은가?

향 원　　덕 지 적 야
鄕原은 德之賊也니라.

鄕原의 뜻에 대해서는 여러 이설이 있다. 대개 鄕은 鄙俗(비속)의 뜻이고 原은 삼갈 愿(원)과 같다고 한다. 그 지방 인심에 영합하면서 매우 점잖은 체하는 사람이나, 주견 없이 그때그때 세태에 따라 맞추어서 주위로부터 진실하다고 칭송받는 사람을 가리키는 말로 볼 수 있다.

082강
지식을 자랑 말라

길에서 듣고 길에서 말하면 덕을 버리는 것이다.

「양화」 제14장 도청이도설(道聽而塗說)

앞사람의 훌륭한 말씀과 행실을 길에서 건성으로 듣고 길에서 건성으로 떠들어 버려 상식을 자랑할 뿐 그 지식을 나의 것으로 삼지 않는 것을 도청도설(道聽塗說)이라 한다. 이 장에서 공자는 도청도설은 곧 덕을 버리는 것이라고 했다. 도청도설은 「술이」 제2장에서 "말없이 마음에 새겨 둔다."라고 한 '묵이지지(默而識之)'와 반대된다. 묵이지지는 줄여서 묵지라고 하며, 공부한 내용을 묵묵하게 마음에 새겨 두는 일을 뜻한다.

묵지는 덕을 쌓는 일만이 아니라 일반 상식과 학식을 쌓는 일에 관해서도 매우 중요하다. 최한기는 평생 쉬지 않고 돌아다닌다 해도 고작 풍속이나 물산에 관한 지식이나 도청도설을 얻는 데 불과하므로, 원근의 서적들을 모아 전 세계의 전례와 연혁을 열람함으로써 온 세상의 현인 및 달사와 수작하는 것만 못하다고 했다. 그렇기에 그는 "멀리까지 이르는 것은 발로 걷는 데 달려 있지 않다."라고 했다.

확실히 답사나 여행은 각지의 인물과 풍토를 이해하고 자기 자신의 내면을 변화시키는 데 유익하지만, 더욱 의미 있는 일이 되기 위해서는 지식을 쌓는 일이 병행되어야 한다. 사마천은 젊은 시절에 부친의 권유로 수차례 여행을 했는데, 이미 쌓아 둔 지식을 바탕으로 각지의 전설과 문헌을 충분히 수집해서 훗날 『사기』를 저술하는 기초를 마련했다. 박지원은 요동과 북경을 여행하기 전에 중국의 풍물과 학술에 대해 상당한 공부를 해 두었으므로 여행 때 얻은 감상과 사색의 결과를 『열하일기』로 남길 수 있었다.

우리는 여행을 여가 활동으로 중시하지만 여행 끝에 얻는 것은 무엇인가? 도청도설에 불과하지는 않은가? 최한기의 말을 깊이 새겨야 하리라.

道聽而塗說(도청이도설)이면 德之棄也(덕지기야)니라.

塗는 途와 같다. 옛날 도성의 제도는 一道三途(일도삼도)로, 하나의 큰길을 셋으로 나누어 가운데를 천자가 사용하는 馳道(치도)로 삼는 것이었다. 이에 따르면 道와 途는 다르다. 하지만 이 장에서 道와 途는 같은 말이되 글자의 중복을 피해 글자를 바꾼 것이라고 보아도 좋다. 而는 순접의 연결사이다. 德은 본래 得(득)으로, 몸과 마음에 體得(체득)함을 말한다. 棄는 자기 자신으로부터 廢棄(폐기)함이다.

083강

비열한 자를 멀리하라

> 비열한 자와 함께 군주를 섬길 수 있겠는가? 그런 자는 지위와 권력과 부를 얻기 전에는 얻을 것을 걱정하고 이미 얻고 나서는 잃을 것을 걱정하니, 잃을 것을 걱정한다면 못하는 짓이 없을 것이다.
>
> 「양화」 제15장 비부가여사군야여재(鄙夫可與事君也與哉)

이 장에서 공자는 비열한 위정자가 권력과 부를 얻기 위해 윗사람에게 아첨하는 행태를 비판했다. 교언영색을 비판한 것과 뜻이 통한다.

연옹저치(吮癰舐痔)라는 말이 있다. 종기를 빨고 치질을 핥는다는 말로, 비굴하고 악착같이 아첨하는 행위를 뜻한다. 연저저치(吮疽舐痔), 줄여서 연저라고도 한다. 본래 『장자』 「열어구(列禦寇)」에서 나왔다. 송나라 사람 조상(曹商)이 사신으로 진(秦)나라에 갔다가 수레 100대를 받아 돌아왔다. 그가 장자를 만나 "가난하고 더러운 뒷골목에 거처하며 신을 삼아 생계를 꾸려 몸은 마르고 얼굴은 누렇게 뜬 상태로 지내는 일에는 서투르지만, 한번 만승의 천자를 깨우쳐 주고 100대의 수레가 나를 따르게 하는 일에는 능합니다."라고 자랑했다.

장자는 이렇게 말했다. "진나라 왕은 병이 나서 의사를 부르면 종기를 터뜨려 고름을 짜낸 자에게 수레 한 대를 주고 치질을 핥아서 고치는 자에게는 수레 다섯 대를 주니, 험한 데로 갈수록 수레가 많아진다고 하던데 그대도 치질을 치료한 것이오?" 본문에는 종기를 터뜨린다는 뜻의 파옹(破癰)이라 되어 있으나 성어로는 종기를 빤다는 뜻의 연옹으로 바뀌었다. 더 지독한 표현이 된 것이다.

송나라 호인(胡寅)은 인격을 삼품(三品)으로 나누고는 도덕에 뜻을 둔 사람은 공명이 마음에 누를 끼칠 수 없고 공명에 뜻을 둔 사람은 부귀가 마음에 누를 끼칠 수 없으나, 부귀에 뜻을 둔 사람은 무슨 짓이든 하게 된다고 했다. 공자가 비판한 비부(鄙夫)란 전제 군주제의 위정자 가운데 저열한 자를 가리키지만, 그 경고가 현재의 정치가에게 해당하는 바가 없다고는 할 수 없다. 정고(貞固, 곧고 바름)하지 못한 정치가를 믿고 따라서는 안 된다는 점을 명심해야 할 것이다.

鄙夫는 可與事君也與哉아.
其未得之也엔 患得之하고 旣得之하여는
患失之하나니 苟患失之면 無所不至矣니라.

鄙夫는 인격이 저열한 자를 말한다. 與哉는 의문과 반어의 어조를 나타낸다. 得之의 之는 지위, 권세, 부귀를 가리킨다. 이하의 之도 같다. 患得之는 아직 못 얻은 것을 얻으려고 속을 태움을 뜻한다. 魏(위)나라 何晏(하안)은 이 말이 楚(초) 땅의 표현이며 '患不能得之'와 같아서 '얻지 못할까 걱정한다'는 뜻이라고 보았다. 단 노나라 출신인 공자가 초나라 말을 했다고는 보기 어렵다. 無所不至는 어떤 일이든 하지 않음이 없다는 말로, 파렴치하게 군다는 뜻이다.

狂 뜻이 높은 자

084강

> 옛날에 뜻이 높은 자는 작은 예절에 구애받지 않았거늘 지금 뜻이 높은 자는 방탕하고, 옛날에 자신을 엄하게 지키는 자는 모가 나서 엄격했거늘 지금 자신을 엄하게 지키는 자는 다툼에 이르며, 옛날에 어리석은 자는 감정대로 행동하여 정직했거늘 지금 어리석은 자는 간사하다. 「양화」 제16장 고지광야사(古之狂也肆)

이 장에서 공자는 옛날의 백성에 비추어 지금의 백성의 폐단을 비판했다.

옛사람들은 뜻이 높은 광(狂), 자신을 엄하게 지키는 긍(矜), 미련해서 현명치 못한 우(愚)의 세 가지 병폐가 있었지만 그 때문에 작은 일에 매이지 않음(肆), 엄격함(廉), 정직함(直)의 세 가지 긍정적인 측면이 있었다. 하지만 지금 사람은 세 가지 병폐가 그대로 탕(蕩), 분려(忿戾), 사(詐)의 세 가지 부정적 측면을 드러내고 있을 따름이라는 것이다. 탕은 큰 한계를 넘어섬, 분려는 다툼에 이름, 사는 사사로운 동기로 함부로 행동함이다.

뜻이 높다는 것은 자칫 오만함과 혼동되기 쉽다. 그러나 김정희는 「잠오(箴傲)」를 지어 그 둘은 다르다고 했다. "광(狂)은 오히려 가르칠 수 있다만 오(傲)는 가르칠 수 있단 말 못 들었네. 오만은 덕을 흉케 하는 것이라 실로 사람의 악이로다. 너는 어찌 불초하여 이 이름을 받았단 말인가. 명예가 사실에 부합해도, 훼방이 어찌 이유 없이 오랴. 네가 군자에게 오만하면 네게 부끄러운 일이요, 네가 소인에게 오만하면 화를 불러들일 따름이다."

송나라의 범조우는 말세가 되면 거짓이 불어나므로 현자만이 옛날만 못한 것이 아니라 백성들도 옛날 사람만 못하게 된다고 했다. 공자는 시대가 변해도 인간의 순수한 품성만은 타락하지 않기를 바랐다. 우리의 바람도 그러하다.

古之狂也는 肆러니 今之狂也는 蕩이오
古之矜也는 廉이러니 今之矜也는 忿戾요
古之愚也는 直이러니 今之愚也는 詐而已矣로다.

전체적으로 古와 今을 대비한 3개의 문장으로 이루어져 있다. 狂은 志願(지원)이 높음, 矜은 자신을 엄하게 지킴, 愚는 미련해서 밝지 못함이다. 정약용은 矜(긍)이 獧(견)과 같다고 했는데, 獧은 또 狷(견)과 같다. 공자는 중도의 사람을 얻지 못할 때는 狂狷(광견)의 사람과 함께하겠다고 했으니, 정약용의 설은 일리가 있다. 여기서는 종래의 설을 따랐다. 肆는 放肆(방사), 恣肆(자사)라는 복합어로 쓰이는데, 여기서는 작은 일에 얽매이지 않는다는 뜻이다.

085강

正 진실과 허위

> 자주색이 주색(朱色)을 빼앗는 것을 미워하고, 정나라 음악이 아악을 어지럽히는 것을 미워하며, 말 잘하는 자가 나라를 전복시키는 것을 미워한다.
>
> 「양화」 제18장 오자지탈주야(惡紫之奪朱也)

이 장에서 공자는 사이비와 부정이 진실과 정도를 압도하는 현실을 서글퍼했다. 주색(朱色)은 정색(正色)으로서 담담한 빛깔이고 자주색은 중간색으로서 농염한 빛깔인데, 사람들이 자주색을 좋아하므로 주색이 자주색에게 자리를 빼앗기고 말았다. 정나라 음악인 정성(鄭聲)은 음탕하면서 애절한데, 사람들이 그것을 좋아하므로 정성이 아악(雅樂)을 어지럽히고 말았다. 공자는 취향의 변화를 이와 같이 분석하고는 국가도 사이비와 부정의 존재에 의해 전복될 수 있다고 경고했다. 이구(利口), 즉 말재간이 빼어난 자들은 마치 자주색이 주색을 빼앗고 정성이 아악을 혼란시키듯 시비(是非)와 현사(賢邪)를 뒤바꿔 말해 나라를 전복시키고 말 것이라고 우려한 것이다.

성호 이익은 「거자방정(去紫放鄭)」이란 글에서 예복에 자주색을 쓰고 악률에 정성을 쓰게 된 것은 시속이 함부로 선왕의 예악을 고쳐 아무 기탄이 없게 된 상황을 보여 주므로 공자가 자색을 물리치고 정성을 내쫓으려 했다고 해설했다.

공자가 그랬듯, 유학 이외의 제자백가들도 허위의 횡행을 우려했다. 도가의 고전 『포박자』에는 "진실과 허위가 뒤바뀌고 보옥과 막돌이 뒤섞이므로 이 점을 슬퍼한다."라는 말이 나오며, 『장자』「외물(外物)」에는 타락한 유학자가 『시경』의 시를 읊으면서 무덤을 도굴해 죽은 사람의 입에 물린 옥구슬을 훔치는 이야기가 있다. 허위가 진실을 압도하지 않도록 우리는 늘 깨어 있어야 하리라.

　　　　　　　오 자 지 탈 주 야　　　　　오 정 성 지 난 아 악 야
　　　　　　　惡紫之奪朱也하며 惡鄭聲之亂雅樂也하며
　　　　　　　오 이 구 지 복 방 가 자
　　　　　　　惡利口之覆邦家者하노라.

같은 짜임의 세 구절을 나란히 둔 유구법의 표현이다. 여기서 惡는 '미워할 오'이니, 嫌惡(혐오)라는 뜻이다. 뒤의 두 惡도 같다. 惡紫之奪朱也에서는 동사 惡의 목적어가 紫之奪朱로, 안긴문장인 紫之奪朱 안에서는 紫가 주어이고 之는 주어와 술어를 연결하는 연결사이다. 주어는 생략되어 있는데 공자 자신을 주어로 보면 된다. 이하 두 구절도 마찬가지다.

086강

하늘의 도

> 공자께서 말씀하셨다. "나는 말을 하지 않으려 한다."
> 자공이 말했다. "선생님께서 말씀을 하지 않으시면
> 저희가 어떻게 도를 전하겠습니까?" 공자께서 말씀하
> 셨다. "하늘이 무슨 말을 하는가? 사계절이 운행하고
> 만물이 생장하나니, 하늘이 무슨 말을 하는가?"
>
> 「양화」 제19장 여욕무언(予欲無言)

공자는 사달(辭達)을 중시하면서 대화에서 상대방의 처지와 심리를 고려한 수사(修辭)를 활용했다. 하지만 이 장에서 공자는 "나는 말을 하지 않으려 한다."라고 선언했다. 제자들은 당황했다. 공문십철 가운데 언어에 뛰어났던 자공이 특히 황당해하며 그렇다면 어떻게 도를 전하느냐고 묻자 공자는 말했다. 사계절의 운행과 온갖 생물의 성장은 모두 천도가 발현되어 있는 구체적인 사실이기에 말로 더 설명할 것이 없다고.

굴원(屈原)의 『초사(楚辭)』에는 하늘에게 의심나는 점을 따져 물어보는 「천문(天問)」이 들어 있다. 당나라 유종원은 「천대(天對)」란 글을

지어 우주 만물은 원기에서 생성되며 하늘 또한 원기에서 분리된 맑은 양(陽)의 기운이 쌓여 이루어진 것인 만큼 만물의 창조자도 아니요 의지를 가진 인격적 존재도 아니라고 했다. 그런데 한나라 동중서가 "도의 큰 근원은 하늘에서 나온다."라고 하고 송나라 정호가 "하늘이란 것은 바로 이치이다."라고 주장한 이래로 유학자들은 사람과 사물 모두가 천리에 의해 운행한다고 생각하게 되었다.

현실에서는 천도의 존재를 회의하지 않을 수 없다. 사마천은 「백이열전」에서 백이가 인을 추구하다가 굶어 죽은 사실을 거론하고는 "천도는 옳은가 그른가?"라고 물었다. 또한 옛사람들은 하늘의 침묵을 두고 "저 푸르고 푸른 하늘은 지각이 없다."라고 표현했다.

그러나 공자는 천도가 인간과 자연의 일 속에 간단없이 운행하고 있음을 명료하게 깨달았다. 우리도 천도 운행의 장엄 세계를 응시하고자 노력해야 하리라.

子曰, 予欲無言하노라.
子貢曰, 子如不言이시면 則小子何述焉이리잇고.
子曰, 天何言哉시리오 四時가 行焉하며
百物이 生焉하나니 天何言哉시리오.

欲無言은 말로써 가르치는 일을 그만두고자 한다는 뜻이다. 言語道斷(언어도단)의 경지와 통한다. 述은 가르침을 부연해 나가는 祖述(조술)을 말한다. 天何言哉는 반어적 표현이다. 四時行焉, 百物生焉은 사계절이 운행하고 온갖 품물이 생성한다는 말로, 여기에 천도가 드러나 있다는 뜻이다. 주희는 성인의 一動一靜(일동일정)에 모두 妙道(묘도)와 精義(정의)가 드러난다고 덧붙였다.

087강

거절의 미학

> 유비가 공자를 뵙고자 하거늘, 공자께서는 병이 있다 사양하시고 명령 전하는 자가 문밖으로 나가자 큰 거문고를 가져다 타면서 노래를 불러 유비로 하여금 듣게 하셨다. 「양화」제20장 유비욕현공자(孺悲欲見孔子)

불설지회(不屑之誨)라는 가르침의 방식이 있다. 불설지교(不屑之敎)라고도 한다. 불설은 달갑게 여기지 않음이니, 불설지회란 탐탁하게 여기지 않아 가르치지 않는 것 자체가 좋은 가르침이 된다는 뜻이다. 『맹자』 「고자 하」에 나온다. 이 장에서 공자는 불설지회의 한 예를 보여 준다.

유비(孺悲)는 노나라 애공의 명으로 선비의 상례에 관해 공자에게 배우려고 했다. 존자를 만나려면 다른 누군가의 소개를 통해야 했지만 그는 곧바로 공자를 알현하고자 했다. 공자는 집사에게 병이 나서 만날 수 없노라고 말을 전하게 했다. 집사가 말을 전하러 나가자 공자는 큰 거문고를 타면서 노래를 불러 실은 병이 난 것이 아니라 만나기 싫어서 만나지 않는다는 사실을 알렸다. 유비가 스스로 비례(非禮)를 깨닫도록 한 것이다.

주희는 원추(袁樞)라는 사람과 서찰을 주고받으면서 학문을 논하는데, 원추가 오류를 쉽게 인정하지 않자 "입을 열어 죄다 말할 것 없이 각각 자기 소견만 지킵시다."라고 했다. 원추에게 허심탄회한 태도가 없음을 알고는 괜스레 논쟁의 꼬투리를 만들지 않으려 한 것이다. 이것도 불설지회의 예다.

불설지회도 반성할 줄 아는 사람에게나 가르침이 될 수 있다. 자기 내면을 돌이켜 볼 줄 모르는 사람에게 도대체 무슨 가르침을 베풀 수 있으랴.

孺悲가 欲見孔子어늘 孔子가 辭以疾하시고
將命者가 出戶어늘
取瑟而歌하사 使之聞之하시다.

欲見孔子는 공자를 뵈려 했다는 말이니, 이때의 見은 謁見(알현)의 현이다. 辭以疾은 병이 났다는 것을 이유로 사절했다는 말이다. '以~'는 '~을 이유로'라는 뜻을 나타낸다. 將命者는 명령을 받들어 전하는 사람으로, 將은 받든다는 뜻이다. 瑟은 비파에 가까운 25현짜리 큰 거문고다. 使之聞之에서 앞의 之는 孺悲를, 뒤의 之는 악기 소리와 노랫소리를 가리킨다.

088강
禮 예는 마음이 편안해야

> 공자께서 "거상할 때 쌀밥 먹고 비단옷 입는 것이 네 마음에 편안하느냐?" 하시자, 재아가 "편안합니다."라고 했다. 공자께서 말씀하셨다. "네가 편안하거든 그렇게 해라. 무릇 군자가 거상할 때는 맛난 것을 먹어도 달지 않고 음악을 들어도 즐겁지 않으며 평소 있던 곳에 거처해도 편안하지 않다. 그 때문에 하지 않는 것이니, 지금 네가 편안하거든 그렇게 해라."
>
> 「양화」 제21장 식부도의부금(食夫稻衣夫錦) 1

이 장에서 재아는 공자에게 삼년상을 1년으로 줄이는 것이 어떻겠느냐며 다음과 같이 말했다. "3년 동안 거상하는 것은 대단히 길며 1년이라 해도 너무 오랩니다. 군자가 거상하는 3년 동안 세간 예법을 행하지 않으면 예법이 반드시 무너지고, 음악을 익히지 않으면 음악이 반드시 무너질 것입니다. 묵은 곡식이 다 없어지고 새 곡식이 여무는 것도 1년 만이고, 불을 일으킬 때 쓰는 나무를 바꾸는 것도 1년 만입니다. 부모를 위한 거상 역시 1년 만에 그만두어도 좋다고 생각합니다." 재아는 현실적인 관점에서 상례의 문제점을 지적한 것이다. 그러나 공자는 상례의 문제는 마음의 상태를 기준으로 판단해야 하거늘 오로지 편의의 관점에서 보았다고 위와 같이 엄하게 꾸짖었다.

공자와 유학자들은 상례를 매우 중시했다. 특히 부모를 위해 삼년상을 치르는 것은 선왕 대대로의 예라고 간주했다. 예는 관습화되어 지속성과 구속력을 지니지만 시대 환경에 따라 변화하기도 한다. 공자가 주목한 것은 주체가 예를 자발적으로 체득했는가의 여부였다. 그렇기에 예를 어길 때 마음에 편안한지 스스로 판단하라고 한 것이다. 공자는 가르치지 않았던가, 예는 허문이어서는 안 된다고.

> 子曰, 食夫稻하며 衣夫錦이 於女에 安乎아.
> 曰, 安하이다. 女安則爲之하라.
> 夫君子之居喪에 食旨不甘하며
> 聞樂不樂하며 居處不安이라
> 故로 不爲也하나니 今女安則爲之하라.

『예기』에 보면 "부모의 상에는 빈소를 둔 뒤에 죽을 먹고 거친 衰服(최복)을 입으며, 장사 지낸 뒤에는 거친 밥을 먹고 물을 마시며 너무 거칠지 않은 삼베로 만든 옷을 입고, 한 해가 지나 小祥(소상)이 되어서야 비로소 나물과 과일을 먹는다."라고 했다. 따라서 부모의 상중에는 쌀밥을 먹고 비단옷을 입어서는 안 되었다. 食夫稻는 쌀밥을 먹는다는 말이다. 夫는 '저'라는 지시사로 보는 설과 아무 뜻을 지니지 않는 어조사로 보는 설이 있다. 女安則爲之는 '네가 편안하다면 그렇게 하라'는 말인데, 之는 앞에 나온 食夫稻와 衣夫錦을 가리킨다.

089강

삼 년의 사랑

> 자식은 태어나서 삼 년이 지난 뒤에야 부모의 품을 벗어난다. 무릇 삼 년의 상은 천하의 공통된 상례이거늘, 여는 부모에게서 삼 년의 사랑을 받았는가?
>
> 「양화」 제21장 식부도의부금 2

계속 이어진다. 여, 즉 재아는 부모상을 3년에서 1년으로 줄이는 것이 어떻겠느냐고 물었다가 공자로부터 "지금 네가 편안하거든 그렇게 해라."라고 준엄한 꾸지람을 들었다. 공자는 재아가 나가자 "여는 어질지 못하구나!"라고 개탄하고는 위와 같이 말했다. 공자는 삼년상이 천하의 통상(通喪)이라 했다. 통상이란 위로 천자로부터 아래로 서민에 이르기까지 상하의 모든 계층에 두루 통하는 상례라는 뜻이다. 공자는 자식이 부모를 위해 삼년상을 치르는 것은 태어난 때로부터 3년간 젖 먹이고 길러 준 부모의 삼년지애(三年之愛)를 보은하는 의미라고 했다. 이어 "여는 부모에게 3년의 사랑을 받았는가?"라는 말로 재아가 혹시라도 스스로 반성해 깨우치기를 기대했다.

사실 부모의 자식 사랑은 3년으로 그치지 않는다. 송나라 범조우가 지적했듯, 공자가 "자식은 태어나서 3년이 지난 뒤에야 부모의 품을 벗어난다."라고 말한 것은 재아의 인정 없음을 나무라서 그로 하여금 발돋움해 따라가게 하기 위해서였을 것이다. 자식이 부모에게 보은하려는 마음도 삼년상으로 다하지 않는다. 거상 기간이 길면 실생활에 여러 가지 곤란을 초래하므로 삼년상으로 굽혔다고 보는 것이 옳다. 그렇다면 공자가 삼년상을 천하의 통상이라고 말한 것은 어째서인가? 관습으로서 안정되어 있는 예를 자의적으로 폐기하거나 편의적으로 변경하려는 태도를 비판하고 예의 의미를 더욱 강조한 것이 아니겠는가.

子生三年然後에 免於父母之懷하나니
夫三年之喪은 天下之通喪也니
予也有三年之愛於其父母乎아.

免於父母之懷는 '부모의 품으로부터 벗어난다'는 말이다. 通喪은 천자로부터 서민에 이르기까지 누구나 행해야 할 통상적인 상례라는 뜻이다. 予는 재아의 이름이다. 予也는 '여는'이라는 뜻으로, 사람의 이름을 부른 뒤에 그에 관한 서술을 끌어온다. 三年之愛는 부모가 생후 3년간 젖 먹이고 길러 준 사랑을 말한다. 予也有三年之愛於其父母乎는 '여는 부모에게서 삼 년의 사랑을 받았는가'라는 말이되, 부모에게서 삼 년의 사랑을 받은 사실을 생각하라고 각성을 유도한 것이다.

090강
마음 쓸 일을 찾으라

배불리 먹고 하루를 마치며 마음 쓰는 곳이 없다면 곤란하다. 쌍륙과 바둑이란 것이 있지 않은가? 이것이라도 하는 것이 아무 일도 안 하는 것보다는 낫다.

「양화」 제22장 포식종일무소용심(飽食終日無所用心)

『대학』에 보면 "소인은 한가로이 거처할 때 좋지 못한 짓을 하되 이르지 못하는 바가 없이 한다."라는 말이 있다. 덕성을 기르지 않고 시간을 허비하는 자들을 경계한 것이다. 바로 이 장에서 공자가 놀고먹는 자들을 꾸짖은 뜻과 통한다. 『맹자』「등문공 상」에서도 "인간에게는 도리가 있거늘, 배불리 먹고 따뜻하게 입으며 편안히 지내기만 하고 가르침을 받는 일이 없으면 금수와 가깝게 되고 말 것이다."라고 했다. 『맹자』의 포식난의(飽食煖衣), 이 장의 포식종일(飽食終日), 『대학』의 한거(閑居)는 모두 빈둥빈둥 지내는 '일거(逸居)'와 통한다. 종일 배불리 먹기만 하고 마음 쓰는 곳이 없는 사람을 우리나라 선인들은 식충이라고 놀렸다.

공자가 빈둥빈둥함을 싫어했다는 것은 「공야장」 제9장에서 재아가 주침(晝寢)을 하자 "썩은 나무는 조각할 수 없고 거름 흙으로 쌓은 담장은 흙손질할 수 없으니, 재여에게 무엇을 책망하랴!"라고 호되게 꾸짖은 사실로도 잘 알 수 있다.

공자는 안일하게 지내기보다는 차라리 쌍륙이나 바둑에라도 마음을 쏟는 것이 낫다고 했다. 이에 대해 공자의 말은 결코 그런 도락을 권장한 것이 아니므로 그 이면을 잘 헤아려야 한다고 주장하는 설도 있다. 하지만 사람은 마음 쓰는 바가 없어서는 안 되기에 순수한 유희라면 몰입할 가치가 있다고 간주한 것으로 이해해도 좋을 듯하다. 거창한 포부를 지니고 있지 않다 해도 일종의 도락으로 고전을 공부한다면 그 또한 마음을 전일하게 갖는 한 가지 방법이 아니겠는가.

飽食終日하여 無所用心이면 難矣哉라
不有博奕者乎아 爲之猶賢乎已니라.

無所用心은 마음 쓰는 곳이 없다는 말이다. 難矣哉는 단정과 감탄의 어조를 지닌다. 難은 인간의 자격으로나 수행의 자세로나 곤란하다는 뜻이다. 博奕의 博에 대해 주희는 局戲(국희)라고 주석했다. 우리나라에서는 흔히 장기라고 번역하는데, 실은 주사위를 써서 놀이하는 雙六(쌍륙)을 가리킨다. 奕은 바둑이다. 博奕은 賭博(도박)이 아니라 遊戲(유희)를 뜻한다. 爲之의 之는 博奕을 가리킨다. '猶~'는 '~보다 낫다'는 뜻이다. 已는 止(지)와 같은데, 여기서는 아무것도 하지 않음을 말한다.

091강

용기와 의리

> 자로가 "군자는 용기를 숭상합니까?"라고 여쭈자, 공자께서는 "군자는 의리를 숭상한다. 군자가 용기만 있고 의리가 없으면 난을 일으키고 소인이 용기만 있고 의리가 없으면 도둑질을 한다."라고 말씀하셨다.
>
> 「양화」 제23장 자로왈군자상용호(子路曰君子尙勇乎)

이 장에서 공자는 자로에게 군자의 용기와 소인의 용기를 변별할 것을 가르친다. 곧 군자의 용기는 의(義)를 존중하는 데 비해 소인의 용기는 그 반대라고 했다.

자로는 성격이 용맹스럽고 선행에 앞장섰기에 공자가 아끼는 제자였다. 「공야장」 제6장에서 공자는 "만일 내가 뗏목을 타고 바다를 항해한다면 나를 따를 사람은 아마 유일 것이다."라고 했다. 그런데 그 말에 자로가 기뻐하자 공자는 그의 용맹을 가상하게 여기면서도 사리를 재량해 의리에 맞춰 나가지 못한다고 나무랐다. 또한 「양화」 제8장에서는 자로에게 육언육폐(六言六蔽)를 가르쳐 주었다. 곧 인(仁), 지(知), 언(信), 직(直), 용(勇), 강(剛)의 여섯 가지 덕목도 학문을 하지 않으면 각각 우(愚), 탕(蕩), 적(賊), 교(絞), 난(亂), 광(狂)의 여섯 가지 폐단에 빠질 수 있다는 지적이었다. 이때 용의 덕이 있더라도 학문을 하지 않으면 난의 폐단에 빠진다고 했으니, 그 가르침은 여기서의 가르침과 통한다.

1832년 겨울, 동지 사행의 서장관으로 중국에 들어간 김경선(金景善)은 요동성 관제묘를 관람하며 관우(關羽)의 상을 모신 대장부전(大丈夫殿) 뒤편 층계 문 왼쪽에 '정대광명(正大光明)'이라는 편액이 있고 오른쪽에 '의이위상(義以爲上)'이라는 편액이 있는 것을 보았다고 했다. '의이위상'의 편액에서 알 수 있듯, 관우는 군자의 용기를 지닌 인물로 칭송되어 왔다.

공자는 소인의 용기를 우려했다. 하지만 군자인 척하면서 불의에 맞서지 못하는 사람이 있다면 그 또한 공자의 꾸지람을 들어 마땅하리라.

子路曰, 君子尚勇乎잇가.
子曰, 君子는 義以爲上이니
君子가 有勇而無義면 爲亂이오
小人이 有勇而無義면 爲盜니라.

이 장에는 君子란 말이 세 번 나온다. 처음 둘은 有德者(유덕자)를, 마지막은 爲政者(위정자)를 가리키는 듯하다. 義以爲上의 上은 尙과 마찬가지로 崇尙(숭상)한다는 뜻이다. 爲亂과 爲盜의 爲는 '~을 행하다'이다.

092강

군자가 미워하는 것

惡

자공이 "군자도 미워함이 있습니까?"라고 여쭈자, 공자께서는 "미워함이 있다. 남의 악함을 말하는 자를 미워하고, 하류에 있으면서 윗사람을 훼방하는 자를 미워하며, 용기만 있고 예의가 없는 자를 미워하고, 과감하기만 하고 융통성 없는 자를 미워한다."라고 말씀하셨다. 「양화」 제24장 자공왈군자역유오호(子貢曰君子亦有惡乎) 1

이 장에서 자공은 박애와 인후의 덕을 지닌 군자도 남을 미워하는지 물었다. 그는 군자라는 말로 가만히 공자를 가리킨 듯하다. 그런데 공자는 자공에게 "군자도 미워함이 있다."라고 했다. 그 뜻은 「이인」 제3장에서 "오직 어진 사람만이 남을 좋아할 수 있고 또 남을 미워할 수 있다."라고 한 말이나 「안연」 제16장에서 "군자는 다른 사람의 좋은 점을 이루게 해 주고 나쁜 점은 조장하지 않는다. 소인은 이와 반대다."라고 한 말과 통한다.

공자는 이 장에서 군자가 미워하는 네 가지 인간형을 구체적으로 거론했다. 남의 악함을 말하는 자, 하류에 있으면서 윗사람을 훼방하는 자, 용기만 있고 예의가 없는 자, 과감하기만 하고 융통성 없는 자의 넷이다. 앞의 둘은 '말'에 관계되고 뒤의 둘은 '행동'에 관계된다고 나누어 볼 수 있다.

하류에 있으면서 윗사람을 훼방하는 자를 미워한다는 말은 사회적 위계를 자연적 차이로 보는 관념에 따른 것이어서 오늘날의 민주정치와 부합하지 않는다. 하지만 여기서의 가르침은 여전히 참조할 만하다. 까닭 없이 남의 악함을 말하거나 윗사람을 훼방하고, 예의도 융통성도 없이 만용을 부리고 과감하게 구는 것은 사회 전체에 도움이 안 된다는 점에서 그러하다. 군자가 그런 행동을 미워하는 것은 당연하지 않은가.

子貢曰, 君子亦有惡乎잇가.
子曰, 有惡하니 惡稱人之惡者하며
惡居下流而訕上者하며 惡勇而無禮者하며
惡果敢而窒者니라.

惡는 '미워할 오'나 '나쁠 악'으로 읽을 수 있는데, 有惡의 惡는 '오'로 읽는다. 稱人之惡의 稱은 말한다는 뜻이고, 惡은 '악'이다. 下流는 下位(하위)와 같다. 訕은 毁謗(훼방)의 뜻이다. 上은 군주를 비롯해 상위에 있는 사람을 가리킨다. 果敢은 과단성 있게 일을 처리하는 것을 말한다. 窒은 窒塞(질색)으로, 도리에 통하지 않음을 뜻한다.

直

093강

지혜, 용기, 정직

> 공자께서 "사야, 너도 미워함이 있느냐?" 하시자 자공이 대답했다. "남의 마음을 엿보는 일을 지혜로 여기는 자를 미워하고, 불손하게 구는 일을 용기로 여기는 자를 미워하며, 남의 비밀을 들추는 일을 정직으로 여기는 자를 미워합니다."
>
> 「양화」 제24장 자공왈군자역유오호 2

앞에서 이어진다. 공자는 사, 즉 자공에게 군자도 미워함이 있다고 하고 네 가지 미워하는 대상을 밝혔다. 곧 남의 악함을 말하는 자, 하류에 있으면서 윗사람을 훼방하는 자, 용기만 있고 예의가 없는 자, 과감하기만 하고 융통성 없는 자를 미워한다고 했다. 그러고 나서 이번에는 공자가 자공에게 미워함이 있느냐고 물었다. 그러자 자공은 남의 마음을 엿보기 좋아하는 자, 오만하기 짝이 없는 자, 남의 비밀을 들춰내기 좋아하는 자를 싫어한다고 말했다.

조선 후기의 위백규는 "일반 사람들의 호오는 자기 자신과 같고 다른 점을 사사로이 판정할 따름이지만, 성현의 호오는 천하의 선악을 공변되게 지니고 있다."라고 풀이했다. 그리고 공자가 미워한 네 가지와 자공이 미워한 세 가지를 합친 칠사(七事)를 늘 자성함으로써 기질을 변화시키라고 권했다.

확실히 지혜와 용기와 정직은 사람이 지녀야 할 덕목이다. 하지만 다른 사람을 인격 주체로서 존경하지 않고 그의 속마음을 탐지해서 멋대로 말해 버리거나, 그의 존엄성을 무시하고 교만하게 굴며 그가 드러내기 싫어하는 사적인 비밀까지 폭로한다면 그것은 지혜나 용기나 정직이 아니라 명예 훼손이요 인권 유린일 따름이다. 공자도 자공의 말을 듣고 수긍하지 않았겠는가.

曰, 賜也 亦有惡乎아.
惡徼以爲知者하며
惡不孫以爲勇者하며 惡訐以爲直者하노이다.

徼는 伺察(사찰)의 뜻이니, 사심을 가지고 남의 생각을 엿보는 것을 말한다. 以爲는 '~을 ~로 여기다'라는 뜻을 나타내는 구문인데, 여기서는 '~을'에 해당하는 말이 以의 앞에 놓여 있다. 不孫은 不遜(불손)과 같다. 사람을 능멸하며 교만하게 구는 것을 말한다. 訐은 폭로와 적발이라는 뜻이니, 남의 비밀을 들춰내는 것을 말한다.

年

094강

마흔의 나이

나이가 마흔이 되어서도 미움을 받는다면 끝장일 따름이다. 「양화」제26장 연사십이견오언(年四十而見惡焉)

『논어』에서 가장 무서운 구절이다. 마흔이면 덕을 이루어야 할 나이이거늘 내 잘못으로 남의 미움을 받는다면 그것으로 끝장이라고 공자는 「양화」편의 끝에서 말했다. 무언가 까닭이 있어 특정한 누군가에게 한 말이겠지만, 보편적인 가르침으로 받아들여진다.

앞서 「양화」제24장에서 공자는 군자도 미워함이 있으니 남의 악함을 말하는 자, 하류에 있으면서 윗사람을 훼방하는 자, 용기만 있고 예의가 없는 자, 과감하기만 하고 융통성 없는 자를 미워한다고 했다. 또 자공은 상대방의 마음을 탐지해서 그가 말하기도 전에 사실을 말해 버리면서 스스로 지혜롭다고 여기거나, 상대방의 존엄성을 무시하고 불손하고 교만하게 굴면서 스스로 용기가 있다고 여기거나, 상대방의 사적인 비밀까지 폭로하면서 스스로 정직하다고 여기는 자들을 미워한다고 했다. 그렇다면 여기서 마흔이 되어서도 미움을 받는다는 것은 나이 마흔에도 공자와 자공이 미워한 일곱 가지 잘못을 저질러 남의 지탄을 받는 사람들을 우선 가리킨다고 보아도 좋다.

공자는 「위정」 제4장에서 자서전을 적듯이 자신의 일생을 개괄하면서 사십의 나이에 불혹(不惑)의 경지에 이르렀다고 했다. 외부에 있는 명예나 부귀 따위에 휘둘리지 않고 올바른 이념에 따라 살아갈 수 있게 되었다는 뜻이다.『예기』에서는 사십의 나이를 강사(强仕)라고 했는데, 나이 마흔이 되어야 힘써 벼슬을 살고 공적 활동을 할 수 있다고 본 것이다. 그러나 오늘날로 보면 사십이라는 숫자는 그리 중요하지 않다고 믿고 싶다. 오십에 이르러 지난 마흔아홉 해의 잘못을 깨달았던 거백옥처럼, 우리는 누구나 인생의 전환기가 필요할 따름이다.

年四十而見惡焉이면 其終也已니라.
(연사십이견오언 기종야이)

見惡는 수동태이다. 남에게 미움을 받는다는 뜻으로 볼 수도 있고, 군자에게 미움을 받는다는 뜻으로 볼 수도 있다. 其終也已는 '아마도 끝장일 따름이리라!'라는 뜻으로, 감탄과 추정의 어조를 지닌다.

095강
仁 세 사람의 어진 이

> 은나라 말에 미자는 떠나고 기자는 종이 되고 비간은 간하다가 죽었다. 공자께서는 "은나라에 세 어진 이가 있었다."라고 말씀하셨다.
> 「미자(微子)」 제1장 미자거지(微子去之)

「미자」편은 모두 11장인데, 그 첫 장은 은나라 말의 혼란기에 인(仁)을 실천한 미자(微子), 기자(箕子), 비간(比干)의 사실을 기록하고 공자의 논평을 덧붙였다.

미자는 이름이 계(啓)이다. 은나라 제을(帝乙)의 장남으로, 은나라 마지막 왕인 주왕의 이복형이다. 주왕에게 간했지만 받아들여지지 않자 조상을 제사 지내는 제기들을 가지고 산서성(山西省) 노성(潞城) 동북쪽에 있던 미(微) 땅으로 갔다. 주나라 무왕이 주왕을 정벌하자 항복했는데, 무왕은 그를 미국(微國)에 봉하고 자작(子爵)의 지위를 주었다. 그래서 미자라고 한다. 뒤에 은나라의 뒤를 이어 송(宋)에 봉해졌다.

기자는 이름이 서여(胥余)로, 주왕의 숙부이다. 주왕에게 간했으나 그가 듣지 않자 거짓으로 미친 척하다가 노예의 신분으로 전락해서 숨어 지냈다. 주나라 무왕은 주왕을 정벌한 후 기자에게 천하를 다스릴 방책을 물었는데, 이때 기자는 홍범(洪範)을 진언했다고 한다. 『사기』에는 기자가 조선(朝鮮)에 봉해졌다고 되어 있다.

비간도 주왕의 숙부이다. 미자가 떠나고 기자가 노예가 된 후 비간은 주왕에게 강력하게 간했다. 그러자 주왕은 "성인의 심장에는 구멍이 일곱 개 있다고 하니 심장을 열어 보자." 하고는 비간을 죽이고 심장을 꺼내 보았다고 한다. 은나라는 기원전 1100년 무렵에 멸망했다.

미자, 기자, 비간은 지성으로 군주를 섬기고 나라를 사랑했던 어진 이였다. 정약용은 세 사람의 행위가 서로 다르지만 모두 충효의 실천으로서 의(義)에 합치했으므로 그들의 인은 똑같다고 부연했다. 치세에는 말할 것도 없고, 난세에도 만민을 위하는 정의를 실천해야 진정 어질다고 할 수 있을 것이다.

微子는 去之하고 箕子는 爲之奴하고
比干은 諫而死하니라.
孔子曰, 殷有三仁焉하니라.

去之는 은나라를 떠났다는 말이다. 爲之奴는 주왕의 노예가 되었다는 말이다. 諫而死는 諫言(간언)을 하다가 죽었다는 뜻이다. 殷有三仁焉은 '은나라에는 세 사람의 어진 이가 거기에 있었다'는 말로, 焉은 지시와 종결의 기능을 함께 지닌다.

096강
곧은 도를 따른다면

유하혜가 말했다. "도를 곧게 해서 사람을 섬긴다면 어느 나라에 간들 세 번 내쳐지지 않겠으며, 도를 굽혀 사람을 섬긴다면 하필 부모의 나라를 떠나겠는가?"

「미자」 제2장 유하혜위사사(柳下惠爲士師)

이 장은 노나라 사사(士師)로서 정직함을 신조로 삼았던 유하혜의 일화를 기록했다. 사사는 옥사를 담당하는 옥관의 장이다. 유하혜는 세 번 사사가 되었으나 세 번 모두 직책에서 쫓겨났다. 어떤 사람이 "당신은 세 번이나 쫓겨나는 험한 일을 당했거늘 어째서 아예 나라를 떠나지 못하는 것입니까?"라고 물었다. 그러자 유하혜는 위와 같이 말했다. 정도를 걸으면 어느 나라에 가든 서너 번 쫓겨나는 일은 면하기 어려우며, 만일 벼슬 살면서 부정한 짓을 한다면 굳이 조국을 떠날 일도 없으리라고 말한 것이다. 유하혜가 강조하고자 한 바는 앞의 "도를 곧게 해서 사람을 섬긴다면 어느 나라에 간들 세 번 내쳐지지 않겠는가?"에 있다.

유하혜의 덕을 말해 주는 다음과 같은 고사가 잇다. 어느 날 유하혜는 멀리 갔다가 돌아오던 중 성문이 닫혀 성 밖에 숙박을 해야 했는데 어떤 여자와 같은 방을 쓰게 되었다. 이때 유하혜는 그 여자가 얼어 죽을까 봐 자기의 품 안에 앉혀 옷으로 덮고는 새벽에 이르기까지 음행을 하지 않았다고 한다. 이것을 좌회불란(坐懷不亂)이라고 한다.

「위령공」 제13장에서 공자는 노나라 대부 장문중이 유하혜의 현명함을 알고도 그를 등용하지 않았다고 해서 절위(竊位, 지위를 훔침)한 자라고 비판했다. 『맹자』「만장 하」에서는 유하혜를 화(和)를 이룬 성인이라고 했다. 곧 유하혜는 더러운 임금을 섬기게 되어도 부끄러워하지 않았고 작은 벼슬을 낮게 여기지 않았으며, 벼슬에 나가서는 자신의 현명함을 모두 드러내어 반드시 도리를 다하는 한편, 벼슬길에서 버림받아도 원망하지 않고 곤경을 당해도 근심하지 않았다는 것이다.

군주가 어떤 인물이든 옳은 길을 걸어 나간 유하혜의 모습에는 오늘날 공무원이나 공공 기관의 직원이 본받아야 할 면이 있다.

曰, 直道而事人이면 焉往而不三黜이며
枉道而事人이면 何必去父母之邦이리오.

曰의 주어는 유하혜다. 直道는 자기의 길을 굽히지 않는다는 뜻으로, 그 반대어가 아래에 나오는 枉道이다. '焉~不~'은 '어찌 ~하지 않겠는가', '何必~'은 '어찌 ~할 필요가 있는가'이며 둘 다 반어적 표현이다. 黜은 退(퇴)와 같으며, 免職(면직)을 말한다.

097강

이럴 때 떠나야

> 제나라 사람이 미녀 악단을 보냈을 때 계환자가 받아들이고 군주가 사흘이나 조회를 열지 않자, 공자께서는 노나라를 떠나셨다. 「미자」 제4장 제인귀여악(齊人歸女樂)

이 장은 공자가 노나라에서 오늘날의 검찰 총장이라고 할 대사구의 자리에 있다가 직책을 그만두고 노나라를 떠난 이유를 알려 준다. 공자가 대사구로서 재상의 일을 겸행하자 제나라는 노나라가 패권을 쥘까 봐 나라의 정치를 훼손시키려고 80명의 미녀 악단을 보냈다. 노나라 상경대부인 계환자는 악단을 받아들여 주악에 탐닉하느라 군주 정공과 함께 조정의 정치를 사흘이나 중단했다. 이에 공자는 노나라에서는 도를 행할 수 없다는 사실을 깨달았으므로 사구의 직을 사직하고 떠났다고 한다.

공자는 정공 때 중도(中都)의 재로부터 사공(司空)이 되고 다시 대사구가 되었으며, 제나라와 협곡(夾谷)에서 회합할 때 나라의 위신을 세웠다. 또 악독한 대부 소정묘(少正卯)를 죽였으며 마침내 재상의 직무를 겸하게 되었다. 이때 제나라는 미녀 80명을 선발해서 강악(康

樂)에 맞춰 춤을 익히게 하고는 아름다운 옷을 입히고 좋은 말 120필과 함께 보내 곡부의 성 밖에 정렬시켰다. 『사기』「공자세가」에 기록되어 있는 사실이다.

계환자와 정공이 정치를 소홀히 하자 공자는 노나라를 떠나려고 결심했다. 다만 당장 떠나면 군주의 현명하지 못함을 온 천하에 공표하는 셈이 되므로 떠날 기회를 엿보았다. 얼마 뒤 교제(郊祭)가 거행된 후 정공이 대부들에게 희생의 고기를 나누는 관례를 지키지 않자 공자는 재상의 일을 대행하는 자신의 책임이라 하면서 마침내 노나라를 떠났다. 이 역시 「공자세가」에 나온다.

공자의 출처진퇴를 현대의 정치가들은 배워야 하지 않겠는가.

齊人이 歸女樂이어늘 季桓子受之하고
三日不朝한대 孔子行하시다.

歸는 드릴 饋(궤)와 같다. 女樂은 음악과 무용을 하는 여성을 말한다. 受之는 女樂을 받았다는 말이다. 不朝는 조정에 나오지 않고 정치를 보지 않는 것을 말한다. 孔子行의 行은 노나라를 떠났다는 뜻이다.

098강

정치 종사의 어려움

> 초나라 미치광이 접여가 노래를 부르면서 공자의 앞을 지나갔다. 그 노래는 이러했다. "봉황이여, 봉황이여! 어찌 덕이 쇠했느냐. 지나간 일은 간하여 말릴 수 없지만 앞으로 오는 일은 그래도 미칠 수 있으니, 그만둘 지어다, 그만둘지어다. 오늘날 정치에 종사하는 것은 위태롭도다!"
>
> 「미자」 제5장 초광접여가이과공자(楚狂接輿歌而過孔子) 1

접여(接輿)는 공자와 동시대인인 은둔자로, 춘추 시대 초나라 소왕(昭王) 때 혼란한 정치상을 보고 거짓으로 미친 체하며 지냈다. 이름이 육통(陸通)이었다고도 한다. 공자와 접여의 이야기는 『장자』에도 나오고 『사기』에도 기록되어 있지만, 모두 이 장을 바탕으로 삼았다.

고려 때 김부식은 「중니봉부(仲尼鳳賦)」를 지어 "이구(尼丘)가 우뚝하게 높았지만, 단혈처럼 느긋하게 머물 수 없었네. 쇠퇴한 주나라 칠십 제후들은 솔개와 부엉이처럼 봉황을 비웃었으되, 궐리(闕里, 공자가 살던 마을)의 삼천 제자들은 새와 참새들처럼 따랐도다."라고 했다.『사기』「공자세가」에 따르면 숙량흘이 안씨와 함께 산동성 곡부현 동남쪽 이구산(尼丘山)에서 기도해 공자를 얻었으므로 이름을 구(丘)라 하고 자를 중니(仲尼)라 했다고 한다. 김부식은 이 장에서 접여가 그랬듯 공자를 봉황에 빗댐으로써, 비록 공자는 제후들의 비웃음을 샀으나 궐리의 삼천 제자들이 추종했다고 칭송한 것이다.

공자는 은둔자의 처지에 공감하면서도 당시의 정치 현실을 바로잡으려는 뜻을 버리지 않았다. 하지만 동진 때 세상이 어지럽자 도연명은 「귀거래사(歸去來辭)」에서 "지나간 일은 간하여 말릴 수 없음을 깨달았고, 앞으로의 일은 미칠 수 있음을 알았네."라 하고 귀향했다. 옛 지식인들은 접여나 도연명의 노래를 되새기면서 혼탁한 정치판에 다시 나가지 않겠다고 다짐하고는 했다. 퇴행적이라고 비판할 수만은 없을 듯도 하다.

> 楚狂接輿가 歌而過孔子曰,
> 鳳兮鳳兮여 何德之衰오.
> 往者는 不可諫이어니와 來者는 猶可追니
> 已而已而어다. 今之從政者는 殆而니라.

過孔子는 공자의 수레 앞 또는 공자가 머물던 숙소의 문 앞을 지나갔다는 말이다. 鳳은 봉황의 수컷이고, 암컷은 凰(황)이다. 접여는 공자를 鳳에 비유했다. 兮는 감탄의 뜻을 나타내는 어조사다. 何德之衰는 '어찌 이다지도 덕이 쇠했느냐?'라고 탄식하며 묻는 말이다. 往者는 과거, 來者는 장래이다. 不可諫은 '간해서 말릴 수 없다, 탓할 수 없다'는 뜻이다. 可追는 '뒤쫓을 수 있다, 고칠 수 있다'는 뜻이다. 已而와 殆而의 而는 어조사다.

099강
참여냐 은둔이냐

**공자께서 내려가 그와 더불어 말하려 하셨으나,
접여가 빨리 걸어 피했으므로 말을 나눌 수 없었다.**
「미자」 제5장 초광접여가이과공자 2

앞에서 이어진다. 초나라의 거짓 미치광이 접여는 공자가 세상으로부터 숨지 못하고 세상을 바꾸려는 미련을 지니고 있다고 비판했다. 공자의 수레 앞을 지나면서, 아니면 공자가 묵던 곳의 문 앞을 지나면서 노래를 불렀을 것이다. 그러자 공자는 수레 혹은 당에서 내려와 그와 이야기를 나누려고 했다. 하지만 접여가 빠른 걸음으로 피했기 때문에 끝내 대화를 나눌 수 없었다.『논어』가운데서도 특히 정채 있는 일화이다.

 공자가 당을 내려가 접여와 이야기를 나누려 한 것은 어떤 심경에서였을까? 조선 후기의 백호 윤휴(尹鑴)가 해설했듯, 공자는 접여를 쫓아가 출처의 문제를 일러 주려 했으나 접여는 자신이 옳다고 여겼기 때문에 피했을지 모른다.

 접여의 비판을 들었지만 공자는 세상을 광정(匡正)하려는 뜻을 바꾸지 않았다. 『맹자』는 공자의 성덕(聖德)을 음악에 비유해 "음악이 쇳소리로 시작하고 마지막에는 옥 소리로 수합했다."라고 했다. 극심한 곤란 속에서도 인의 이념을 지키려 했기에 공자의 삶은 뒤틀림 없는 음색으로 시종하는 음악과도 같았다고 한 것이다.

당나라 시인 두보는 울적한 마음을 푼다는 뜻의 「견민(遣悶)」이란 시에서 "남에게 의지하기는 진나라 혹과 같고, 만나는 이들은 초나라 미치광이 같아라."라고 했다. 진나라 혹이란 표현은 진나라에서 가난한 남자가 부잣집 데릴사위로 들어가던 풍습을 비유로 끌어와 타향살이의 괴로움을 말한 것이다. 초나라 미치광이란 표현은 접여와 공자의 일화를 끌어와 자신은 현실을 광정할 뜻을 버리지 않았거늘 만나는 사람들은 은둔자를 자처하고 자신에게도 은둔을 권한다고 한탄한 것이다.

두보처럼 공자의 심경을 이해해 현실의 부조리를 조금이라도 고치려 노력할 때 비로소 『논어』를 제대로 읽었다 하지 않을까?

孔子下하사 欲與之言이러시니
趨而辟之하니 不得與之言하시다.

下는 下車(하거) 혹은 下堂(하당), 즉 수레 혹은 당에서 내려갔다는 뜻이다. 欲與之言은 '그 접여와 더불어 이야기를 나누고 싶어 했다'는 뜻이다. 趨는 종종걸음으로 빨리 걷는다는 말이다. 그 주어는 접여인데 생략되어 있다. 辟는 피할 避(피)의 옛 글자다. 與之言의 之도 접여를 가리킨다.

津

100강
나루를 묻다

장저와 걸닉이 함께 밭을 갈고 있었는데, 공자께서 지나가다가 자로를 시켜 나루 있는 곳을 묻게 하셨다. 장저가 "저 수레 고삐 잡고 있는 사람은 누구인가?" 하므로 자로는 "공구이십니다."라고 했다. 장저가 "그분이 노나라의 공구인가?" 하기에 자로가 "그렇습니다."라고 하니, 장저는 "그분이 나루를 알 것이다."라고 했다. 「미자」 제6장 장저걸닉우이경(長沮桀溺耦而耕) 1

문진(問津)은 학문의 길을 가르쳐 달라고 청하는 것을 뜻한다. 그 출전이 바로 이 장이다.

공자는 제나라에서 뜻을 펴지 못하고 경공이 죽은 후 초, 채, 섭 땅을 떠돌아다니며 정처를 얻지 못했다. 그 무렵에 은자인 장저와 걸닉을 만난 듯하다. 공자는 자로를 통해 그들에게 나루가 있는 곳을 물었으나 돌아온 대답은 공자의 철환천하를 냉소하는 말이었다.

노나라 애공 때 기린이 서쪽에서 잡히자 공자는 "나의 도가 곤궁하다."라고 탄식하며 소매를 뒤집어 눈물을 훔쳤다. 조선 중기의 장

현광은 그 사실을 두고 시를 지어 "세상은 낮고 도는 크거늘 어찌 용납되었으랴, 솜씨 있어도 끝내 경륜할 수 없었도다."라고 슬퍼했다. 공자는 조(曹)나라를 떠나 송(宋) 땅을 지날 무렵 제자들과 큰 나무 아래서 예를 익혔는데, 사마환퇴가 나타나 그 나무를 찍고 뽑기까지 했다. 이미 그때 공자는 세상 구원이 어려움을 깨달았을 듯하다.

「헌문」제34장에 보면 미생묘가 공자에게 "구는 어찌 이리도 안달하는가. 말재주를 부리는 것이 아닌가?"라고 비난의 뜻으로 말했다. 공자가 천하를 떠도는 것에 대해 당시 사람들이 곱지 않은 시선으로 바라보았음을 잘 알 수 있다.

올바른 도를 실천하는 사람이 핍박받는 것은 예나 지금이나 마찬가지인가, 슬프다.

長沮桀溺이 耦而耕이어늘 孔子過之하실새
使子路로 問津焉하신대 長沮曰, 夫執輿者爲誰오.
子路曰, 爲孔丘시니라. 曰, 是魯孔丘與아.
曰, 是也시니라. 曰, 是知津矣니라.

耦而耕은 쟁기로 두 사람이 함께 밭을 가는 것을 말한다. 過之는 '그곳을 지나갔다'로, 공자가 장저와 걸닉이 밭 가는 곳을 지나갔다는 뜻이다. 使子路問津焉는 자로를 시켜 그들에게 問津, 즉 나루 있는 곳을 묻게 했다는 뜻이다. 夫執輿者는 '저 수레 고삐를 쥔 사람'이다. 夫는 삼인칭의 '저'다. 수레를 몰던 자로가 나루를 물으러 간 사이에 공자가 대신 고삐를 쥐고 있었다. 知津은 공자가 천하를 周流(주유)하므로 스스로 나루를 알 것이란 말이다. 無道(무도)한 세상을 구원하려 轍環天下(철환천하)하는 것을 냉소하는 뜻을 담고 있다.

101강

이대로 포기할 것인가

자로가 다시 걸닉에게 나루 있는 곳을 묻자, 걸닉이
"그대는 누구인가?" 했다. 자로가 "중유입니다."라고
대답하자, 걸닉이 "그대는 노나라 공구의 무리인가?"
물었으므로 자로가 "그렇습니다." 했다. 걸닉은
"물살이 도도하듯 천하가 모두 흘러가거늘 누구와
함께 바꾸겠는가? 그대는 사람 피하는 선비를 따르기
보다는 세상 피하는 선비를 따르는 것이 어떻겠는가?"
라고 말하고, 씨앗 덮는 일을 그치지 않고 계속했다.
「미자」 제6장 장저걸닉우이경 2

앞에서 이어진다. 공자는 자로를 시켜 장저와 걸닉에게 나루 있는 곳을 묻게 했다. 장저가 공자야말로 나루를 잘 알고 있으리라 했으므로 자로는 다시 걸닉에게 물었다. 걸닉은 공자를 '사람 피하는 선비'라 일컫고는 자로에게 '세상 피하는 선비'인 자신을 따르라고 회유했다.
  천하가 큰 물살에 떠밀려 가는 듯한 상황에서도 지조를 바꾸지 않는 것이 곧 송백지절(松柏之節)이다. 공자는 지조를 지킬 뿐 아니라

더 나아가 천하를 바꾸려 했다.

한편 이 장에서 걸닉이 한 말은 굴원의 「어부사(漁父辭)」에 나오는 굴원 자신과 어부의 문답을 연상시킨다. 굴원이 "뭇사람들은 모두 취했는데 나만 홀로 깨어 있다."라고 하자 어부는 굴원에게 다음과 같이 말했다. "세상 사람들이 모두 취했다면 그 술지게미를 먹거나 박주를 마시지 않고서 무슨 까닭으로 깊이 생각하고 고상하게 행동해서 스스로 추방을 당하게 한단 말인가?"

물살처럼 도도히 흘러가는 이 상황을 누구와 함께 바꾸겠는가? 스스로가 변역의 주체라고 답할 수 있는 사람, 그가 직도(直道)의 인물이리라.

問於桀溺한대 桀溺曰, 子爲誰오.
曰, 爲仲由로라. 曰, 是魯孔丘之徒與아.
對曰, 然하다. 曰, 滔滔者가 天下皆是也니
而誰以易之리오. 且而與其從辟人之士也론
豈若從辟世之士哉리오 하고 耰而不輟하더라.

滔滔는 물이 콸콸 흐르듯 천하가 혼란한 모습이다. 皆是也의 是는 滔滔를 가리킨다. 誰以는 '누구와 함께'로, 以는 與(여)와 같다. 易은 變易(변역)이니, 세상을 올바른 도로써 바꾸는 것을 가리킨다. 且而의 而는 이인칭의 爾(이)와 같다. '與其~豈若~'은 둘을 비교하면서 후자를 긍정하는 어법이다. 辟人之士란 함께 도를 행할 사람이 아니면 그 사람을 피해 다른 곳으로 가는 선비라는 뜻으로, 공자를 가리킨다. 辟世之士란 난세를 피해 은둔한 걸닉 자신이다. 耰는 씨 뿌리고 흙 덮는 일이다. 輟은 그칠 止(지)와 같다.

與

102강
짐승과 무리 지으랴

자로가 돌아와 그 사실을 아뢰자 공자께서는 낙담하고 서글퍼하면서 말씀하셨다. "날짐승 들짐승과는 무리 지어 살 수 없으니, 내가 사람의 무리와 함께하지 않고 누구와 함께하겠는가. 천하에 도가 있다면 내가 더불어 변역하려 하지도 않을 것이다." 「미자」 제6장 장저걸닉우이경 3

앞에서 이어진다. 공자는 천하를 주유하다가 은둔자인 장저와 걸닉을 보고 자로를 시켜 나루 있는 곳을 묻게 했다. 장저는 공자 자신이 알고 있으리라고 하면서 가르쳐 주지 않았다. 걸닉은 온 천하가 물 흐르듯 혼란하거늘 누구와 함께 변역시킬 수 있겠느냐고 하면서 역시 가르쳐 주지 않았다. 자로가 돌아와 그 사실을 공자에게 알리자 공자는 그들이 자신의 뜻을 이해하지 못하는 것을 애석해했다.

공자는 천하에 도가 행해지지 않기 때문에 세상을 바꾸고 민중을 구원하려 하는 것이지, 천하에 도가 있다면 구태여 철환천하고 동분서주하지도 않을 것이라고 했다. 아무리 혼란하다 해도 이 세상에 남아 상황을 변역하려 노력하겠다는 뜻을 밝힌 것이다.

여기서 공자는 "조수(鳥獸)는 불가여동군(不可與同群)이라."라는 유명한 말을 남겼다. 날짐승 들짐승과 무리를 이루는 것은 인간 세계를 과감하게 잊어버리고 세상 밖으로 나가는 것이다. 인간 세계를 과감하게 잊어버리는 것을 과망(果忘)이라고 한다. 공자는 과망을 할 수 없었다. 후대의 지식인들도 과망을 하지 않았다. 현실의 문제를 글로 쓰고 부패한 정치가를 비판했으며 백성들의 피폐한 삶에 눈물 흘렸다. 불교에서도 진정한 해탈은 혼자만 열반하는 것이 아니라 피모대각(被毛戴角, 털을 입고 뿔을 머리에 임)의 소가 되어서 쟁기를 짊어지고 밭을 가는 데 있다고 말한다. 다시 말해 유교도 불교도 홀로 초월하지 않고 만인의 고통을 함께하며 부조리한 현실을 바꾸고자 하는 것이 진정한 인간의 길이라고 똑같이 가르친 것이다.

"날짐승 들짐승과는 무리지어 살 수가 없다."라는 구절에서 우리는 인간의 숭고한 과업을 깨닫게 된다.

子路行하여 以告한대 夫子憮然曰,
鳥獸는 不可與同群이니
吾非斯人之徒를 與요 而誰與리오.
天下有道면 丘不與易也니라.

以告는 자로가 장저 및 걸닉과 나눈 이야기를 전해 알렸다는 말이다. 憮然은 실의한 모습, 혹은 悵然(창연)하게 서글퍼하는 모습이다. 與同群은 날짐승 들짐승과 한 무리를 이루어 산다는 말이니, 산림에 은둔함을 뜻한다. 斯人之徒는 천하의 민중을 가리킨다. 與易은 사람들과 더불어 번역한다는 뜻이다.

勤

103강

부지런히 해야

> 자로가 공자를 따르다가 뒤처졌는데 지팡이로 대 삼태기를 둘러멘 노인을 만났다. 자로가 "어른께서는 우리 선생님을 못 보셨습니까?" 하자, 노인은 "사지를 부지런히 움직이지 않고 오곡을 분별하지 못하거늘 누굴 선생이라 하는가?" 하고는 지팡이를 꽂아 놓고 김을 매었다.
> 「미자」 제7장 자로종이후우장인이장하조(子路從而後遇丈人以杖荷蓧) 1

세상을 과감하게 잊고 은둔하는 것을 과망이라 한다. 『논어』에는 과망의 은둔자가 여럿 나온다. 이 장의 하조장인(荷蓧丈人)도 그중 한 사람인데, 지팡이로 대 삼태기를 둘러멘 노인이다. 「헌문」 제41장에는 성문 여는 일을 맡아보는 은둔자가 등장하는데, 그의 성명을 알 수 없어 신문(晨門)이라고 기록했다. 마찬가지로 이 장의 은자도 이름을 알 수 없어 하조장인이라고 부른다.

자로는 공자를 모시고 여행하다가 뒤처졌는데, 이때 하조장인을 만나 선생님을 못 보았느냐고 묻게 되었다. 그러자 하조장인은 "사지를 부지런히 움직이지 않고 오곡을 분별하지 못하거늘 누굴 선생이라 하는가?"하고 꾸짖었다. 주희는 하조장인이 농업을 일삼지 않고 스승을 따라 유람한다고 자로를 꾸짖은 것이라 보았다. 하지만 하조장인은 공자가 누구인지 이미 알고서 사지를 움직이지 않고 오곡도 분별하지 못하는 사람을 무어 선생이라 하느냐고 비난한 듯하다. 이념을 위해 주유한다고 비판한 것이리라. 하조장인의 이 비난은 「헌문」제41장에서 신문이 "그 사람은 불가한 줄 알면서도 하는 자가 아닌가!"라고 비난한 말과 통한다. 조선 중기의 장유는 이 장을 두고 "공자는 조롱당했으니, 오곡을 분별할 줄 모른다고."라고 했다.

공자는 직접 노동을 하지는 않았으나 사지를 게을리했다고는 할 수 없다. 공자의 학문과 교육 활동, 정치 활동은 모두 정신 노동의 훌륭한 모범이다. 김시습은 "인생 백 년에 염려할 바 한둘이 아니거늘, 사지를 게을리해서 편하고 배부르길 구한다고 누가 말하나."라고 했다. 우리가 부정할 존재는 세상일을 돌보지 않는 유수배인 것이다.

> 子路從而後러니 遇丈人이 以杖荷蓧하여
> 子路問曰, 子見夫子乎아.
> 丈人曰, 四體를 不勤하며 五穀을 不分하나니
> 孰爲夫子오 하고 植其杖而芸하더라.

荷는 擔(담), 蓧는 대 삼태기, 丈人은 老成(노성)한 분이다. 四體는 四肢(사지)라는 뜻이다. 五穀은 벼 稻(도), 메기장 黍(서), 찰기장 稷(직), 보리 麥(맥), 콩 菽(숙)이다. 孰은 누구 誰(수)와 같다. 植는 '세울 식'으로 읽기도 하지만, 주희를 따라 둘 置(치)의 통용자로 본다. 芸은 김맨다는 뜻이다.

104강

은둔자 하조장인

자로가 두 손을 모아 경의를 표하자, 하조장인이
자로를 하룻밤 머물게 하고는 닭을 잡고 기장밥을 지어
먹이고 그의 두 아들에게 자로를 뵙게 했다. 이튿날
자로가 떠나와서 공자께 아뢰자, 공자께서는 "은자이
시다." 하시고 자로에게 돌아가 만나 보게 하셨는데,
자로가 이르러 보니 하조장인은 이미 떠나고 없었다.

「미자」 제7장 자로종이후우장인이장하조 2

앞에서 이어진다. 일행보다 뒤처진 자로가 하조장인을 만나 우리 선생님을 못 보았느냐고 묻자, 하조장인은 "사지를 움직이지 않고 오곡도 분별하지 못하는 사람을 무어 선생이라 하느냐?"라고 비난했다. 자로가 두 손을 모아 공경의 예를 표하니 하조장인은 자로를 집으로 데리고 가서 환대하고 두 아들에게 인사를 시켰다. 다음 날 자로는 그 사실을 공자에게 알렸는데, 공자는 그가 은자임을 깨닫고 자로에게 자신의 이념에 대해 말하고 오라고 시켰다. 그러나 자로가 그 집에 다시 가 보니 하조장인은 종적을 감춘 뒤였다. 마치 굴원의 「어부사」에서 어부가 「창랑가」를 부르고는 어디론가 가 버린 것과 같았다.

옛사람들은 공자가 자로를 시켜 '군신의 의리'를 말하고 오게 했다고 보았다. 다음에 이어지듯 자로는 하조장인의 집에 남아 있는 두 아들에게 "자신만을 깨끗이 하기 위해 큰 윤리를 어지럽혀서는 안 된다."라는 공자의 말을 전했기 때문이다.

이 장에서 하조장인이 자로를 위해 닭을 잡고 기장밥을 지어 먹인 사실을 기록한 이후 '살계위서(殺鷄爲黍)'라는 말은 남을 대접한다는 뜻의 성어로 쓰이게 되었다. 줄여서 계서라고도 한다. 계서의 고사는 원나라 희곡의 소재가 될 정도로 흥미로운 요소를 지닌다.

하조장인은 현실관이 공자와 달랐지만 그 제자를 극진하게 대접했다. 공자는 자로를 시켜 자신의 이념을 알리고 하조장인을 이해시키려 했다. 하지만 두 사람은 끝내 만나지 못했다. 누구나 타자와의 접속을 꿈꾸지만 대개는 뜻을 못 이루는 것이 현실 아니겠는가.

> 子路拱而立한대 止子路宿하여
> 殺鷄爲黍而食之하고 見其二子焉이어늘
> 明日에 子路行하여 以告한대
> 子曰, 隱者也로다 하시고
> 使子路로 反見之러시니 至則行矣러라.

拱而立은 拱手(공수)를 해서 경의를 표했다는 뜻이다. 止子路宿은 자로를 머물러 묵게 했다는 말이다. 食(사)는 '먹이다'라는 뜻의 동사, 之는 앞의 자로를 가리킨다. 以告에서 以의 목적어는 자로가 전날 하조장인을 만난 사실인데, 생략되어 있다. 行矣의 矣는 완료의 뜻을 나타낸다.

105강

큰 윤리를 생각하라

> 자로가 말했다. "벼슬하지 않는 것은 의(義)가 아니니, 장유의 예절을 폐할 수 없거늘 군신의 의를 어찌 폐할 수 있단 말인가. 벼슬하지 않는 것은 자기 몸을 깨끗하게 하고자 큰 윤리를 어지럽히는 것이다."
>
> 「미자」 제7장 자로종이후우장인이장하조 3

앞에서 계속 이어진다. 자로는 하조장인의 집에서 하룻밤 묵은 후 길을 떠나 공자에게 그를 만난 이야기를 했다. 공자의 명으로 자로가 다시 그 집을 찾았을 때 하조장인은 종적을 감춘 뒤였다. 자로는 하조장인의 두 아들에게 공자의 가르침을 전했다. 공자는 어지러운 세상을 만나 자기 몸만 깨끗이 하면 된다고 여겨 대륜(大倫), 즉 큰 윤리를 어지럽혀서는 안 된다고 했다. 즉 결신난륜(潔身亂倫)을 비판한 것이다. 대륜은 오륜 가운데 부자의 친(親)과 군신의 의(義)를 말한다. 앞에서도 말했듯 옛사람들은 여기서 공자가 자로를 시켜 하조장인에게 전하려고 한 것이 군신의 의라고 보았다.

근대 이전의 지식인에게는 봉건 군주에게 봉사하는 것이 곧 사회적 실천을 의미했다. 조선 전기의 윤회(尹淮)도 「백리해론(百里奚論)」에서 "백리해는 지혜와 의리가 모두 극진해서 벼슬자리에 나아가는 일과 물러가는 일을 합당하게 했다."라고 칭송하는 반면, 장저·걸닉과 하조장인은 대륜을 어지럽혔다고 비난했다.『맹자』「만장 상」에 나오듯, 백리해는 처음 우(虞)나라의 대부로 있을 적에 진(晉)나라가 우나라의 길을 빌려 괵(虢)을 치려고 하자 간해도 소용이 없다고 여겨 간하지 않았다. 결국 우나라가 진나라에게 망하게 되자 진나라 목공(穆公)의 초빙에 응해 그의 패업을 도왔다.

퇴계 이황은 이별(李鼈)이 육가(六歌)를 지어 완세불공(玩世不恭, 세상을 조롱함)의 뜻을 드러냈다고 비판하고, 온유돈후(溫柔敦厚)의 실질을 담아「도산십이곡(陶山十二曲)」을 엮었다. 오늘날의 관점에서 보자면 자기 몸만 깨끗하면 된다는 식으로 현실에 무관심한 것은 시민으로서 올바른 태도가 아니다. 온유하고 돈후한 마음으로 현실 개선을 위해 작은 실천을 행하는 것이 진정한 참여이리라.

> 子路曰, 不仕無義하니 長幼之節을
> 不可廢也니 君臣之義를 如之何其廢之리오.
> 欲潔其身而亂大倫이로다.

無義는 君臣의 의리를 잃어버림을 뜻한다. 長幼之節은 나이 많은 사람과 젊은 사람 사이에 지켜야 하는 예절을 말한다. 전날 자로가 하조장인의 집에 갔을 때 하조장인의 두 아들이 자로를 알현한 것이 그 예이다. 如之何其廢之는 '어찌 그것을 폐기할 수가 있는가?'라고 물어 폐기할 수가 없다는 뜻을 나타낸 반어적 표현이다.

106강

義 도가 행해지지 않을지라도

군자가 벼슬한다는 것은 그 의를 실행하는 것이니,
도가 행해지지 않음은 이미 알고 계시다.
「미자」 제7장 자로종이후우장인이장하조 4

「미자」 제7장의 마지막이다. 자로는 공자의 명으로 하조장인을 다시 만나 군신의 의는 폐기할 수 없음을 말하려고 했으나, 하조장인은 종적을 감춘 뒤였다. 자로는 하조장인의 두 아들에게 벼슬하지 않으면 결신난륜의 잘못을 범하게 된다는 공자의 엄중한 비판을 전했다. 그러고 나서 위의 말을 덧붙였다. 혹은 이 말도 공자가 한 말인데 자로가 옮긴 것이라고도 한다.

공자는 세상에 도가 행해지지 않는다 하더라도 국가 기구 속에서 군신의 의리를 다해 구세의 뜻을 실천하는 것이 옳다고 여겼다. 단 『주역』에 보면 군자는 난세에는 벼슬하지 않는 의리가 있다. 곧 건괘(乾卦) 문언전에 "군자둔세무민(君子遯世无悶)"이라 했으니, "세상을 피해 은둔하더라도 근심하지 않는다."라는 뜻이다. 둔(遯)은 둔(遁)과 같은데, '돈'으로도 읽는다. 대과괘(大過卦) 상전(象傳)에도 "군자는 이 괘를 보고 홀로 서서 두려워하지 않으며 세상을 피해 은둔하더라도 근심하지 않는다."라고 했다. 이를 근거로 정약용은 자로가 하조장인의 집으로 다시 가서 군신의 의리 운운한 것은 자로의 무단이자 본색이라고 비판했다. 강진에 유배되어 군신의 의리를 실천할 수 없는 자신의 처지에 비추어 하조장인의 심경을 생각해 보고 그와 같이 결론을 내린 것이다.

하지만 둔세무민은 결신난륜과 다르다. 정약용도 알고 있었다. 어쩔 수 없이 은둔을 하더라도 우환 의식을 지니고 나름대로 구세의 실천을 행하는 것이 군자이다.

$$
\text{君子之仕也}_\text{는} \text{行其義也}_\text{니} \\
\text{道之不行}_\text{은} \text{已知之矣}_\text{시니라}.
$$

君子之仕也는 주제를 내거는 어법으로, '군자의 벼슬함이란'이라고 풀이한다. 其義는 지난 강에 나왔던 君臣之義(군신지의)를 가리킨다. 道之不行은 '도가 행해지지 않는다는 것'이다. 已知之矣는 '이미 그것을 알았다'로, 知의 목적어는 앞에 나온 道之不行이다. 목적어를 앞에 두어 강조하고 뒤에서 之로 받는 방식이다.

107강
뜻을 굽히지 않은 자

그 뜻을 굽히지 않고 그 몸을 욕되게 하지 않은 사람은 백이와 숙제일 것이다. 「미자」 제8장 불강기지(不降其志) 1

이 장은 백이와 숙제, 우중(虞仲), 이일(夷逸), 주장(朱張), 유하혜, 소련(少連) 등 일곱 명의 일민(逸民)을 거론하고 공자가 그들을 논평한 말을 실어 두었다. 일민은 학문과 덕행이 높지만 벼슬 살지 않고 세상을 벗어나 있는 사람을 가리킨다.

백이와 숙제는 「공야장」 제22장, 「술이」 제15장, 「계씨」 제12장에도 언급되어 있다. 이 형제는 은나라 말기 고죽국 후사로서의 권리를 서로 양보했고, 주나라 혁명의 정당성을 부정하며 수양산에 숨어 살다가 굶어 죽었다. 백이는 '옛날 선비는 치세를 만나면 직임을 피하지 않았고 난세를 만나면 구차하게 자리를 꿰고 있으려 하지 않았다. 지금은 천하가 어두우므로 물러나 나의 행실이나 깨끗이 하는 것이 좋겠다.'라고 마음먹었던 것이다. 사마천은 「백이열전」에서 "온 천하가 혼탁한 뒤에야 청렴한 선비가 더욱 드러난다."라고 그를 칭송했다. 『맹자』「만장 상」에서는 "백이는 그 임금이 아니면 섬기지 않고 그 백성이 아니면 부리지 않았으며 치세에는 나아가고 난세에는 물러났으니, 성인 가운데 깨끗한 분이다."라고 했다.

조선 숙종 때 허목(許穆)은 고려 말 조선 초 원주 치악산에 은거하며 지절을 지킨 원천석의 묘명을 쓰면서, 고인은 그 뜻을 굽히지 않고 그 몸을 욕되게 하지 않았으니 백대의 스승이 될 만하다고 평가했다. 일민의 덕행은 온전한 덕을 갖춘 성인의 관점에서 본다면 현인의 한 국면에 그친다. 하지만 평범한 사람의 관점에서 본다면 뜻을 굽히지 않고 몸을 욕되게 하지 않은 그 행실이 얼마나 지고한가.

공자는 일생의 삶에서 입지(立志)를 중시했고, 삼군의 장수는 빼앗을 수 있어도 장부의 뜻은 빼앗을 수 없다고 했다. 뜻은 곧 어떤 어려운 처지에 놓이더라도 직도를 행하겠다는 의지이다. 감정이 메마른 사람이 목석이 아니라 뜻을 지니지 못한 사람을 목석이라 해야 할 것이다. 나무와 바위도 뜻이 있다고 하니, 뜻을 지니지 못한 사람을 무엇에 비유해야 할지 난감하다.

不降其志하며 不辱其身은 伯夷叔齊與인저.

不降其志는 항상 뜻을 높이 지님을 말한다. 不辱其身은 몸을 맑게 지녀 汚辱(오욕)을 입지 않음을 말한다. 不降不辱의 반대어는 降志辱身(강지욕신)이다. 與는 감탄과 추정의 어조를 지닌다.

淸

108강

숨어 살되 깨끗한 자

> 공자께서 우중과 이일을 평하시되, "숨어 살면서 말을 함부로 했으나, 몸은 깨끗함에 맞았고 세상에서 버려져도 권도에 맞았다."라고 하셨다. 「미자」 제8장 불강기지 2

앞에서 이어진다. 공자는 일민 가운데 백이와 숙제, 그리고 유하혜와 소련에 대해 논평한 후 이번에는 우중과 이일에 대해 평했다.

백이와 숙제는 뜻을 높이 지니고 외부의 모욕을 받지 않았다. 유하혜와 소련은 뜻을 굽히고 몸을 욕되게 했으나, 말하는 것이 윤리와 조리에 맞고 행실이 사려를 벗어나지 않았다. 즉 언중륜(言中倫)과 행중려(行中慮)의 언행을 했다.

공자는 우중과 이일이 숨어 살면서 방언(放言)을 했다고 논평했다. 방언은 마음 내키는 대로 말하는 것을 뜻한다. 그들은 방언을 했지만 "몸은 깨끗함에 맞았고 세상에서 버려져도 권도에 맞았다." 주희는 우중이 곧 중옹(仲雍)이라 보았다. 중옹은 주나라 족장인 고공단보(古公亶父)의 둘째 아들이다. 중옹은 부친이 셋째 계력(季歷)의 아들 창(昌)을 후계로 삼으려 하는 것을 알고 큰형 태백(太伯)과 함께 남만으로 달아났으며, 태백은 남만의 군주가 되었다. 하지만 청나라 초 고염무(顧炎武)는 우중이 중옹의 증손인 오중(吳仲)이라고 논증했다. 정약용도 그 설을 따랐다. 이 일에 대해서는 아직 정설이 없다.

허목은 고뇌하는 방랑자 김시습, 시대의 광인 정희량(鄭希良), 도가의 기인 정렴(鄭磏)·정작(鄭碏) 형제, 경상우도의 고사(高士) 정두(鄭斗)를 위해 「청사열전(淸士列傳)」을 지었다. 이 다섯 사람은 세상에 변고가 일어나자 속세와 발을 끊되, 몸이 깨끗함에 맞았고 버려져도 권도에 부합했으므로 맑은 선비라 일컬을 만하다고 본 것이다. 단지 난세를 피하는 일시적 행동만 깨끗하고 삶 전체의 자취가 그렇지 못한 자는 맑다 할 수 없다.

謂虞仲夷逸하사되 隱居放言하니
身中淸하며 廢中權이니라.

謂는 '~에 대해 말하다'라는 뜻이다. 여기서는 虞仲(우중)과 夷逸(이일)에 대해 논평했다는 말이다. 放言은 말을 검속하지 않고 마음 내키는 대로 함이다. 中은 부합한다는 뜻이니, 身中淸이란 몸이 淸廉(청렴)에 부합함이다. 廢中權의 廢는 세상에서 버려짐을 뜻하고 權은 때와 장소에 맞춰 적절하게 변화하는 權道(권도)를 말한다.

義 109강
오직 대의를 따른다

나는 이와 달라서, 가한 것도 없고 불가한 것도 없다.
「미자」 제8장 불강기지 3

앞에서 이어진다. 공자는 학문과 덕행이 높지만 벼슬 살지 않고 세상 밖에 있는 일민들에 대해 논평한 후, 스스로를 이와 같이 개괄했다.

일민 가운데 백이와 숙제는 뜻을 높이 지니고 외부의 모욕을 받지 않았다. 유하혜와 소련은 뜻을 굽히고 몸을 욕되게 했으나, 말하는 것이 윤리와 조리에 맞고 행실이 사려를 벗어나지 않았다. 우중과 이일은 숨어 살면서 말을 함부로 하되 몸은 청렴했고 세상에서 버려져도 권도에 부합했다. 그런데 공자는 자신이 그들과 달리 "가한 것도 없고 불가한 것도 없다."라고 말한 것이다.

이 말은 공자가 자신은 지극히 평범해서 가한 것도 없고 불가한 것도 없다고 겸손하게 말한 것이라고 볼 수도 있다. 하지만 주희가 해석했듯, 저 일민들의 마음가짐이나 행적을 인정하면서도 공자 자신은 그들과 달리 한 국면만을 고집하지 않는다고 선을 그은 것으로 보는 것이 좋을 듯하다. 주희는 '가한 것도 없고 불가한 것도 없다'는 말을 풀이하며 『맹자』 「공손추 상」에서 "공자께서는 벼슬할 만하면 벼슬하시고, 그만둘 만하면 그만두시며, 오래 머물 만하면 오래 머무시고, 속히 떠날 만하면 속히 떠나셨다."라고 논평한 말을 끌어왔다.

「이인」 제10장에서 공자는 "군자는 천하의 일에서 어떤 일을 꼭 해야 된다고 고집하거나 어떤 일을 하지 않는다고 고집하지 않으니, 오직 대의에 입각해서 행동한다."라고 했다. 무적무막(無適無莫)이라고 하면 가와 불가를 미리 정하지 않고 오직 의(義)를 따르는 것을 말한다. 진정 사심을 버리고 대의를 따를 때 우리는 자유로울 수 있으리라.

$$我則異於是_{하여} 無可無不可_{호라}.$$
<small>아 즉 이 어 시 　 　 무 가 무 불 가</small>

'我則~'은 '나는 곧 ~하다'라고 정의하고 단언하는 표현이다. 異於是는 '이것과 다르다'는 뜻이다. 是는 앞서 공자가 논평했던 일민들인 백이와 숙제, 유하혜와 소련, 우중과 이일의 立心(입심)과 造行(조행, 나아간 행실)을 가리킨다. 無可無不可는 '가한 것도 없고 불가한 것도 없다'는 뜻이다.

110강

君 군주의 네 가지 도리

주공이 노공에게 말했다. "군자는 친척을 버리지 않으며, 대신이 쓰이지 않음을 원망하는 일이 없게 하며, 대대로 신하였던 사람은 큰 연고가 없으면 버리지 않으며, 한 사람에게 모든 것을 갖추라고 요구하지 않는다." 「미자」 제10장 주공위노공왈(周公謂魯公曰)

이 장은 주공이 노나라에 분봉된 아들 백금(伯禽)에게 훈계한 내용을 공자가 제자들에게 말한 듯하다. 여기서 군자는 군주를 가리킨다.

"친척을 버리지 말라."라는 가르침은 『중용』에서 신하를 다스리는 큰 법으로 몸을 닦는 것, 현자를 높이는 것, 가까운 친척을 친애하는 것, 대신을 존경하는 것, 여러 신하들을 내 몸처럼 아끼는 것, 백성을 자식처럼 사랑하는 것, 온갖 장인이 모여들게 하는 것, 먼 지방 사람을 회유하는 것, 여러 제후국을 무마하는 것 등 구경(九經)을 열거하면서 '가까운 친척을 친애하는 것'을 손꼽은 것과 통한다. "대신이 쓰이지 않음을 원망하는 일이 없게 하라."와 "대대로 신하였던 사람은 큰 연고가 없으면 버리지 말라."라는 가르침은 구경 가운데 '대신을 존경하는 것'과 관계가 있다.

한편 "한 사람에게 모든 것을 갖추라고 요구하지 말라."라는 가르침은 구경 가운데 '여러 신하들을 내 몸처럼 아끼는 것'과 관계가 있다. 또한 이는 앞서 「자로」 제25장에서 후덕한 군주라면 사람을 쓸 때 각자의 기량을 헤아려 적절한 임무를 부과하는 기사(器使)를 해야 한다고 말한 것과 통한다. 『서경』 「주서 군진」 편에서도 "한 사람의 필부에게 완벽하기를 요구하지 않는다."라고 했다.

실로 인간은 불완전한 존재이므로 남에게 완비를 요구해서는 안 된다. 이는 남과 일할 때 누구든 유념해야 할 매우 중요한 가르침이다.

周公이 謂魯公曰, 君子不施其親하며
不使大臣으로 怨乎不以하며
故舊無大故면 則不棄也하며
無求備於一人이니라.

不施其親의 施는 여기서 '베풀 시'가 아니라 '버릴 이'이며, 어떤 책에는 늦출 弛(이)로 되어 있다. '시'로 읽기도 하지만 교정청 언해본을 따른다. 不使는 '~로 하여금 ~하지 않게 한다'는 뜻을 나타낸다. 不以는 不用(불용)과 같되, '쓰이지 않음'이란 뜻이다. 곧 不使大臣怨乎不以는 대신이 쓰이지 않음을 원망하지 않게 한다는 말이다. 이는 대신을 무조건 등용해서 원망이 없게 한다는 뜻이 아니라, 적임자가 아니면 버리고 적임자라면 쓰는 합당한 조치를 취해 원망이 없게 한다는 뜻이다. 故舊는 흔히 옛 친구라는 뜻으로 쓰이지만 여기서는 대대로 신하였던 사람을 가리킨다. 大故는 悖倫(패륜)이나 反逆(반역) 등의 죄악을 가리킨다.

111강

선비의 네 가지 절목

> 자장이 말했다. "선비로서 위기에 직면하면 목숨을 바치고, 이득에 직면하면 의(義)를 생각하며, 제사에 공경함을 생각하고, 상사에 슬픔을 생각한다면 그것으로 괜찮다." 「자장(子張)」제1장 사견위치명(士見危致命)

「자장」편은 모두 공자 제자들의 말을 기록했는데, 자하의 말이 가장 많고 자장이 그다음이다. 모두 25장인데, 제1장은 자장의 말이다.

자장은 선비의 요건으로 '위기에 직면하면 목숨을 바침', '이득에 직면하면 의(義)를 생각함', '제사에 공경함을 생각함', '상사에 슬픔을 생각함' 넷을 들었다. 이 가운데 처음 두 요건은 앞서 「헌문」제13장에서 공자가 완전한 사람이라면 "이익을 보면 의리에 맞는지 생각하고 위태로움을 보면 목숨을 바친다."라고 한 것과 맥을 같이한다. 다음의 '제사에 공경함을 생각함'은 「팔일」제12장에서 공자가 "조상신을 제사 지낼 적에는 선조가 계신 듯이 하셨고, 신을 제사 지낼 적에는 신이 계신 듯이 하셨다."라고 한 것과 뜻이 통한다. '상사에 슬픔을 생각함'은 「팔일」제4장에서 공자가 "상례는 형식적으로 잘 치르기보다는 차라리 진정으로 슬퍼하는 것이 낫다."라고 했던 가르침을 이은 것이다.

주희는 위의 네 가지가 선비로서 몸을 세우는 큰 절목이라고 했다. 사회 문화가 바뀌어서 네 절목이 그리 큰 의미를 지니지 않는다고 여길지 모른다. 특히 제사와 상례는 그 형식이 옛날과 많이 달라졌다. 하지만 이익과 의리를 투철히 분별해 이득보다는 의리를 생각하고 위기에 직면하면 목숨을 바칠 각오를 한다는 것은 오늘날 시민 사회에서도 새겨볼 만한 바람직한 태도이다. 제사와 상사에서 형식을 지키기보다 공경과 애도의 마음을 더 깊이 가져야 한다는 것 또한 지금 우리에게 유효한 가르침이다.

子張曰. 士見危致命하며 見得思義하며
祭思敬하며 喪思哀면 其可已矣니라.

士는 올바른 뜻과 節操(절조)가 있는 사람을 말한다. 見危는 본래 군주나 부친의 위급한 상황을 목도하는 것을 말한다. 致命은 목숨을 바친다는 뜻이니, 授命(수명, 목숨을 줌)과 같다. 見得은 이익에 직면한다는 말, 思義는 도의적으로 옳은지 생각한다는 말이다. 思敬은 경건한 마음을 가지려 한다는 뜻, 思哀는 망자의 죽음을 진정으로 슬퍼하는 마음을 가지려 한다는 뜻이다. 其可已矣는 그것으로 괜찮다는 뜻으로, 已矣는 단정의 뜻을 나타낸다.

有

112강
인간 존재의 입증

> 자장이 말했다. "덕을 넓게 잡지 못하고 도를 독실하게 믿지 못한다면, 그런 사람을 어찌 있다고 하겠으며 어찌 없다고 하겠는가?" 「자장」제2장 집덕불홍(執德不弘)

이 장에서 자장은 인간으로서 덕을 넓게 파악해 지키지 못하고 도를 독실하게 믿지 못하면 존재감을 상실하게 된다고 경고했다. 즉 인간 존재의 조건을 말한 것이다.

'덕을 넓게 파악함'은 하나의 덕만을 지키는 데 국한되지 않음을 말하는 듯하다. 「양화」제8장에서 공자가 자로에게 육언(六言)과 육폐(六蔽)를 가르친 것도 상기된다. 공자는 인(仁), 지(知), 신(信), 직(直), 용(勇), 강(剛)의 여섯 미덕을 지녔더라도 학문을 하지 않으면 각각 우(愚), 탕(蕩), 적(賊), 교(絞), 난(亂), 광(狂)의 여섯 폐단에 빠질 수 있다고 경고했다.

'도를 독실하게 믿음'은 인(仁)을 얻으려 하는 실천이 독실한 것을 가리키며, 『중용』에서 말하는 신독(愼獨) 공부를 철저히 하는 것과 통한다. 한나라 양웅은 『논어』를 모방해 『법언』을 지었는데, 그 「효지

(孝至)」에서 어떤 이가 "어떻게 해야 거짓을 변별할 수 있습니까?"라고 묻자 "사람이 있으면 행하고 사람이 없으면 그만두는 것을 거짓이라고 한다. 사람을 관찰할 때는 그가 무엇을 행하고 무엇을 그만두는지를 살펴볼 뿐이다."라고 했다.

한편 조선 후기의 위백규는 "어찌 있다고 하겠으며 어찌 없다고 하겠는가?"를 "그 사람 자체가 있어도 그만, 없어도 그만이라 당세에 영향을 끼치지 못한다."라고 풀이했다. 곧 인간 존재로서의 가치는 자신이 해야 할 일을 행함으로써 자신이 속한 집단 내에서 한몫할 수 있어야 입증된다고 강조한 것이다. 사람으로 태어나 존재감을 상실한다면 이미 물체의 속성도 지니지 못하게 된 것이다. 음식을 먹고 편히 쉬고 있을 때라도 그 사람은 이미 죽은 지 오래이다.

나는 어떤 사람인가. 있어도 그만, 없어도 그만인가.

子張曰. 執德不弘하며 信道不篤이면
焉能爲有며 焉能爲亡리오.

執德의 '덕을 붙잡아 지킴'이다. 不弘은 德量(덕량)이 넓지 못함이다. 道는 사람을 사람답게 하는 이치를 말한다. 不篤은 두텁지 못함이다. 亡는 '없다'라는 뜻일 때 '무'로 읽으며, 無(무)와 같다. 焉能爲有는 '어찌 능히 있다고 하겠는가?', 焉能爲亡는 '어찌 능히 없다고 하겠는가?'라는 말이다. 이에 대해 '그런 도와 덕을 어찌 있다고 하겠으며 어찌 없다고 하겠는가?'라고 풀이할 수도 있다. 하지만 남송의 饒魯(요로)는 "이런 사람은 살아도 當世(당세)의 중함이 될 수 없고 없어도 當世의 가벼움이 될 수 없다."라고 풀었다. 위백규도 요로의 설을 따랐다.

113강
누구와 만날 것인가

자하의 문인이 대답했다. "자하께서는 '사귀어도 좋은 사람은 사귀고 사귀지 말아야 할 사람은 거절하라.' 라고 하셨습니다."

「자장」 제3장 자하지문인문교어자장(子夏之門人問交於子張) 1

인간의 삶은 늘 타인과 연계되어 있다. 이때 모든 사람을 차별 없이 사귀는 포용적 태도가 옳을까, 사람을 분별해서 사귀는 단호한 태도가 옳을까? 「자장」 제3장을 보면 공자의 제자들은 의견이 엇갈렸다. 자하의 문인이 자장에게 벗 사귀는 문제를 묻자, 자장은 "자하는 무엇이라고 하던가?"라고 되물었다. 이에 자하의 문인은 위와 같이 대답했다.

주희는 자하의 태도가 박절하다고 했다. 하지만 자하가 근거 없이 이런 말을 한 것은 아니다. 타인과의 관계에 대해 공자는 두 가지 가르침을 남겼고, 문인들에게는 각자의 처지나 공부에 맞게 한쪽의 가르침을 더 강조했을 것이다. 즉 공자는 「학이」 제8장에서 "무우불여기자(無友不如己者)"라 했으니, 자기보다 못한 사람은 사귀지 말라고 주의를 준 것이다. 한편 「학이」 제6장에서는 "범애중이친인(汎愛衆而親仁)"이라 해서 두루 사람들을 사랑하되 특히 어진 이들과 친하게 지내라고 했다. 전자는 택선(擇善)을 강조하고 후자는 범애(汎愛)를 강조한 것이다. 논점이 배치되는 것은 아니지만 강조점이 다른 것은 사실이다. 여기서 자하는 문인에게 가르칠 때 전자의 가르침을 따랐다.

조선 전기의 서거정은 「송인상인시서(送印上人詩序)」에서 자신은 불교를 받아들이지 않을 것이나 불교 승려의 사람됨과 마음가짐은 옳으므로 사귀지 못할 이유가 없다고 했다. 자하의 말을 변형해서 유학자와 승려의 교유를 비난하지 말라고 변론한 것이다.

나 자신이 완전치 못하거늘 남을 옳다 그르다 분별할 수 있을까? 하지만 상대가 분명히 옳지 못한 사람이거늘 그를 포용해야 하는가? 참으로 난문이다.

> 對曰. 子夏曰. 可者를 與之하고
> 其不可者를 拒之라 하더이다.

子夏曰 이하는 자하의 말을 인용한 것이므로 '하더이다'라는 토를 붙였다. 자하는 이름이 商(상)으로, 孔門十哲(공문십철) 가운데 한 사람이다. 可者는 사귀어도 좋은 사람, 즉 益友(익우)이다. 與之는 그와 사귄다는 뜻이다. 不可者는 사귀어서는 안 되는 사람이다. 拒之는 그를 거절한다는 뜻이다.

114강

널리 사귄다

> 자장이 말했다. "내가 들은 것과는 다르다.
> 군자는 어진 사람을 존경하고 대중을 포용하며,
> 잘하는 사람을 아름답게 여기고 잘하지 못하는 사람을
> 불쌍하게 여긴다. 내가 크게 어질다면 누군들 용납하지
> 못할 리 없고 내가 어질지 못하다면 남이 장차 나를
> 거절할 것이니, 어떻게 남을 거절할 수 있겠는가?"
> 「자장」 제3장 자하지문인문교어자장 2

앞에서 이어진다. 자하의 문인이 "자하께서는 사귀어도 좋은 사람은 사귀고 사귀지 말아야 할 사람은 거절하라고 하셨습니다."라고 하자, 자장은 자신이 들은 바와 다르다고 하면서 위와 같이 말했다. 내 편에서 박절하게 남을 거절하지 않으며 오로지 포용력을 지녀야 한다고 강조한 것이다. 공자가 「학이」 제6장에서 "두루 사람들을 사랑하되 특히 어진 이들과 친하게 지내라."라고 했던 가르침을 부연한 셈이다.

단 동한 때 정현은 자하가 동렬의 사귐을 말한 데 비해 자장은 존비의 차이가 있는 사람들 간의 사귐을 말한 것이라고 보았다. 주희와

왕수인은 초학자라면 자하가 말한 대로 벗을 사귀어야 하고 덕을 갖춘 성인이라면 자장이 말한 대로 벗을 사귀어야 한다고 보았다.

근세 이전의 정치에서는 군주의 포용력을 중시했다.『주역』태괘(泰卦) 구이(九二)의 효사에 "포황(包荒)하며 용빙하(用馮河)하라."라고 했다. 이는 "거친 것을 포용하며 맨몸으로 강을 건너는 과단성을 지니라."라는 말로, 너그러이 포용하면서 강용(剛勇)해야 한다는 뜻이다. 다만 거친 것을 포용한다는 포황은 이 장에서 말한 '대중을 포용함'과는 다르다.

현대 사회에서는 널리 사귀는 범교(泛交)가 일반적이다. 이 범교의 사회에서는 두루 사랑하며 대중을 포용하는 범애용중(汎愛容衆)의 태도가 긴요할 것이다.

子張曰, 異乎吾所聞이로다.
君子는 尊賢而容衆하며 嘉善而矜不能이니
我之大賢與인댄 於人에 何所不容이며
我之不賢與인댄 人將拒我니
如之何其拒人也리오.

尊賢은 有德(유덕)한 사람을 존경함이다. 容衆은 사람들을 두루 포용함이다. 嘉善은 취할 만한 선한 면이 있다면 칭찬해 준다는 뜻이다. 矜은 동정함이니, 憐憫(연민)과 같다. 我之大賢與는 '내가 크게 어질다면'이라는 가설의 말이다. 何所不容은 '무슨 용납하지 못할 것이 있겠는가?'라는 뜻이다. 我之不賢與는 '내가 어질지 못하다면'이라는 가설의 말이다. 如之何는 '어떻게' 혹은 '어찌하겠는가'로, 之는 어조를 조절한다.

115강
멀리 이르기 위하여

> 자하가 말했다. "비록 작은 기예에도 반드시 볼 만한 것이 있지만 원대함에 이르는 데 장애가 될까 염려한다. 그래서 군자는 하지 않는 것이다."
>
> 「자장」 제4장 수소도필유가관자언(雖小道必有可觀者焉)

이 장은 자하의 말을 채록했다. 당시 젊은이들 가운데는 인륜의 도리를 닦아 원대한 이상을 실현하려 하기보다 소도(小道)에 빠져 있는 이들이 많았으므로 자하는 그 폐해를 경고한 듯하다. 소도는 작은 기예라는 뜻이다.

주희에 따르면 소도는 농사, 장포(場圃, 채소 농사), 의술, 점복 등을 가리킨다. 과거의 지식 계층이 보기에 그런 일들은 작은 기예였을 것이다. 오늘날로 말하면 소도란 삶의 참된 목적과 무관한 작은 재주나 취미 등을 뜻한다고 볼 수 있다.

경주 최씨의 시조이자 한국 유학사상 비조로 손꼽히는 최치원(崔致遠)의 이름은 이 장에서 따왔으리라 생각된다. 그의 부친이나 어른들은 그가 원대한 뜻을 추구하기를 바랐기에 치원이라는 이름을 붙였을 것이다. 필경 그 뜻에 부합하는 자(字)가 따로 있었을 터이다. 흔히 고운(孤雲)을 자로 간주하지만, 이는 아마 호였을 것이다.

주희는 만년에 후학에게 부친 편지에서 이렇게 썼다. "한쪽 눈은 이미 멀었고 다른 한쪽도 날로 어두워져 책을 보기가 아주 힘들다. 그래서 한가하게 앉았노라니 도리어 고요히 수양하는 공부를 하게 되어, 지난날 문자에 너무 힘을 쏟은 것이 병통이었음을 비로소 깨달았다." 높은 경지에 오르기 위해서는 언어에만 집착하지 않고 내면을 성찰하며 현실을 개선하기 위해 더욱 노력해야 할 것이다. 하물며 작은 기예에 탐닉하겠는가!

子夏曰, 雖小道나 必有可觀者焉이어니와
致遠恐泥라. 是以로 君子不爲也니라.

必有可觀焉이란 그 小道에도 인생에 대처하는 자세에 볼 만한 점이 있다는 말이다. 致遠은 원대함을 극도로 다함이니, 원대함이란 修身(수신)을 통해 治人(치인)을 이루는 大業(대업)을 가리킨다. 恐은 추측의 어조를 나타낸다. 泥는 진흙에 발이 빠진 것처럼 구애되어 통하지 않음이다. 不爲는 小道를 공부하지 않는다는 말로, 여기서 爲는 學(학)이나 治(치)와 같다.

知 116강
날마다 알아 나간다

자하가 말했다. "날마다 모르는 것을 알아 가고 달마다 잘하는 것을 잊지 않는다면 학문을 좋아한다고 일컬을 만하다." 「자장」 제5장 일지기소무(日知其所亡)

이 자장은 자하의 말을 채록해 두었다. 자하는 공문사과(孔門四科) 가운데 문학에서 뛰어난 제자였다. 문학이란 오늘날로 말하면 박학에 해당한다. 과연 학문에 힘써서 박학했기에 자하는 학문을 좋아하는 사람은 나날이 새롭게 공부하고 실천하며 또 배우고 실천한 것들을 잊지 않는 법이라고 했다. 옛 주석가인 황간은 자하의 학문 태도를 두고 온고지신(溫故知新)의 태도라고 보았다. 즉 '날마다 모르는 것을 알아 감'은 지신, '달마다 잘하는 것을 잊지 않음'은 온고라고 본 것이다. 하지만 자하의 말은 '날마다 달마다' 지금까지 '알지 못하고 실천하지 못했던 것'을 알아 나가고, 지금까지 '알아서 실천한 것'을 잊지 않는다는 내용을 두 개의 구절로 나누어 말한 것이라고 보아도 좋을 듯하다.

청나라 초 고염무는 30년간 쓴 논문들을 모아 엮으며 『일지록(日

知錄)』이라고 이름 붙였다. 바로 이 장에 나온 '날마다 모르는 것을 알아 간다'는 뜻의 "일지기소무(日知其所亡)"에서 이름을 따온 것이다. 명 왕조가 망한 뒤 많은 지식인들이 변절했지만 그는 유민으로서 지조를 지켰다. 말 두 필과 노새 두 필에 책을 싣고 떠돌면서 경학, 역사학, 언어학, 문학 등 다방면에 걸쳐 고증을 하고 경세(經世)의 뜻을 저술에 담았다. 고염무는 연구에서 두 가지를 분명히 했다. 첫째, 기록한 내용이 적절치 못하면 그때그때 고친다. 둘째, 남이 나보다 먼저 같은 견해를 표명했다면 내 기록을 없앤다.

표절은 옳지 않다. 하지만 개정하지 않는 것도 큰 잘못이다.

子夏曰, 日知其所亡하며
月無忘其所能이면 可謂好學也已矣니라.

日知其所亡는 날마다 지금까지 알지 못한 것을 알아 나간다는 뜻이니, 여기에서 亡는 無와 같다. 月無忘其所能은 달마다 지금까지 능히 실천한 것을 잊지 않는다는 뜻이니, 能은 能行(능행)라고 보면 좋다. 日知其所亡, 月無忘其所能은 날마다 달마다 지금까지 알지 못하고 실천하지 못했던 것을 알아 나가며 지금까지 알아서 실천한 것을 잊지 않는다는 말을 두 개의 구절로 나눠 쓴 互文(호문)으로 볼 수도 있다. 可謂는 '~라고 할 만하다'는 뜻이다.

博

117강
널리 배운다

자하가 말했다. "배우기를 널리 하고 뜻을 독실히 하며, 절실하게 묻고 현실의 가까운 일들을 생각하면 인(仁)이 그 가운데 있다."

「자장」제6장 박학이독지(博學而篤志)

사회사업에 뜻을 두어 물심양면으로 지원하는 사람을 독지가(篤志家)라고 한다. 이 말은 바로 이 장에 나오는 '독지'란 말에서 파생되었다. 또 한문 고전인 『근사록(近思錄)』이란 책의 이름도 여기서 나왔다. 곧 주희는 여조겸과 함께 주돈이(周敦頤)·정호·정이·장재 등 네 학자의 글 가운데 학문에서 긴요한 문제와 일상생활에서 절실한 내용을 뽑아 엮으면서 제목을 '근사'라고 한 것이다.

자하는 박학, 독지, 절문(切問), 근사의 네 가지 속에 인(仁)이 있다고 했다. 앞서도 말했듯 자하는 공문사과 중에서 문학에서 뛰어났으므로 우선 박학을 강조했다. 주희에 따르면 자하가 말한 네 가지는 모두 학문사변(學問思辨), 즉 배우고 묻고 생각하고 분변하는 일에 초점이 맞춰져 있으므로 힘써 인을 실천하는 일에는 미치지 못한다. 학문사변은 『중용』에 나오는 박학, 심문(審問), 신사(愼思), 명변(明辨)을 줄인 말로, 모두 앎의 공부에 속한다. 앎의 공부에 힘쓰면 마음이 밖으로 달리지 않아 마음을 보존하는 데 익숙하게 된다. 그렇기에 자하는 인이 그 가운데 있다고 말한 것이다.

주희 그 자신도 학문사변에 힘쓰며 마음이 밖으로 달리지 않도록 했다. 마음이 밖으로 달린다는 것은 명예나 이익 등 세간의 일에 마음이 휘둘리고 구애받음을 말한다. 외치(外馳) 또는 무외(騖外)라고 적는다. 옛 학자들은 마음이 밖으로 달리지 않도록 공부했다. 우리는 왜 공부를 하는가.

子夏曰. 博學而篤志하며
切問而近思하면 仁在其中矣니라.

博學은 두루 공부함, 篤志는 뜻을 돈독하게 지님이다. 切問은 자기에게 있는 것을 절실하게 물음, 혹은 일상생활의 일로부터 유추함이다. 近思는 자기에게 가까이 있는 것을 사유함, 혹은 일상생활의 일을 생각함이다. 仁在其中矣는 '仁(인)이 그 속에 있다'는 말로, 博學而篤志와 切問而近思 속에 仁이 있다는 뜻이다.

致 118강
궁극에 이르는 길

> 자하가 말했다. "온갖 공인들은 공장에 있으면서 그 일을 이루고 군자는 배워서 그 도를 지극히 한다."
>
> 「자장」 제7장 백공거사이성기사(百工居肆以成其事)

이 장에서 자하는 덕을 닦아 정치를 담당할 군자의 직분을 강조하기 위해 관청에 예속되어 물건 만드는 사람들의 직분과 대비했다. 공인들을 폄하한 것이 아니다.

공인은 관청에 공급하는 물건을 만드는 사람들이다. 그들은 물건을 만드는 공장에서 부지런히 일해야 생산을 정밀하게 할 수 있다. 이와 같이 군자도 외물의 유혹에 휘둘리지 않고 배움의 뜻을 독실하게 지녀야 군자로서의 이상을 실현할 수 있을 것이다. 공인들이 공장에서 일하는 이유는 그 일을 이루기 위함이며, 군자가 배우는 이유는 그 도를 지극히 하기 위함이다.

자하는 증자나 안연과 달리 학문만을 들어 말했으므로 옛사람들은 그를 한 등급 낮게 보기도 했다. 하지만 자하는 선인의 언행과 성현의 가르침을 배우고 밝혀서 군자의 덕을 실현하라고 가르쳤으므로 그 말이 매우 친절하다. 『예기』「학기」에서도 "옥은 다듬지 않으면 그릇을 이루지 못하듯 사람도 배우지 않으면 도를 알지 못한다."라고 한 바 있다.

자하는 군자의 직분을 말하기 위해 공인의 예와 비교했는데, 중요한 것은 공인이든 군자든 전심치지(專心致志)해야 한다는 점이다. 어떤 직분에서든 마음을 전일하게 하고 뜻을 다해야 일을 이루고 목표에 이를 수 있다는 점을 잊어서는 안 된다.

子夏曰. 百工이 居肆하여 以成其事하고
君子가 學하여 以致其道니라.

肆는 주희의 설에 따르면 관청의 물건 만드는 곳이다. 以는 두 가지로 풀이할 수 있다. 우선 순접의 而와 같다고 볼 수 있다. 그렇다면 공인이 관청의 물건 만드는 공장에서 부지런히 일해야 생산을 정밀하게 할 수 있듯, 군자는 외물의 유혹에 휘둘리지 않고 배움의 뜻을 독실하게 지녀야 군자로서의 이상을 실현할 수 있다는 뜻이 된다. 한편 목적의 뜻으로 볼 수도 있다. 그렇다면 공인이 공장에 있는 이유는 일을 이루기 위함이며, 군자가 배우는 이유는 그 도를 지극히 하기 위함이라는 뜻이 된다. 두 설을 서로 보완시키면 좋을 듯하다. 致는 『대학』에 나오는 "致知(치지)"의 '致'와 같으니, '궁극까지 다하다'라는 뜻이다.

改   119강
잘못을 꾸미지 말라

자하가 말했다. "소인은 허물이 있으면 반드시 꾸민다." 「자장」 제8장 소인지과야필문(小人之過也必文)

잘못이 있는 줄 알면서도 인정하지 않고 겉으로 잘못을 번드르르하게 꾸미며 안으로 자기 자신을 속이는 것을 문과식비(文過飾非)라고 한다. 줄여서 문과라고 하며, 이 장에서 자하가 한 말이다.

공자는 「학이」 제8장에서 "과즉물탄개(過則勿憚改)니라."라고 했다. 잘못을 저질렀다면 고치기를 꺼려서는 안 된다는 뜻이다. 「위령공」 제29장에서는 "과이불개(過而不改)가 시위과의(是謂過矣)니라."라고 했다. 잘못을 저지르고도 고치지 않는 것이 허물이라는 뜻이다.

한편 『맹자』 「공손추 하」에서는 "고지군자(古之君子)는 과즉개지(過則改之)러니 금지군자(今之君子)는 과즉순지(過則順之)로다."라고 했다. 옛날의 군자는 허물이 있으면 고쳤지만 지금의 군자는 허물을 이루고 만다는 뜻이다. 나아가 맹자는 "금지군자(今之君子)는 기도순지(豈徒順之)리오, 우종이위지사(又從而爲之辭)로다."라고도 했다. 지금의 군자는 허물을 이룰 뿐 아니라 변명하기까지 한다는 뜻이다.

자하가 말한 소인은 덕이 없는 사람을 두루 가리키지만, 맹자가 말한 군자는 군주와 대신들을 가리킨다. 덕이 모자란 일반인의 문과식비도 우려해야 하지만 위정자의 문과식비는 정치에 끼치는 악영향이 크기에 더욱 우려하지 않을 수 없다. 최한기는 「제왕학(帝王學)」에서 군주가 덕이 부족하면 툭하면 백성을 이롭게 하겠다고 언사를 꾸미지만 그 발언과 정치가 백성을 해치지 않는 일이 없다고 했다. 현대의 위정자들이 각별히 새겨볼 말이다.

子夏曰. 小人之過也는 必文이니라.
(자하왈. 소인지과야는 필문이니라.)

小人之過也은 '소인의 허물로 말하면'이니, '소인은 허물이 있으면'이라는 뜻이다. 文은 文飾(문식), 즉 겉만 그럴듯하게 꾸밈이다. 주희는 자하의 말을 풀이하며 소인은 改過(개과)를 꺼리되 自欺(자기, 스스로를 기만함)는 꺼리지 않기 때문에 반드시 허물을 꾸며 대서 잘못을 더하게 된다고 했다.

120강
군자의 용모

자하가 말했다. "군자는 세 가지로 변한다. 멀리서 바라보면 엄숙하고 그 앞에 다가가면 온화하며 그 말을 들어 보면 명확하다." 「자장」 제9장 군자유삼변(君子有三變)

이 장에서 자하는 군자의 외관과 태도에 대해 군자유삼변(君子有三變)이라고 했다. 글자 그대로 풀이하면 '군자에게는 세 가지 변함이 있다'는 말이다. 하지만 '군자는 세 가지 모습을 드러낸다'고 보아야 할 것이다. 자하에 따르면 군자의 외모는 장중하고 안색은 온화하며 언사는 명확하다. 이는 확실히 군자가 그때그때 변한다는 뜻은 아니다. 북송 때 사양좌는 "군자는 마치 옥이 따뜻하고 윤택하면서도 단단한 것과 같다."라고 했다.

「술이」 제37장에 보면 "자온이려(子溫而厲)하시며 위이불맹(威而不猛)하시며 공이안(恭而安)이러시다."라고 했다. 공자는 온화하면서도 엄숙하고 위엄이 있으면서도 사납지 않으며 공손하면서도 자연스러웠다는 뜻이다. 주희가 말했듯 공자는 인격이 혼연했기에 그 중화(中和)의 기운이 용모에 나타났던 듯하다.

사람이라면 누구나 덕성을 지니고 있으므로 스스로 기질을 다스리면 중화의 기운이 용모에 나타날 수 있다. 「계씨」 제10장에서 공자는 시(視), 청(聽), 색(色), 모(貌), 언(言), 사(事), 의(疑), 분(忿), 견득(見得)의 아홉 가지에서 바른 마음을 전일하게 지니라고 했으니, 그것이 바로 구사(九思)이다. 구사에 힘써 용의를 바로 하면 누구나 군자의 지위에 가까워질 수 있다. 군자는 내가 아무리 해도 도달할 수 없는 고원한 존재가 결코 아니다.

> 子夏曰. 君子有三變하니 望之儼然하고
> 卽之也溫하고 聽其言也厲니라.
> (자하왈. 군자유삼변하니 망지엄연하고 즉지야온하고 청기언야려니라.)

望之와 卽之의 之는 군자를 가리킨다. 儼然은 용모가 단정하고 장엄하게 보이는 것을 말한다. 聽其言也는 '그 말을 들으면'이다. 厲는 엄할 정도로 바르다는 뜻의 嚴正(엄정)과 같다. 주희는 언사의 명확함을 뜻한다고 보았다.

121강
信 신뢰가 우선

자하가 말했다. "군자는 백성들에게 신뢰를 얻은 뒤에 백성을 수고롭게 하니, 신뢰를 얻지 못하고 수고롭게 하면 백성들은 군자가 자기를 괴롭힌다고 여긴다."

「자장」 제10장 군자신이후노기민(君子信而後勞其民) 1

이 장에서 자하는 군자, 곧 위정자가 주의할 점을 지적하며 무엇보다도 백성의 신뢰를 얻어야 한다고 강조했다.

조선의 정조는 "신(信)이란 상하가 서로 신뢰하는 것을 이르니, 서로 신뢰하지 못한다면 천하에 이룰 수 있는 일이 없다."라고 전제한 후, "백성을 수고롭게 하지 않으려는 나의 뜻이 백성들을 수고롭게 하기 이전에 항상 있다는 것을 백성들이 알게 한다면 백성들은 수고롭더라도 원망하지 않을 것이다."라고 풀이했다.

근대 이전의 위정자는 백성들을 동원해서 길을 수리하고 다리를 놓고 성을 쌓으며 전쟁에 내몰고는 했다. 그런 전제 권력하에서도 백성들의 신뢰가 가장 중요했으니, 현대의 정국 운영에서 국민이나 시민의 신뢰가 매우 중요하다는 사실은 새삼 말할 필요도 없다.

오늘날에 정치 지도자가 신뢰를 얻지 못할 때 그 원인은 대개 너무 '귀가 얇은' 데서 비롯되는 경우가 많다. 우리 속담에 '작사도방(作舍道傍)에 삼년불성(三年不成)'이란 말이 있다. 길가에 집을 지으면서 행인들에게 물어보면 의견이 모두 달라 결정을 내릴 수 없다는 뜻으로, 위정자가 하나의 올바른 방안을 선택해서 힘 있게 추진하지 못하는 것을 우려한 말이다. 『시경』「소아 소민」의 "집을 지으면서 행인에게 묻는 것과 같으니, 이 때문에 완성을 보지 못하도다."라는 구절에서 나왔다. 위정자는 정책을 결정하려면 여러 측근들의 말에 귀 기울일 것이 아니라 민심을 파악해야 한다. 국민의 신뢰는 그 어떤 정책 입안보다도 우선하는 것이다.

앞서「안연」제7장에서도 국가 존립의 요건으로 풍부한 식량, 충분한 군사, 백성들의 신뢰 등 셋을 거론하면서 그 가운데 백성들의 신뢰가 가장 중요하다고 하지 않았던가.

子夏曰, 君子는 信而後에 勞其民이니
未信則以爲厲己也니라.

信이란 주희에 따르면 誠意(성의)가 懇曲(간곡)해서 남들이 믿어 줌이다. 여기서는 백성들의 신뢰를 말한다. 而後는 以後(이후)와 같다. 勞는 백성들을 동원하고 부리는 것이다. 未信은 피동 구문으로 '신뢰를 얻지 못한다'는 뜻이다. 한문 문장에서는 능동과 피동을 구분하기 어려울 때가 많은데, 문맥의 흐름에 유의해서 풀이해야 한다. 以爲는 '~라고 여긴다'로, 주어 民을 생략했다. 厲는 괴롭힌다는 뜻의 病(병)과 같다.

122강

신임을 얻은 후 간한다

> "군자는 윗사람에게 신임을 얻은 뒤에 간언하니, 신임을 얻지 못하고 간언한다면 윗사람은 자신을 비방한다고 여긴다." 「자장」 제10장 군자신이후노기민 2

앞에 이어 자하의 말이 계속된다. 자하는 위정자가 백성을 수고롭게 하려면 백성들의 신뢰를 먼저 얻어야 한다고 말하고 나서, 사대부가 군주에게 간언을 하려면 군주의 신임을 먼저 얻어야 한다고 강조했다. 곧 자하는 위정자가 백성들을 부리거나 윗사람을 섬길 때는 자신의 성의가 믿음을 산 뒤에야 일이 제대로 이루어질 수 있다고 주의를 준 것이다.

    조선의 정조는 이 구절을 다음과 같이 풀이했다. "무릇 군자가 윗사람에게 간할 때 임금으로 하여금 평소 임금을 사랑하는 마음이 지극히 성실하고 간절함을 알게 한다면, 임금은 그 간언이 자신을 사랑해서 하는 말임을 깊이 알고 그 간언의 일이 마땅히 간해야 할 일임을 깊이 믿게 되어 간언을 받아들이게 될 것이다."

    위정자가 백성들의 신뢰를 얻는 것도 어려운 일이지만, 군주의 신임을 얻는 것도 쉬운 일이 아니다. 그렇기에 『한비자』「세난(說難)」 편에서는 군주 설득의 어려움을 여러 각도에서 말했다. 역린(逆鱗)이 란 말이 여기에서 나왔다. 용의 턱 아래에 거꾸로 솟아 있다는 비늘을 역린이라 하는데, 이것을 건드리면 용이 화를 내서 사람을 죽인다는 이야기가 있다. 군주의 노여움을 사서 큰 화를 입게 되는 것을 영린 (嬰鱗) 혹은 비린(批鱗)이라고 한다. 옛사람들은 역린을 건드리면서까 지 간언을 서슴지 않았으며, 그 결과 큰 고통을 당하기도 했다.

「헌문」 제39장에서 공자는 간언을 해도 군주가 받아들이지 않는 다면 그 조정을 떠나라고 했다. 정치의 장에서 간언이 반드시 받아들 여지는 것은 아니다. 간언이 통하려면 정치가의 성의와 최고 권력자 의 현명함은 물론, 상호 간에 신의가 갖추어져 있어야 한다.

<blockquote>
信^신而^이後^후에 諫^간이니 未^미信^신則^즉以^이爲^위謗^방己^기也^야니라.
</blockquote>

앞서도 나왔듯이 信이란 誠意(성의)가 간곡해서 남들이 믿어 줌이다. 여기서 는 군주의 신임을 말한다. 諫이란 直言(직언)과 예의로써 남을 바로잡는 것 을 말한다. 여기서는 사대부가 군주의 잘못을 바로잡는 것을 가리킨다. 未信 은 피동 구문으로 주어는 '군자'이다. 以爲는 '~라고 여긴다'로, 주어 '군주' 를 생략했다. 謗己는 자기를 비방한다는 말이다.

德

123강
큰 덕부터 세운다

자하가 말했다. "큰 덕이 한계를 넘지 않으면 작은 덕은 넘나들어도 괜찮다." 「자장」 제11장 대덕불유한(大德不踰閑)

이 장에서 자하는 대덕(大德)과 소덕(小德)을 구별해 먼저 큰일을 확립하면 작은 일이 간혹 이치에 맞지 않더라도 무방하다고 말했다. 대덕은 삼강오상(三綱五常)의 인륜을 말하니, 대절(大節)이라고도 한다. 소덕은 일상에서의 예절이니, 소절(小節)이라고도 한다.

유학에서는 대절이든 소절이든 모두 예법과 준칙에 맞아야 한다고 여기므로 자하의 말은 유학의 가르침과 부합하지 않는 면이 있다. 그래서 옛사람은 "말에 폐단이 없지 못하다."라고 했다. 자기 자신을 수양하는 문제와 관련해서 본다면 자하의 말은 소루할지 모른다. 하지만 사람을 관찰하거나 거용할 때 큰 장점만 취하고 작은 결점은 무시해야 한다는 관점에서 보면 자하의 말도 옳을 듯하다. 「위령공」 제14장에서 공자는 "궁자후이박책어인(躬自厚而薄責於人)"을 가르쳤다. 자책은 후하게 해도 남에 대한 책망은 적게 하라는 말이다.

게다가 공자는 「위령공」 제33장에서 "군자는 작은 일을 맡게 할 수 없으나 중대한 일은 받게 할 수 있고, 소인은 중대한 일을 받게 할 수 없으나 자잘한 일을 맡게 할 수 있다."라고 했다. 군자는 중대한 일을 전담해야 하기에 작은 일에는 적합하지 않을 수도 있는 것이다. 조선 후기의 박세당이 말했듯, 대덕과 소덕을 모두 갖추기 어렵다면 세세한 것을 살피느라 큰 것에서 잘못을 저지르느니 차라리 큰 덕목을 세우고 작은 것은 버려도 무방하지 않겠는가. 완인(完人, 세속에 휩쓸리지 않는 완전한 사람)을 자처하기 어려운 것이 현실이고 보면, 자하의 말은 소루하다기보다 매우 친절하다고 생각된다.

子夏曰, 大德이 不踰閑이면
小德은 出入이라도 可也니라.

大德은 三綱五常(삼강오상)의 인륜을 말한다. 踰는 '넘어섬'이다. 閑은 여기서 출입을 막는 欄(난)이나 檻(함)과 같다. 한가하다는 뜻이 아니다. 小德은 일상에서의 應待(응대)와 進退(진퇴) 등 작은 예절이다. 出入(출입)은 넘나든다는 뜻이니, 앞에 나온 踰와 사실상 뜻이 같다. 可也는 괜찮다고 허용하는 말이다.

傳

124강

가르침의 순서

군자의 도리로 말하자면, 어느 것을 먼저라 해서 전수하고 어느 것을 나중이라 해서 가르치길 게을리하겠는가? 초목에 비유하면 종류로 구별하는 것과 같으니, 군자의 도리로 말하자면 어찌 배우는 사람을 속이겠는가? 「자장」 제12장 자하지문인소자(子夏之門人小子) 1

이 장에서 자하는 자신의 교육법을 오해한 자유에 대해 반론을 폈다. 자유는 자하의 문인들이 쇄소(灑掃, 물 뿌리고 청소함), 응대, 진퇴의 예절은 배웠지만 그것은 말엽의 공부일 뿐이며 이를테면 정심과 성의 같은 근본 공부는 하지 않았다고 지적했다. 그러자 자하는 그 말을 전해 듣고 자유의 말이 지나쳤다고 한 뒤 위와 같이 반박했다. 즉 군자의 도리에는 어느 것을 먼저 전수하고 어느 것을 뒤로 돌리는 구별이 없다는 것이다.

자하는 가르침에 고정된 순서가 있는 것은 아니지만 어린 사람에게는 소절부터 가르친 다음에 차츰 고원하고 근본적인 것을 가르쳐 나가야 한다고 보았다. 앞서 자하는 대덕을 확립하면 소덕이 간혹 이치에 맞지 않더라도 무방하다고 했지만, 결코 대덕의 공부에만 힘쓰고 소덕의 공부는 소홀히 해도 좋다고 여긴 것은 아니었기에 초학자들에게 소절의 공부를 시킨 듯하다. 또한 배우는 사람의 학문의 진도에 따라 소절부터 대절까지 순차적으로 가르쳐야 배우는 사람을 기만하는 일이 되지 않으리라고도 했다.

"초목에 비유하면 종류로 구별한다."라는 구절은 배우는 사람의 진도에 따라 구별한다는 뜻이지, 배우는 사람의 신분에 따라 구별한다는 뜻이 아니다. 사람을 선별해서 일부에게만 근본을 가르치고 나머지에게는 지엽만을 가르친다면 그것은 평등 교육이 아니다. 오늘날 우리 교육은 과연 평등의 이상을 실현하고 있는가?

君子之道(군자지도)가 孰先傳焉(숙선전언)이며 孰後倦焉(숙후권언)이리오.
譬諸草木(비저초목)컨대 區以別矣(구이별의)니
君子之道(군자지도)가 焉可誣也(언가무야)리오.

君子之道는 '군자의 도리'로, 자하는 本(본)과 末(말)의 구별 없이 모두 가르쳐야 한다고 보았다. 孰先傳焉은 반어적 표현으로, 지엽적인 것을 우선시해서 먼저 전수하는 것이 아니라는 뜻이다. 孰後倦焉도 반어적 표현으로, 근본적인 것을 뒤로 돌려 가르치길 게을리하는 것이 아니라는 뜻이다. 譬諸草木은 '그것을 초목에 비유하면'이다. 비유의 원관념은 '가르침에 고정된 순서는 없으나 어린 사람에게 小節(소절)부터 가르쳐 차츰 근본적인 것을 가르쳐 나가는 일'이다. 區以別矣는 '종류에 따라 구별한다'는 말이다. 焉可誣也는 반어적 표현으로 '어찌 속이겠는가', 즉 '속일 수 없다'는 뜻을 나타낸다. 誣란 그 위치에 이르지 못한 사람을 마치 이르러 있는 것처럼 대해 기만함을 가리킨다.

有

125강

처음과 끝을 갖춘다

처음과 끝을 구비한 사람은 오직 성인일 것이다.
「자장」 제12장 자하지문인소자 2

앞에서 이어진다. 자유가 자하의 문인들은 세세한 예절은 배우지만 근본 공부는 하지 않는다고 비판하자, 자하는 그 말이 지나치다고 반박했다. 이어 "군자의 도리로 말하자면 어느 것을 먼저라 해서 전수하고 어느 것을 나중이라 해서 가르치길 게을리하겠는가?"라고 반문하고, 초목을 종류로 구별하듯 초학자에게는 소절부터 가르쳐 차츰 고원하고 근본적인 것을 가르쳐 나가는 방법을 쓰지 않을 수 없다고 주장했다. 그러고 나서 오직 성인만이 처음과 끝을 갖추고 있으며 어린 제자들은 그러한 경지에 있지 않거늘, 만일 어린 제자들에게 점진적인 교육을 하지 않는다면 그들을 속이는 일이 된다고 했다.

북송의 정이는 성인의 도에는 정(精)과 조(粗)의 구별이 없다고 했다. 정은 형이상의 이치, 조는 형이하의 공부를 말한다. 정이는 물 뿌리고 마당 쓸고 어른의 말에 응하고 손님을 대하는 작은 일에서부터 의리를 정밀하게 연구해서 깊고 높은 경지에 이르는 일까지 모두가 본래 하나의 이치로 관통되어 있다고 보았다. 하학이상달(下學而上達)이 바로 이것이다. 성인은 평소 정과 추, 대와 소를 막론하고 모든 일에서 미진한 점이 없고, 굳이 생각을 하지 않고 억지로 힘을 쓰지 않는 가운데 천도의 실상과 순수하게 부합한다.

공부하는 사람은 이유(二有)를 잊지 말아야 한다. 곧 처음도 있고 끝도 있어야 하는 것이다. 이유란 다른 말로 해서 유시유종(有始有終)이며, 줄여 말하면 유종이되 유시도 그 속에 배포되어 있다.

처음과 끝을 구비한 성인과 달리 배움의 길에 막 들어선 사람은 아직 공부가 얕고 익힘에 익숙하지 못하다. 따라서 그들에게 갑자기 높고 원대한 것을 말한다면 그들을 속이는 일이 될 것이다. 교육이란 것이 점차 사람을 크고 원대한 인격으로 성숙시켜 나갈 수 없다면, 대체 무슨 의미가 있겠는가.

有始有卒者는 其惟聖人乎인저.
(유시유졸자)   (기유성인호)

有始有卒은 처음도 있고 끝도 있어 처음과 끝이 하나로 관통되어 있다는 말이니, 처음은 根本(근본), 끝은 枝末(지말)을 가리킨다. 惟는 오직 唯(유)와 통용한다. 其惟聖人乎는 '아마도 오직 성인뿐이리라!'로, 감탄과 추정의 뜻을 함께 지닌다.

126강

배움을 놓지 말라

자하가 말했다. "벼슬하면서 여력이 있으면 배우고 배우고서 여력이 있으면 벼슬을 한다."
「자장」 제13장 사이우즉학(仕而優則學)

이 장에서 자하는 벼슬살이와 배움의 상호 보완에 대해 논했다. 근대 이전의 지식인은 학문을 하고 벼슬에 나아가 지금까지 배운 바를 실천하는 것을 이상으로 여겼다. 하지만 춘추 시대에도 벌써 많은 사람들이 권세에만 집착해 요직에 나간 뒤에는 학문을 잊고 말았던 듯하다. 그렇기에 자하는 벼슬하는 여가에 배우라고 권했다. 한편 학문하는 사람은 성급하게 벼슬에 나아가려는 경향이 있었기에 자하는 학문을 충분히 익혀 여력이 있으면 비로소 벼슬에 나아가 학문의 내용을 실천하라고 권했다. 자하의 말을 줄여서 학우사우(學優仕優)의 가르침이라고 한다.

퇴계 이황은 기대승에게 보낸 서찰에서 출처에 관해 조언하면서 이렇게 말했다. "학우사우의 가르침을 처신의 절도로 삼아 올바른 의리를 정밀히 살피십시오. 세상에 나가 벼슬할 때는 국사에 대한 걱정

외에는 한 걸음 물러서고 한 계단 낮추어 학문에 전념하면서 내 공부가 지극하지 못한데 어떻게 경국제세(經國濟世)의 책임을 맡을 것인지 생각하며, 시대와 맞지 않을 때는 외부의 일에 상관하지 말고 한직을 청하거나 물러나길 도모해 학문에 전념하면서 내 공부가 지극하지 못하니 마음을 가라앉혀 몸을 닦고 공부를 진전시키는 일을 지금 해야 한다고 생각하십시오."

조정에서 받는 작위를 인작(人爵)이라 하는데 비해, 인의충신의 덕목으로 인해 남의 존경을 받는 것을 천작(天爵)이라고 한다. 맹자는 당시 사람들이 인작을 얻고 나면 천작을 내버린다고 탄식했다. 조선 인조 때 이식(李植)의 말은 더욱 통렬하다. "지금 사람들은 공부하지도 않고 벼슬길에 들어서고 있으니 벼슬하면서 공부하는 일을 어찌 기대할 수가 있겠는가?"

子夏曰, 仕而優則學하고 學而優則仕니라.
(자하왈, 사이우즉학, 학이우즉사)

자하의 이 말은 같은 짜임을 가진 두 문장을 나란히 병렬하는 대장법으로 기록되어 있다. 仕는 정치를 담당하는 지위에 나아가는 것을 말한다. 優는 여력이 있음을 뜻한다. 則은 '~한다면 곧 ~한다'로, 조건과 결과를 이어 주는 접속사이다.

127강
喪 상례는 슬픔을 극진히 해야

자유가 말했다. "상례는 슬픔을 극진히 할 뿐이다."
「자장」 제14장 상치호애이지(喪致乎哀而止)

이 장은 자유가 상례에 대해 언급한 말을 기록했다. 자유는 공문십철의 한 사람이다.

『예기』「단궁 상」에 보면, 자로는 공자에게 "상례에서 슬픔이 부족하고 예가 여유 있는 것은 예가 부족하더라도 슬픔이 충분한 것만 못하다."라는 가르침을 들었다고 했다. 유학자들은 상장(喪葬)을 지나치게 존중한다고 비난받았으나, 공자는 결코 허례를 인정하지 않았던 것이다. 자유가 상례에 대해 언급한 말은 공자가 「팔일」 제4장에서 예의 근본에 대해 말하면서 상례를 언급한 내용과 통한다. 곧 임방이 예의 근본에 대해 묻자, 공자는 "예는 외관상 성대하게 거행하기보다는 차라리 검소한 것이 낫고, 상례는 형식적으로 잘 치르기보다는 차라리 진정으로 슬퍼하는 것이 낫다."라고 했다. 「팔일」 제26장에서는 "남들의 위에 있으며 관대하지 않고, 예식을 거행하며 공경하지 않으며, 상례에 임해 슬퍼하지 않는다면, 무어 볼 만한 것이 있겠는가?"라고도 했다. 예의 근본은 성의라고 밝힌 것이다.

다만 주희는 자유의 말이 미세한 것을 소홀히 여겼기에 지나치게 고원하다고 지적했다. 『예기』「잡기」를 보면, 자공이 부모의 상에 대해 묻자 공자는 "경(敬)이 최상, 애(哀)가 다음, 척(瘠)이 최하이다."라고 했다. 경은 시신에 입히는 옷과 관 속에 넣는 물건을 공경의 태도로 성실하게 마련하는 것을 말한다. 애는 자유가 말했듯 슬픔을 지극히 하는 것을 말하며, 척은 지나치게 슬퍼해서 상례를 감당하지 못할 정도로 몸이 상하는 것을 말한다. 역시 상례를 치를 때는 공경을 다하면서 진정으로 슬픔을 표해야 할 것이다.

子游曰, 喪은 致乎哀而止니라.
(자유왈   상   치호애이지)

致는 극진히 함이다. 致乎哀는 '슬픔에서 극진히 한다' 혹은 '슬픔을 극진히 한다'는 말이다. 而止는 而已와 같으니, '~할 뿐이다'라는 뜻이다.

誠

128강

성의 있는 실천

자유가 말했다. "나의 벗 자장은 어려운 일을 잘하나 인을 이루지는 못했다."

「자장」 제15장 오우장야위난능야(吾友張也爲難能也)

이 장은 자유가 동료 자장을 논평한 말을 실었다. 자장은 행동이 높았지만 성실성이 부족했던 듯하다. 그렇기에 자유는 그를 두고 남들이 하기 어려운 일은 잘하지만 어질지는 못하다고 평가했을 것이다. 자장은 「위정」 제10장에서 벼슬 구하는 법을 공자에게 질문했다가 많이 듣고 의심나는 것은 제쳐 놓는 다문궐의(多聞闕疑)와 많이 보고 위태로운 것은 제쳐 놓는 다견궐태(多見闕殆)를 실천해서 후회도 없고 허물도 없게 되면 저절로 벼슬길이 열리리라는 충고를 들은 바 있다.

자장은 남들이 하기 어려운 충실하고 결백한 행동을 실천했을 것이다. 하지만 주희의 해설에 따르면 자장은 행동이 높았으나 성실측달(誠實惻怛), 즉 성의를 다하고 대상을 측은하게 여기는 마음이 부족했다. 「선진」 제17장에서 공자가 자장을 편벽하다고 평한 것을 보면 확실히 젊은 시절의 자장은 성의가 부족했던 듯하다.

사실 아무리 훌륭한 행동이라 할지라도 그 행동을 멋있게 여기거나 보상을 기대하는 등 외적 요인에 이끌려 행한다면 구차할 따름이다. 박애 또한 지극한 정성으로 측은하게 여기는 지성측달의 감정이 있어야 진정한 사랑일 수 있는 것이다.

> _{자유왈} _{오우장야} _{위난능야}
> 子游曰, 吾友張也는 爲難能也나
> _{연이미인}
> 然而未仁이니라.

爲難能也에 대해 교정청 언해본은 '남들이 자장처럼 잘하기 어렵다'고 풀이했으나, 조선 인조 때 이식은 '남들이 하기 어려운 일을 자장은 잘한다'고 해석했다. 이를테면 은나라 말기에 비간이 바른말을 하다가 죽은 일이나 기자가 거짓으로 미친 척한 일은 모두 남들이 하기 어려운 일의 대표적인 예라는 것이다. 未仁은 아직 仁을 이루지 못했다는 말이다.

129강

 외관보다 내면

증자가 말했다. "당당하구나, 자장이여! 함께 인을 실천하기는 어렵겠다." 「자장」 제16장 당당호장야(堂堂乎張也)

이 장은 증자가 자장을 논평한 말을 실었다. 앞서 제15장에서 보았듯 자유는 자장이 다른 사람들이 하기 어려운 충실하고 결백한 행동을 실천하지만 그 행동이 지나치게 높기만 하고 성실측달의 뜻이 부족하므로 아직 인에 이르지 못했다고 논평했다. 여기서는 증자가 외관보다 내면을 중시하는 관점에서 자장을 논평한 말을 실었다. 즉 자장은 용모를 장중하게 하는 일에 치중해서 자긍심이 지나친 듯 여겨질 수 있으므로 남들이 그와 더불어 서로 도우며 인을 실천하기는 어렵다고 지적한 것이다.

「자로」 제27장에서 공자는 "강의목눌(剛毅木訥)이 근인(近仁)이니라."라고 했다. 강하고 굳세고 질박하고 어눌함이 인에 가깝다는 뜻이다. 강은 의지가 강해 물욕에 휘둘리지 않는 것, 의는 기가 강하고 과단성이 있는 것, 목은 나무처럼 질박한 것, 눌은 말수가 적은 것을 뜻한다. 따라서 남들이 하기 어려운 행동을 하는 것이나 용모를 멋지게 지니는 것은 언어와 안색을 교묘하게 꾸미는 교언영색과는 분명히 다르다. 하지만 그 행동과 그 용모의 내면에 충분한 성의가 없다면, 그것을 두고 결코 어질다고 말할 수는 없을 것이다.

공자와 그 제자들은 사람을 판단할 때 행위의 순수한 동기와 진심으로 남의 불행을 아파하는 측달의 감정을 중시한다. 윤리적인 주체는 결코 목석이 아니다. 고결한 품성과 풍부한 감정을 지닌 따스한 인간인 것이다.

曾子曰, 堂堂乎라 張也여,
難與並爲仁矣로다.

堂堂乎張也는 주어와 술어를 도치해 감탄의 뜻을 강조한 어법이다. 堂堂은 용모의 훌륭함을 말한다. 難與並爲仁矣는 더불어 함께 仁을 행하기 어렵다는 말이다. 並은 함께한다는 뜻으로 竝(병), 幷(병)과 같은 글자인데, 세 글자는 형태만 다르다.『논어』에서는 並 자를 썼다.

親

130강

부모님 영전에서

증자가 말했다. "나는 선생님께 이렇게 들었다. '사람이 스스로 진정을 다하는 일이라고는 있지 않으나, 반드시 어버이 상에는 진정을 다하는구나!' 라고." 「자장」 제17장 증자왈오문저부자(曾子曰吾聞諸夫子)

이 장은 증자가 스승 공자에게 들은 말을 전한다. 증자가 전한 공자의 말에 대해서는 여러 가지로 달리 풀이할 수 있다. 대개 주희의 설을 따라 사람이 스스로 진정을 다해 무슨 일을 하는 경우는 드물지만 부모상에는 반드시 정성을 다하게 된다는 윤리적 당연지사를 말한 것으로 본다. 즉 부모상을 당한 사람은 측달의 마음이 저절로 우러나온다고 확인한 말로 볼 수 있다.

박지원은 31세 되던 1767년, 부친이 향년 65세로 별세하자 평소 자식 구실을 못한 것을 자책하고 상중에나마 정성을 바치려 했다. 하지만 고질을 앓아 몸소 상식(上食)을 자주 올리지 못했으므로 삼년상이 다할 무렵 친구에게 보낸 서찰에서 "소리 내 울려 해도 울 곳이 없어 통탄스럽다."라고 했다. 부모상을 당한 사람은 누구나 이렇게 후회하고 애통해하지 않을 수 없을 것이다.

　옛사람들은 부모상 때 너무 슬퍼하다가 수척해져 죽기까지 하는 경우를 두고 '부모의 후사를 끊는 불효'라 했다. 그렇기에 『예기』에서는 상중의 사람은 몸에 종기가 나면 몸을 씻고 머리에 부스럼이 나면 머리를 감으며 병이 나면 술과 고기를 들어야 한다고 했다. 하지만 가족을 위해 희생하다가 돌아가신 어버이를 생각한다면, 누구라도 뜨거운 눈물을 흘리지 않을 수 없을 것이다. 아아.

曾子曰. 吾聞諸夫子하니
人未有自致者也니 必也親喪乎인저.

吾聞諸夫子는 '나는 이것을 선생님에게서 들었다'는 뜻으로, '이것'은 그 뒤에 나오는 말을 가리킨다. 致는 극진히 한다는 말로, 자기의 진정을 극진하게 드러내는 것을 뜻한다. 必也는 '반드시'이고, 乎는 추정과 감탄의 어조를 나타낸다.

131강

법을 적용하는 자세

> 증자가 말했다. "윗사람이 도리를 잃어 백성들이 이산한 지 오래되었다. 만일 그들이 범법한 실정을 알았으면 불쌍히 여겨야 하지, 기뻐해서는 안 된다."
>
> 「자장」 제19장 상실기도(上失其道)

이 장은 증자가 사법의 정신에 대해 언급한 말을 실어 두었다. 노나라 대부 맹손씨가 증자의 제자 양부(陽膚)를 옥관의 우두머리인 사사에 임명하자, 양부는 증자에게 사법관은 어떠한 자세로 옥사를 처리해야 하는지 물었다. 그러자 증자는 위와 같이 대답했다. 양부에 대해서는 잘 알 수 없다.

증자의 말에 대해 동한 때 마융은 "백성이 서로 흩어져 가볍게 법을 범하게 된 것은 윗자리에 있는 자가 초래한 결과이며 백성의 허물이 아니므로 당연히 가엾게 여길 일이지 그들의 실정을 제대로 파악했다고 기뻐해서는 안 된다."라고 풀이했다. 조선의 정약용도 이 설을 따랐다.

이익은 『성호사설』의 「기한작도(飢寒作盜)」에서 어리석은 백성이

춥고 굶주리다 못해 된 도적은 마치 옷 속에 숨어 사는 이와 같으므로, 비록 부득이하게 이를 잡아 죽이지만 그 실정에는 용서할 만한 점이 있는 것과 같다고 하고는 이 장에서 증자가 한 말을 인용했다. 오늘날로 말하면 생계형 절도에 대해서는 정상을 참작해 주어야 한다고 본 것이다.

「안연」 제13장에서 공자는 "송사를 처리함은 나도 남과 같겠으나, 반드시 송사함이 없게 하리라."라고 했다. '편언절옥(片言折獄)'의 능숙한 재판보다 '무송(無訟)'의 상태에 이를 만큼 정치가 정도를 얻는 것이 중요하다는 말이다. 이 이념은 오늘날도 변함없이 높다.

曾子曰. 上失其道하여 民散이 久矣니
如得其情이면 則哀矜而勿喜니라.

上은 在上者(재상자), 곧 위정자를 가리킨다. 失其道는 정치가 정도를 잃어 혼란함을 뜻한다. 民散에 대해 주희는 위정자와 백성들 사이의 情義(정의)가 괴리되어 서로 끈으로 맺듯이 연결되지 못함을 이른다고 했다. 하지만 그보다 앞서 마융은 백성들이 생활난 때문에 離散(이산)해 떠돌게 됨을 뜻한다고 보았고, 정약용도 이 설을 따랐다. 如는 '만일 ~하면'의 뜻을 나타낸다. 得其情은 백성들이 犯法(범법)하게 된 실정을 제대로 파악함이다. 情은 實(실)이다. 哀矜은 불쌍히 여기고 동정함이다. 勿喜는 공명심으로 기뻐하지 말라는 말이다.

132강

하류에 처하지 않는다

> 자공이 말했다. "주왕의 불선이 이처럼 심하지는 않았으니, 이 때문에 군자는 하류에 처하는 것을 싫어한다. 하류에 있으면 천하의 악이 모두 거기로 돌아온다."
>
> 「자장」제20장 주지불선불여시지심야(紂之不善不如是之甚也)

이 장은 자공의 말을 실었다. 자공은 은나라 마지막 군주였던 주왕이 악역무도했다고 사람들이 비판하지만 실제로는 그렇게 심하게 악하지 않았던 것 같다고 말을 꺼낸 후, "군자는 하류에 처하길 싫어한다."라고 덧붙였다.

자공의 말은 결코 은나라 주왕이 죄가 없는데도 악명을 썼다는 뜻이 아니다. 한 번이라도 불선을 저지르면 악명이 모여들 수 있음을 강조하기 위해 주왕의 사례를 예시했을 따름이다. 주왕은 평소 악행을 저질렀기 때문에 마치 지대가 낮은 곳으로 오물이 모여들듯 온갖 악이 모두 그에게 모여들었다. 그러므로 높은 이상을 추구하는 군자는 강물로 보면 하류에 해당하는 더럽고 천한 처지에 몸을 두는 것을 혐오한다는 것이다.

정약용은 이렇게 풀이했다. "전해들은 것은 모두 사실일 수 없거늘, 어느 한 사람이 악명을 얻게 되면 어리석은 세속 사람들은 대개 예전에 귀담아 들었던 다른 사람의 악행도 모조리 들추어 그 한 사람에게 들씌우고 부연하고 덧붙이며 허위를 조작해 거짓말을 전파하니 그 말이 오래되다 보면 실제 사실로 탈바꿈하게 된다."

덕을 닦는 사람이라면 지위가 낮음을 염려할 것이 아니라, 한 번의 악행이라도 저질러 악명을 입지 않을까 염려해야 할 것이다. 일단 악명을 얻게 되면 자신이 저지르지 않은 악까지도 뒤집어쓰게 된다. 이는 인간 세상에서 흔히 일어나는 일이다. 오천(汚賤, 더럽고 천함)한 처지로 전락하여 세간의 갖은 욕을 듣지 않도록 누구나 유념해야 한다. 우리는 모두 황금빛으로 빛나는 몸을 가지고 태어났다!

子貢曰, 紂之不善이 不如是之甚也니
是以로 君子惡居下流하나니
天下之惡이 皆歸焉이니라.

君子惡居下流의 惡는 혐오할 오, 天下之惡의 惡은 악할 악이다. 下流는 지대가 낮아 여러 물길이 모이는 곳을 말한다. 여기서는 사회적 지위가 낮다는 뜻이 아니라, 몸이 汚賤(오천)한 것을 비유한다. 皆歸焉은 모두가 그리로 돌아간다는 말로, 焉은 지시의 기능과 문장을 맺는 기능을 모두 가진다. 天下之惡皆歸焉이란 한번 악한 사람이라는 평판이 나면 천하의 모든 악한 일들을 죄다 그가 저지른 듯이 간주한다는 뜻이다.

鑑

133강

타인은 나의 거울

> 자공이 말했다. "군자의 허물은 일식이나 월식과 같아 허물이 있을 적에는 사람들이 모두 보며, 허물을 고쳤을 적에는 사람들이 모두 우러러본다."
>
> 「자장」 제21장 군자지과야(君子之過也)

이 장에서 자공은 군자가 자신의 과실을 깨닫고 곧바로 고친다는 점을 일식과 월식의 비유를 들어 강조했다. 여기에서 군자는 소인과 상대되는 말이다.

군자라고 해서 과실이 없을 수는 없다. 그러나 군자는 소인과 달리 과실을 숨기려 하지 않기 때문에 사람들은 그 과실을 보고서 마치 일식이나 월식을 보듯 놀라고 기이하게 여긴다. 그러면 군자는 자신에게 과실이 있음을 깨닫고 고치는데, 이를 보고 사람들은 감복하며 그를 우러르게 된다는 것이다.

공자는 「학이」 제8장에서 "과즉물탄개(過則勿憚改)니라."라고 했고, 「위령공」 제29장에서 "과이불개(過而不改)가 시위과의(是謂過矣)니라."라고 했다. 잘못을 저질렀다면 고치기를 꺼려서는 안 된다고 했고, 잘못을 저지르고도 고치지 않는 것이 허물이라고 엄중히 경고한 것이다. 그런데 그 두 곳에서는 자신에게 잘못이 있는 것을 어떻게 아는가의 문제는 말하지 않았다. 그에 비해 이 장에서는 남들이 나의 과실을 알아보고 놀란다는 사실을 언급했다. 결국 타인이 나의 거울이라는 것이다. 당나라 태종은 평소 간언을 많이 하며 자신의 정치를 보좌한 위징이 죽자 일감(一鑑, 거울 하나)을 잃었다고 탄식했다. 당 태종을 여기서 말하는 군자라 평가할 수 있을지는 의문이지만, 군주에게도 자신의 과오에 반응하는 거울이 필요했던 것은 사실이다.

한편 「자장」 제8장에서 자하는 "소인지과야(小人之過也)는 필문(必文)이니라."라고 했다. 소인은 잘못이 있는 줄 알면서도 자신을 속이고 말재주로 꾸며서 은폐한다고 비판한 것이다. 이에 비해 자장이 말했듯 군자는 문과(文過, 잘못을 꾸밈)를 하지 않는 법이다. 정치를 맡은 분들은 더욱 문과를 해서는 안 된다. 잘못을 저질렀다면 곧바로 고쳐서 사람들이 감복하도록 해야 하지 않겠는가.

> 자공왈 군자지과야 여일월지식언
> 子貢曰, 君子之過也는 如日月之食焉이라.
> 과야 인개견지 경야 인개앙지
> 過也에 人皆見之하고 更也에 人皆仰之니라.

君子之過也는 '군자의 허물로 말하면' 혹은 '군자가 잘못을 저지르면'이란 뜻이다. 如日月之食焉은 해에 일식이 있고 달에 월식이 있는 것과 같다는 말이다. 食은 蝕(식)과 같다. 更은 고칠 改(개)와 뜻이 같다.

134강

누구에게든 배운다

> 자공이 말했다. "문왕과 무왕의 도가 아직 땅에 떨어지지 않아 사람들에게 남아 있다. 현명한 자는 그 큰 것을 기억하고 현명하지 못한 자는 그 작은 것을 기억하고 있으니 문왕과 무왕의 도가 미치지 않는 곳이 없다. 그러니 선생님께서 어찌 배우지 않으시며 또 어찌 일정한 스승을 두시겠는가!"
>
> 「자장」 제22장 위공손조문어자공(衛公孫朝問於子貢)

이 장을 보면 위(衛)나라 대부 공손조(公孫朝)가 자공에게 "당신의 스승은 어디서 누구에게 배웠는가?"라고 묻자 자공은 "일정한 스승이 없다."라고 대답했다. 공자는 배움을 좋아해서 어디에서도 배웠으므로 특정한 스승만을 따라 배울 필요는 없었다고 한 것이다.

『서경』「함유일덕(咸有一德)」에서는 "덕은 일정한 스승이 없어 선을 주로 함이 스승이 되며, 선은 일정한 주인이 없어 능히 한결같음에 합해야 합니다."라고 했다. 이에 대해 윤휴는 다음과 같이 해설했다. "선을 행할 때는 어느 한 사람만 따라 배우지 않고 오직 선한 이를 따르기에, 천하의 성철(聖哲)과 추요(芻蕘, 나무꾼)의 말 가운데 이치가 있는 바라면 모두 널리 받아들여야 한다."「함유일덕」의 "덕은 일정한 스승이 없다."라는 말은 공자에게 일정한 스승이 없다고 한 것과 연관된다. 선을 취하는 근본은 나의 마음에 달려 있는 까닭에, 나의 마음이 한결같다면 근본이 서고 원천이 맑아져 사물을 헤아려 판단하는 기준이 정밀하고 간절하게 되리라.

『공자가어』와『사기』를 보면 공자가 주나라에서 노담(老聃)에게 예(禮)를 물었다고 되어 있다. 또 공자가 음악을 배웠다는 기록도 있다. 모두 확증된 바는 아니지만 공자가 일정한 스승을 두지 않았다는 사실을 전하고 있다. 반면 옛사람들은 학통을 중시해서 누구의 제자인지를 따졌다. 하지만 진리를 배우고 실천하는 일에 학통이 무어 중요하겠는가? 더구나 학통을 권력으로 삼는다면 옳지 않은 일이다.

子貢曰. 文武之道가 未墜於地하여 在人이라
賢者는 識其大者하고 不賢者는 識其小者하여
莫不有文武之道焉하니 夫子焉不學이시며
而亦何常師之有시리오.

文武之道는 주나라 문왕과 무왕이 강설하고 실천한 도를 말한다. 문왕과 무왕은 요임금, 순임금, 우왕, 탕왕의 이념을 계승해 발전시켰으므로 유학의 이념을 文武之道라고 한다. 在人이란 사람들이 잘 알아서 실천한다는 뜻이다. 識는 '알 식'으로 읽어도 좋지만, 주희는 '기억할 지'로 보았다. 莫不有는 이중 부정을 통해 강한 긍정의 뜻을 드러낸다. 焉不學은 '어찌 배우지 않겠는가?'이며 何常師之有는 '어찌 常師가 있겠는가?'로, 둘 다 반어적 표현이다.

135강

 입문

> 자공이 말했다. "담장에 비유하면 나의 담장은 어깨 높이에 미쳐 집 안의 좋은 것들을 엿볼 수 있지만, 선생님의 담장은 서너 길 높이라 문을 통해 들어가지 않으면 종묘의 아름다움과 백관의 성대함을 볼 수 없다." 「자장」 제23장 부자지장(夫子之牆)

중국 북경에 있는 문묘(文廟)의 주련(柱聯)에는 "제가치국평천하(齊家治國平天下) 신사언야포재방책(信斯言也布在方冊)"과 "솔성순도치중화(率性循道致中和) 득기문자비지궁장(得其門者譬之宮墻)"이라는 구절이 적혀 있다. 전자는 "제가, 치국, 평천하는 책(『대학』)에 실려 있으니 정말 말 그대로이다."라는 뜻이며, 후자는 "솔성, 순도, 치중화는 담장에 비유하면 문으로 들어가야 한다."라는 뜻이다. 솔성, 순도, 치중화란 『중용』 제1장에 나오는 "하늘이 명한 것을 성(性), 성을 따르는 것을 도(道), 도를 닦는 것을 교(敎)라 한다."와 "중화(中和)를 이루면 천지가 자리 잡고 만물이 생육한다."라는 구절을 가리키며, 이 두 가르침은 담장이 높아 안이 보이지 않듯 터득하기 어려우므로 힘써 궁구해야 한다는 것이다. 담장 운운의 표현이 바로 「자장」편의 이 장에서 나온 것이다. 노나라 대부 숙손무숙(叔孫武叔)이 조정에서 대부들과 이야기하다가 "자공이 스승 공자보다 뛰어나다."라고 평했는데, 자복경백이 그 말을 전하자 자공은 위와 같이 겸손하게 말했다.

옛사람의 학문을 배우려면 책을 통해 입문해야 한다. 그런데 공부하는 사람들은 감히 입문했다고 말하지 않고 규견(窺見)했을 뿐이라고 말한다. 원래의 뜻과는 약간 다르지만 이 장에서 자공이 겸손하게 말한 태도를 본받고자 하기 때문이다.

학문의 진리에 관한 한, 과연 문을 통해 안으로 들어가 보는 사람이 얼마나 될까? 담장 너머로 집 안의 아름다움조차 보지 못한 사람이 태반 아닐까?

子貢曰, 譬之宮牆컨댄 賜之牆也는 及肩이라
窺見室家之好어니와 夫子之牆은 數仞이라
不得其門而入이면
不見宗廟之美와 百官之富니라.

宮牆은 집을 둘러싼 흙담이다. 窺見은 대롱을 통해 보듯 좁게 본다는 말인데, 여기서는 담장 너머로 본다는 뜻으로 썼다. 김시습의 『금오신화』 중 「李生窺牆傳(이생규장전)」의 '窺牆'도 담장 너머로 본다는 뜻이다. 室家之好는 작은 집의 멋진 점이다. 仞은 7척 혹은 8척이다. 得其門而入은 공자의 敎學(교학)에 들어가 가르침의 본질을 보는 일을 뜻한다. 宗廟之美는 '종묘의 아름다움'으로, 공자의 도덕이 지닌 아름다움을 비유한다. 百官之富는 '종묘에서 일하는 관리의 수가 많음'으로, 공자의 智德(지덕)이 지닌 충실함을 비유한다.

136강
해와 달 같은 스승

> 자공이 말했다. "선생님은 훼방할 수 없으니, 다른 현명한 분들은 구릉과 같아 그래도 넘을 수 있지만 선생님은 해와 달과 같아 넘을 수 없습니다."
>
> 「자장」 제24장 중니불가훼(仲尼不可毀) 1

학문이나 기예의 세계에서는 흔히 제자가 스승을 넘어서야 한다고 말한다. 하지만 자공은 스승 공자가 해와 달과 같아 넘을 수 없다고 했으니, 그 존경의 정도를 짐작할 수가 있다. 곧 이 장에 보면, 노나라 대부 숙손무숙이 공자의 험담을 하자 자공은 "그러지 마십시오."라 하고는 위와 같이 말했다.

자공은 이름이 단목사로, 외교 능력이 뛰어났고 경제적으로도 성공했다. 공자는 그가 말재간을 부린다고 야단치기도 했지만 사리에 통달한 사람이라고 여겨 계씨에게 추천했다. 공자의 제자 가운데서도 공자를 가장 잘 이해하고 크게 숭앙한 인물이다. 공자가 죽은 후 상례를 주재했으며, 다른 제자들과 달리 6년 상을 치렀다. 산동성 곡부의 성 밖에는 공자의 묘가 있고 그 왼쪽에 자공이 공자를 애도하면서 여막살이를 했다는 '자공결려지소(子貢結廬之所)'가 있다. 1936년에 방문한 사람의 기록에 의하면 찰(札)만 있었다고 하는데, 1994년에 필자가 방문했을 때는 붉은 벽돌 건물이 서 있었다.

「공야장」 제6장에서 공자가 "너와 회 중에서는 누가 더 나으냐?"라고 물었을 때 자공은 "제가 어찌 감히 회와 같기를 바라겠습니까? 회는 하나를 들어 열을 알지만 저는 하나를 들어 겨우 둘을 압니다."라고 대답했다. 겸손하고 순종적인 태도를 살필 수 있다. 학문이나 기예를 가르치는 사람으로서 이런 제자를 한 사람이라도 얻는다면 얼마나 행복하겠는가.

子貢曰, 仲尼는 不可毁也니 他人之賢者는 丘陵也라 猶可踰也어니와 仲尼는 日月也라 無得而踰焉이니라.

毁는 非難(비난)함이다. 丘陵의 丘는 흙이 높이 쌓여 있는 것이며, 陵는 丘보다 더 높은 것인데, 높이에 한계가 있음을 비유한다. 猶可踰也는 그나마 넘을 수 있다는 뜻이다. 日月은 한계가 없이 높음을 상징한다. 無得而踰焉에서 '無得而~'는 '~할 수 없다'는 뜻을 나타낸다.

137강
분수를 알라

사람이 비록 스스로 끊고자 하지만 어찌 해와 달에 손상을 입히겠습니까. 다만 제 분수를 알지 못함을 드러낼 뿐입니다. 「자장」 제24장 중니불가훼 2

앞에서 이어진다. 자공은 노나라 대부 숙손무숙이 공자를 험담하자 공자는 해와 달처럼 무한히 높기 때문에 넘어설 수 없다고 말하고는 위와 같이 덧붙였다.

여기서 자공은 사람이 해와 달과의 관계를 끊으려 한다고 해서 그 빛에 손상을 입힐 수는 없듯 혹자가 공자를 비방하면서 그와 관계를 끊는다고 해도 그 덕에는 손상을 입힐 수 없다고 말했다. 앞서 「자장」 제23장에서 자공은 공자의 담장 높이는 서너 길에 이르므로 문을 통해 들어가지 않으면 종묘의 아름다움과 백관의 성대함을 볼 수 없다고 말한 바 있다. 과연 자공은 비유가 교묘하고 언변이 뛰어났다.

『임제록』을 보면, 임제 선사는 불법(佛法)을 밖에서 구해서는 안 되지만 그렇다고 안에 무엇이 있는 듯이 여겨서도 안 된다고 경계하는 뜻으로 "허공에 말뚝을 박지 말라."라고 했다. 그리고 "안에서나

밖에서나 마주치는 대로 죽여라. 부처를 만나면 부처를 죽이고, 조사를 만나면 조사를 죽이고, 나한을 만나면 나한을 죽이고, 부모를 만나면 부모를 죽이고, 친척 권속을 만나면 친척 권속을 죽여라!"라고도 했다. 자유자재한 주체성을 확보해야 하지만 그렇다고 청정의 상태에 안주해서도 안 된다고 가르친 것이다.

학문과 기예의 일정한 높이에 이르려 하는 사람으로서 선학(先學)을 비방하고 그 업적을 무시한다면 그것은 다만 자신의 분수를 모르는 조악한 행위일 뿐이다. 공부하는 사람은 늘 자신의 깜냥을 알아야 한다.

<blockquote>
人雖欲自絕이나 其何傷於日月乎리오.
多見其不知量也로다.
</blockquote>

自絕은 자기 쪽에서 절교함이다. 비방을 하며 자기 쪽에서 공자와 절교하고자 한다는 뜻이다. '何傷~乎'는 '어찌 손상을 입힐 수 있겠는가?', 즉 '손상을 입힐 수 없다'는 뜻의 반어법이다. 多는 다만 祇(지)와 같다. 見은 '드러나다'라는 뜻으로 暴露(폭로)됨이다. 不知量이란 자신의 分量(분량)을 알지 못한다는 뜻이다.

138강
말을 신중히 하다

자공이 말했다. "군자는 한마디 말에 지혜롭다 하며 한마디 말에 지혜롭지 않다 하는 것이니, 말을 조심하지 않을 수 없습니다."

「자장」 제25장 군자일언이위지(君子一言以爲知) 1

공자의 시대에는 공자가 많은 제자들의 존경을 받는 것에 의문을 품거나 심지어 시기하는 인물이 꽤 많았던 듯하다. 앞서 「자장」 제23장과 24장에서는 노나라 대부 숙손무숙이 공자를 험담했고, 이 25장에서는 진자금(陳子禽)이 자공의 공자 존숭 태도에 대해 의문을 품었다. 진자금은 이름이 진항이되 이 장의 대화 내용으로 보면 「학이」 제10장에 나왔던 '자금'과는 동명이인인 듯하다. 진자금은 자공에게 "그대는 너무 겸손합니다. 공자가 아무리 훌륭하다 해도 어찌 선생보다 뛰어나겠습니까?"라고 했다. 그러자 자공은 군자라면 말을 신중히 해야 한다고 타일러 위와 같이 말했다.

퇴계 이황은 유희춘(柳希春)이 자신의 저술들을 칭송하는 서찰을 보내오자 답장에서 "보내 주신 글월을 보니 준엄하고 절실하게 제 미집(迷執, 미혹되어 집착함)을 지적하는 뜻을 담은 말씀은 한마디도 없고 크게 칭찬하고 외람되게 존중하는 말씀을 하셨으니, 이래서야 어떻게 붕우에게 충고하고 책선하여 인을 이루도록 도와주는 도리를 바랄 수 있겠습니까?"라고 하고는 이어 이렇게 썼다. "군자는 한마디 말에 지혜롭다 하며 한마디 말에 지혜롭지 않다 하는 것이거늘, 그대가 이토록 신중하지 않게 남을 허여하시니 비단 제가 감당할 수 없을 뿐 아니라 그저 남들이 그대를 비웃고 비난하지 않을까 두렵습니다." 말을 조심해야 한다는 자공의 가르침을 남을 비판하는 뜻으로 쓰지 않고 자신에 대한 과도한 칭송을 경계하는 말로 쓴 것이니, 그 마음가짐에 새삼 고개가 숙여진다.

子貢曰, 君子一言에 以爲知하며
一言에 以爲不知니 言不可不愼也니라.

爲知와 爲不知의 知는 智(지)와 같으니, 지혜롭다는 뜻이다. 以爲는 '~라 여기다'라는 뜻의 동사다. 言不可不愼也는 '말은 신중히 하지 않을 수 없다'는 말이니, 不可不은 '아닌 게 아니라 ~해야 한다'는 뜻을 나타낸다.

139강
위대한 사표

선생님께 미칠 수 없는 것은 마치 하늘을 사다리로 오를 수 없는 것과 같습니다. 「자장」 제25장 군자일언이위지 2

자공의 공자 숭배는 점점 강도가 높아진다. 앞서 「자장」 제23장에서는 공자의 담장은 서너 길 높이라 문을 통해 들어가지 않으면 그 가르침의 본질을 볼 수 없다고 했다. 제24장에서는 사람이 해와 달과의 관계를 끊으려 해도 그 빛을 손상시킬 수는 없듯 혹 공자를 비방한다 해도 그 덕을 손상시킬 수는 없다고 했다. 이 제25장에서는 공자에게 미칠 수 없음은 마치 하늘을 사다리로 오를 수 없는 것과 같다고 했다. 공자는 스스로 성인으로 자처하지 않았지만 자공은 공자를 성인으로 숭앙한 것이다.

『맹자』「진심 하」에 보면 성인은 대인과 완전히 격이 다르다. 대인은 "충실하면서 빛나는 존재"이지만 성인은 "대인이면서 저절로 화(化)하는 존재"라고 했다. 장재는 이를 "대인은 힘써서 될 수 있지만 성인처럼 화하는 것은 억지로 할 수 없으니, 무르익음에 달려 있을 뿐이다."라고 풀이했다. 정말로 누구나 성인이 될 수는 없으니, 『맹자』

「고자 상」에서 "오곡은 좋은 식물이지만 익지 않으면 피만도 못하다. 무릇 인(仁)도 무르익음에 달려있을 뿐이다."라고 한 말을 명심해야 할 것이다.

연암 박지원은 영조 41년(1765년)에 총석정(叢石亭)에서 해돋이를 보고는 시를 지어 "만 길 깊은 바다에서 어느 누가 길어 올렸나. 이제야 믿겠노라, 하늘도 오를 계단이 있음을."이라 했다. 하늘과 바다의 절대 절연을 부정한 것이다. 하지만 마지막에서는 "만인이 어제처럼 모두 바라보나니, 어느 뉘 두 손으로 받들어 단번에 올려놓았는가."라 해서 해가 하늘로 불쑥 솟아오르는 것은 돌연한 창조임을 말했다. 두 비유는 절대적 가치를 추구하는 인간의 모습을 절묘하게 상징한 듯하다.

夫子之不可及也는
猶天之不可階而升也니라.

不可及은 '미칠 수 없다'는 뜻이다. '猶~'는 '~과 같다'는 뜻을 나타낸다. 階는 사다리 梯(제)와 같은데, '사다리를 걸치다'라는 뜻의 동사로 썼다. '사다리로 오를 수 없다'는 말에 대해 주희는 『맹자』「고자 하」의 말을 인용해 "대인은 억지로 해서 될 수가 있지만 성인의 경지로 화하는 것은 억지로 할 수가 없다."라고 풀이했다.

140강

살아서의 영광

> 선생님께서 나라를 얻으신다면 이른바 "세우면 서고 이끌면 따르고 편안하게 해 주면 이르러 오고 고동시 키면 화평하게 되니, 살아 계시면 누구나 영광스럽게 여기고 돌아가시면 누구나 슬퍼한다."라고 했던 옛사 람 말에 해당하실 것이니, 저희가 어떻게 미칠 수 있겠 습니까? 「자장」 제25장 군자일언이위지 3

계속 이어진다. 자공은 공자를 숭앙하며 공자에게 미칠 수 없음은 마치 하늘을 사다리로 오를 수 없는 것과 같다고 했다. 이어 그 이유를 위와 같이 부연했다.

자공이 인용한 옛사람 말에서 "세우면 서고 이끌면 따르며 편안하게 해 주면 이에 이르러 오고 고동(鼓動)시키면 화평하게 된다."라는 구절은 위대한 인격이 안민과 성물(成物)의 공을 이룸으로써 백성들 각자가 자신이 있어야 할 곳을 얻어 즐거이 살아가며 군주의 덕에 귀의하고 은덕을 입어 화평해진다는 뜻이다.

이어 "살아 계시면 누구나 영광스럽게 여기고 돌아가시면 누구나 슬퍼한다."라는 구절은 위대한 인격에 감화된 백성들이 그의 생전에는 누구나 존경하고 사후에는 진심으로 애도한다는 뜻이다. 원문의 "기생야영(其生也榮) 기사야애(其死也哀)"는 옛사람의 묘비와 묘지에서 망인에 대한 최고의 찬사로 빈번하게 활용되었다. 흔히 애영비지(哀榮備至)라고도 했으니, 살아서의 영광과 죽은 후의 애도가 지극하다는 뜻이다. 선인들은 높은 인물을 기리며 이 말을 썼을 뿐 아니라 스스로도 그러한 평가를 받기를 기대했다.

夫子之得邦家者인댄 所謂立之斯立하며
道之斯行하며 綏之斯來하며
動之斯和하여 其生也榮하고
其死也哀니 如之何其可及也리오.

夫子之得邦家者는 '공자가 나라를 차지해 다스린다면'이라는 가정의 말이다. 所謂는 옛말을 인용했다는 표시인데, 其斯也哀까지 걸린다. 立은 確立(확립)해 줌이다. 斯는 '이에 곧'의 뜻을 나타낸다. 道는 導(도)와 같고, 行은 이끄는 대로 따라감이다. 綏는 편안하게 해 줌, 來는 먼 곳의 사람들도 이쪽으로 옴이다. 動은 鼓動(고동), 鼓舞(고무)이다. 정약용은 斯立과 斯行은 백성들이 명령을 추종함, 斯來와 斯和는 백성들이 교화를 따름이라고 풀었다. 其生也는 '그분이 살아 계시면', 其死也는 '그분이 돌아가시면'이다. 榮은 '어느 사람이든 尊親(존친)한다'는 뜻으로 보기도 하고 '그분이 繁榮(번영)한다'는 뜻으로 보기도 한다. 여기서는 전자를 따랐다. 哀는 누구나 부모를 잃은 것처럼 哀傷(애상)한다는 말이다. 其可及也는 '어찌 미칠 수 있겠는가!'이니, 반어법이다.

141강
정치는 중도를 잡아야

> **요임금이 말했다. "아! 너 순아, 하늘의 역수(曆數)가 네 몸에 있으니 진실로 그 중도를 잡아라. 사해가 곤궁하면 하늘의 녹이 영원히 끊길 것이다."**
>
> 「요왈(堯曰)」제1장 요왈자이순(堯曰咨爾舜) 1

『논어』 20편의 마지막 「요왈」편 첫 장은 전설상의 성군들인 이제 삼왕(二帝三王)의 정치에 대해 서술했다. 위는 그중 첫 번째 부분이다. 「요왈」편은 세 개의 장에 불과하고 체제도 다른 편들과 다르므로 『논어』의 본편이 아니라는 설이 유력하다. 하지만 『논어』의 처음 「학이」편은 학규(學規)를 말하고 마지막 「요왈」편은 정치 강령과 군자의 요결(要訣)을 말하니 수미가 조응한다.

    요임금은 순임금에게 제위를 평화적으로 물려주었는데, 이를 선양(禪讓) 또는 선위(禪位)라 한다. 선양의 때에 요임금은 위와 같이 당부했다고 하며 순임금은 또 우왕에게 선양하며 이 훈화를 전했다고 한다. 훈계의 핵심은 "진실로 그 중도를 잡아라!"라는 뜻의 '윤집기중(允執其中)'이다. 단 이 말은 『서경』의 어구를 점철(點綴)한 듯하다.

현행 『서경』 「우서(虞書) 대우모(大禹謨)」에는 '윤집궐중(允執厥中)'이라 나온다. 지시사가 다르되 뜻은 같다. 그 후 순임금은 우왕에게 선양하면서 "인심을 위태하고 도심은 은미하니, 오직 정밀하고 전일하여야 진실로 그 중을 잡으리라."라고 당부했다고 한다. 순임금의 이 말은 도학에서는 십육자결(十六字訣)이라 해서 매우 중시한다. 십육자결은 인성론과 관련이 더 깊지만, 「요왈」 편에서 '윤집기중'을 말한 것은 정치론의 일부라 서로 주안점이 다른 듯하다. 「대우모」는 문헌의 성립과 관련해 진위를 의심하는 설도 있다.

작고한 어느 대통령의 유품 중에 누군가가 휘호한 '윤집궐중'의 글씨가 있다고 한다. 바로 여기에 나오는 어구이다. 제왕이나 지도자의 철학으로 대단히 의미 있는 말이라고 생각한다.

堯曰, 咨爾舜아, 天之曆數가 在爾躬하니
允執其中하라. 四海困窮하면
天祿이 永終하리라.

咨는 감탄사이다. 中은 中道(중도)를 말하니, 允執其中은 '진실로 그 중도를 잡아라'라는 뜻이다. 曆數는 제왕이 제위나 왕위를 얻는 순서에 담겨 있는 命運(명운)이다. 춘하추동이나 24氣(기) 12節(절)에 순서가 있듯 제위나 왕위에 오르는 일에도 순서가 정해져 있다는 뜻으로 쓰는 말이다. 四海는 천하의 동서남북에 있다는 바다를 말하되, 보통 四海 안인 천하를 가리킨다. 天祿은 하늘이 준 福祿(복록)으로, 천자가 될 명운을 말한다.

142강

誅

사면을 함부로 할 수 없다

> 탕왕이 말했다. "소자 리(履)는 검은 희생을 써서 감히 거룩하신 상제께 밝게 아룁니다. 죄 있는 자를 제가 감히 용서하지 못하며 상제의 신하를 제가 감히 엄폐하지 못하니, 인물을 간택함은 상제의 마음에 달려 있습니다." 「요왈」 제1장 요왈자이순 2

「요왈」 제1장이되, 이번에는 은나라 탕왕의 말이다. 이는 『서경』 가운데 「상서(商書) 탕고(湯誥)」에 나오는 말을 끌어온 것이다. '탕고'란 탕왕이 하나라 걸을 추방하고 제후들에게 포고한다는 뜻이다. 이때 탕왕은 걸은 죄가 있으므로 감히 용서할 수 없고 천하의 어진 이들은 모두 상제의 신하이기에 감히 덮어 둘 수 없어 등용하되, 그 간열(簡閱, 선발)은 상제의 마음에 달려 있기에 자신은 오직 상제의 명령을 따른다고 밝혔다. 하나라 걸이 유죄라고 한 부분은 걸을 내쫓는 뜻뿐 아니라 모든 죄 있는 자를 용서하지 않겠다는 뜻까지 밝힌 것이다.

옛날에는 형벌을 집행할 때 죄악을 하나하나 헤아리는 수죄(數罪)의 포고를 했다. 노나라 정공 14년에 공자는 대사구로 있으면서 노나라 대부 소정묘를 주살했는데, 공자가 소정묘를 수죄한 내용이 『공자가어』 「시주(始誅)」에 나온다. "몹시 나쁜 악인의 유형이 다섯 가지인데, 도둑질하는 자는 여기에 속하지 않는다. 첫째는 거역할 뜻을 품고 음험함을 감추고 있는 자, 둘째는 편벽한 짓을 행하면서 고집불통인 자, 셋째는 거짓말을 하면서 잘 둘러대는 자, 넷째는 괴이한 것을 기억하면서 박식함을 자랑하는 자, 다섯째는 그릇된 것을 받아들이면서 번지르르하게 꾸미는 자이다. 소정묘는 이것을 다 갖추고 있다."

한편 탕왕은 신하를 등용하면서 자신의 선발이 공변된 도리를 따른다고 주장하기 위해 "상제의 명령을 따른다."라고 공언했다. 옛날에는 정치의 잘잘못이 인재의 등용에 관련되어 있다고 여겼으므로, 정치론은 대개 용인(用人)의 문제를 다루었다.

曰, 予小子履는 敢用玄牡하여
敢昭告于皇皇后帝하노니 有罪를
不敢赦하며 帝臣不蔽니 簡在帝心이니이다.

小子는 하늘에 대해 자신을 낮추어 말한 것이다. 履는 탕왕의 이름인 듯하다. 敢은 겸손의 뜻을 드러낸 것이다. 玄牡는 흑색의 수소이다. 은나라 탕왕은 앞서 하나라가 흑색을 숭상했던 禮(예)를 변경하지 않고 상제에게 제사지낼 때 그대로 검은 희생을 썼다. 昭는 '밝고 분명하게'라는 뜻이다. 皇皇은 광대함을 형용한다. 后帝는 天帝(천제)로, 여기서의 后는 君(군)이다. 有罪는 하나라 桀(걸), 帝臣은 천하의 어진 이들이다. 不蔽는 덮어 두지 않고 등용함이다. 簡은 閱(열)의 뜻이다. 「상서 탕고」 편과 『논어』 「요왈」의 이 장에서 나온 '敢昭告于~'의 어구는 유교식 제사의 축문에 쓰인다.

罪

143강
군주는 자신을 꾸짖는다

내 몸에 죄가 있음은 천하의 백성 때문이 아니요,
천하의 백성에게 죄가 있음은 그 죄가 내 몸에
있습니다. 「요왈」 제1장 요왈자이순 3

앞에 나온 탕왕의 말이 이어진다. 마찬가지로 『서경』 가운데 「탕고」에 나오는 말을 끌어온 것이다. 앞서 탕왕은 죄 있는 하나라 걸을 감히 용서해 줄 수 없으며, 천하의 어진 이들의 간열은 상제의 명령을 따를 뿐이라고 밝혔다. 여기서는 군주에게 죄가 있는 것은 백성들의 소치가 아니요, 백성들에게 죄가 있는 것은 실로 군주가 그렇게 만든 것이라고 했다. 자신을 후하게 책하고 남을 박하게 책하는 뜻을 볼 수 있다. 탕왕이 걸을 정벌한 후 제후들에게 고한 말이다.

『춘추좌씨전』 장공(莊公) 11년조에 보면 "우왕과 탕왕은 자기의 허물을 자책했으므로 성대하게 흥했다."라고 했다. 그래서 옛날 군주들은 천재지변이나 내란과 외침 등 나라에 변란이 일어나면 민심을 달래기 위해 자기 자신을 책망하는 글을 지어 발표했다. 천자의 경우라면 그것을 죄기조(罪己詔)라고 하고 제후나 왕의 경우라면 그것을 죄기교서(罪己敎書) 혹은 죄기서, 죄기소, 책기소라고 했다. 이를테면 당나라 덕종(德宗)은 주자(朱泚)의 반역을 피해 봉천(奉天)으로 파천해서 죄기조를 내렸다. 조선의 선조는 왜병이 침략해 의주로 파천했을 때 죄기교서를 선포하고 사신을 팔도에 보내 의병을 일으키게 했다. 죄기교서는 오늘날의 대통령 사과에 해당한다.

어떤 군주는 정세를 모면하려는 미봉책에서 죄기를 가장하기도 했는데, 그 경우 민심은 더욱 이반했다. 성호 이익은 「왕언(王言)」이란 글에서 도리를 어기는 온갖 행위는 모두 어지러운 말에서 비롯된다고 말하고는 "군주가 말을 냈다가 다시 번복하고, 앞에 한 말은 좋고 뒤에 한 말은 악하여 백성으로 하여금 준신(準信)할 수 없게 한다면 어찌 옳겠는가?"라고 경고했다. 아픈 말이다.

朕躬有罪는 無以萬方이오
萬方有罪는 罪在朕躬하니라.

朕躬은 '나의 몸'이다. '無以~'는 '~과 관계없다'는 뜻이다. 萬方은 '모든 곳'이란 말로, 천하의 백성을 가리킨다. 罪在朕躬은 '죄가 나의 몸에 있다'는 뜻이다.

144강
착한 사람이 부유해지다

주나라에 크게 준 선물이 있으니, 착한 사람이 부유하게 되었다. 「요왈」 제1장 요왈자이순 4

「요왈」 제1장은 요임금의 경계, 탕왕의 포고에 이어 주나라 무왕이 은나라 주왕을 정벌하고 하늘에 맹세한 말을 기록했다. 무왕의 맹세는 『서경』 「주서 무성(武成)」편에 나온다.

조선 전기의 심언광(沈彦光)은 산의생(散宜生)이 무왕을 칭송하는 형식에 가탁해 지은 「수만방루풍년송(綏萬邦屢豐年頌)」에서 이렇게 썼다. "지난날 은나라 주왕 때는 백성들이 고초 겪고 굶주려서 피눈물 흘리며 근심 걱정하더니, 우리 군주께서 천하를 다스리시매 백성은 편안하고 물자는 풍부하여 착한 사람들이 부유하게 되었다."

착한 사람이 부유하게 된다는 것은 착한 사람이 복을 받게 되어 있다는 말로, 무왕이 새 왕조의 정당성을 선언한 것이다. 조선왕조실록의 『세조실록』 총론에는 세종대왕이 지었다는 「몽중작(夢中作)」이라는 시가 나온다. 세조가 자신의 즉위를 합리화하기 위해 지은 시일 가능성이 높으나, 이 시에는 조선 왕조의 번영을 구가하고 제왕이 경천

근민(敬天勤民)해서 수성할 것을 다지는 '국왕다운' 뜻이 들어 있다. "비가 교외의 들에 넉넉하니 백성들의 마음이 즐겁고, 해가 경도(서울)를 비추자 기쁜 기색이 새롭다. 경복 많은 것이 비록 열성(列聖)의 적덕누인(積德累仁) 때문이라 하지만, 다만 우리 군주를 위해 청하나니 그 몸을 신중히 하소서." 첫째 구와 둘째 구는 이 장에 나온 무왕의 맹서와 같은 의미를 담고 있다.

하지만 개인의 삶에서는 과연 착한 사람이 부유해진다고 할 수 있을까? 사마천은 「백이열전」에서 이렇게 말했다. "천도는 편애하는 일 없이 늘 착한 사람을 편든다고 하지만, 공자의 제자 가운데 가장 학문을 좋아하던 안연이 가난 속에 요절하고 도적의 두목인 도척이 천수를 누린 것은 어째서인가? 천도가 존재한다고 한다면 천도는 잘못되어 있는 것 아닌가?" 우리 사회는 이 질문에 어떻게 대답할 것인가?

周有大賚(주유대뢰)하신대 善人(선인)이 是富(시부)하니라.

周有大賚는 『서경』 「무성」에는 '大賚于四方'으로 되어 있다. 하늘이 주나라에 부여한 커다란 선물이 있다는 말이다. 단 주희는 무왕이 은나라를 이기고 사해에 크게 선물을 내렸다는 뜻으로 풀이했다. 善人是富은 '착한 사람이 이에 많아졌다'는 말로 해석하기도 한다. 하지만 주희는 '주나라가 선물을 내려 착한 사람이 이에 부유해졌다'는 뜻으로 풀이했다. 정약용은 주희의 설을 따랐다. 여기서도 주희의 설을 따른다.

145강
백성의 과실은 나의 죄

비록 지극히 가까운 친척이 있으나 어진 사람이
있는 것만 못하며, 백성들의 과실에 대한 책임은
나 한 사람에게 있다. 「요왈」 제1장 요왈자이순 5

앞에 이어 무왕이 은나라 주왕을 정벌한 뒤 맹세한 말 가운데 일부이다. 이 말은 『서경』「주서 태서」에 나온다.

　무왕은 주왕에게 미자, 기자, 비간 등 가까운 친척인 성인들이 있었지만 그들이 주왕의 탐악을 구제하지는 못했으니, 자신의 주나라에 현신들이 많은 것에는 미치지 못한다고 자부했다. 그 후 무왕은 전쟁을 마치고 수레에서 내리기 전에 황제와 요순의 후예를 봉하고, 내려서는 미자를 봉한 후 기자를 풀어 주고 비간을 정표(旌表)했다.

　「태백」 제20장에 나왔듯 무왕은 "내게는 세상을 다스릴 신하가 열 명이 있다."라고 말했다. 이 말은 『서경』「태서 중」에서 "내게는 다스리는 신하 열 명이 있는데, 그들과 나는 마음이 같고 덕이 같다."라고 한 말에 근거했다. 인재는 시대마다 있다고 하며, 또 차선의 인물로 자리를 채울 수 있다는 뜻의 대궤(代匱)란 말도 있기는 하다. 『춘추좌씨전』성공(成公) 9년의 기록에서는 예전의 시를 전하며 "무릇 어떤 사람이든 인재가 부족하면 대신 쓰이지 못하는 일이 없는 법이다."라고 했다. 하지만 「태백」 제20장에서 공자는 "인재는 얻기 어렵다더니 정말 그렇지 않은가?"라고 말했다. 인재를 얻기 어려운 줄 알아야 정치를 잘할 수 있다는 뜻이다.

한편 무왕은 "백성들의 과실에 대한 책임은 나 한 사람에게 있다."라고 해서 군주의 책임이 무한함을 강조했다. 『서경』 본문의 맥락으로 보면 이 말은 '지금 나는 은나라를 치러 반드시 갈 것이다.'라고 결심한 것이다. 그러나 여기서는 탕왕이 "천하의 백성에게 죄가 있음은 그 죄가 내 몸에 있다."라고 한 말과 뜻이 같다.

雖有周親이나 不如仁人이오
百姓有過가 在予一人이니라.

周親은 주희에 따르면 '지극히 가까운 친척'이다. 주왕의 至親(지친)이었던 미자, 기자, 비간 등을 가리킨다. 不如仁人은 어진 사람이 있는 것만 못하다는 뜻이니, 주나라에 어진 賢臣(현신)이 많은 것에는 미치지 못한다고 자부한 말이다. 『서경』의 문맥에서는 이 설명이 옳다. 단 공안국의 해설에 따르면 周親은 '주나라 姬氏(희씨)의 친척'이고 仁人은 미자, 기자, 비간을 가리킨다. 즉 이 구절은 어진 이를 등용하는 데 바빠 주나라 친척을 分封(분봉)할 겨를이 없다는 뜻이 된다. 정약용도 이 설을 따랐다. 百姓有過는 '백성들에게 과실이 있다면'이라는 뜻이다. 在予一人은 '군주인 나 자신에게 있다'는 말이다. 단 『서경』의 옛 주석은 過를 '꾸짖음'으로 보고, '오늘날 백성들이 나를 꾸짖어 내가 商(상, 은나라)의 죄를 바로잡지 않는다고 말한다'는 뜻으로 보았다.

政 146강 올바른 정치의 요건

> 도량형을 삼가고 법도를 살피며 폐지된 관직을 다시
> 닦으니 사방의 정치가 제대로 행해졌다.
>
> 「요왈」 제1장 요왈자이순 6

앞에서 이어진다. 「요왈」 제1장은 요임금의 선양 때 훈사, 탕왕의 죄기, 무왕의 은나라 정벌 때 서약 등을 서술한 후 성군들이 정치를 구체적으로 실행할 때 '도량형을 삼감', '법도를 살핌', '폐지된 관직을 다시 닦음' 등 세 가지를 우선 중시했다고 말했다. 이 이하를 무왕의 정치에만 해당하는 것으로 풀이하는 설도 있다.

'도량형을 삼감'은 도량형을 엄밀하게 규정하고 공인된 도량형을 유포해 사용하게 하는 것을 말한다. 이렇게 하면 물자가 효율적으로 유통되며 사람들 사이의 신뢰가 강화될 수 있을 것이다. '법도를 살핌'은 예악과 법제를 상세하게 규정하는 것을 말한다. 예악과 법제는 사회 질서를 유지하기 위해 불가피한 수단이다. 현대에는 정치 제도의 운영에서 예악의 문제를 고려하지는 않지만, 예악의 관습적 측면은 여전히 현대 정치에서 활용될 수 있을 것이다. 한편 '폐지된 관직을 다시 닦음'은 필요한 관직이거늘 이런저런 이유로 없어진 관직을 부활시키고 어진 사람을 그 관직에 임명하는 일을 말한다. 관직의 재검토와 복설(復設)은 행정을 효율화하는 데 매우 중요한 요건일 수 있다.「요왈」편은 이 세 가지가 중앙의 군주에 의해 제대로 이루어진다면 사방의 제후들이 다스리는 영지까지 올바른 정치가 행해질 수 있다고 말한다.

「요왈」제1장의 정치론은 지방 분권을 제창하는 현대 정치의 관점에서 볼 때 적절하지 않을 수도 있다. 하지만 도량형, 예악과 법제, 관청의 중앙 조직을 지방에 강제하라는 뜻이 아니다. 중앙에서 이 세 가지가 제대로 이루어지지 않는다면 어떻게 지방 정치가 올바로 이루어지겠는가?

謹權量하며 審法度하며
修廢官하신대 四方之政이 行焉하니라.

權은 저울과 추, 즉 秤錘(칭추)이다. 量은 부피와 양을 재는 되로, 斗斛(두곡)을 말한다. 權量을 삼간다는 것은 度量衡(도량형)의 기준을 일정하게 해서 물물 교환이 안정적으로 이루어지도록 한다는 뜻이다. 審은 審議(심의)이다. 여기서는 법도를 살펴 법령의 存廢(존폐)를 제대로 판단하는 것을 말한다. 法度는 法律(법률), 制度(제도), 禮樂(예악) 등 정치 및 사회의 질서를 가리킨다. 修廢官은 앞서 폐지된 관직을 다시 살펴서 賢人(현인)을 등용하는 일이다. 四方은 천자가 직접 다스리는 畿內(기내)의 바깥을 말하는데, 諸侯(제후)의 영지가 이에 해당한다.

147강

천하의 민심이 돌아오다

**멸망한 나라를 일으켜 주고, 끊어진 대를 이어 주고,
숨은 사람을 등용하시자 천하의 민심이 돌아왔다.**

「요왈」 제1장 요왈자이순 7

앞에서 이어진다. 여기서는 주나라 무왕의 초기 정사를 서술함으로써 정치의 요체를 말하고 있다. 곧 무왕이 '멸망한 나라를 일으켜 줌', '끊어진 대를 이어 줌', '숨은 사람을 등용함'의 세 가지 정치를 행하자 천하의 민심이 돌아왔다고 했다.

멸망한 나라를 일으켜 주고 끊어진 대를 이어 주었다는 것은 무왕이 은나라를 정복하고 수레에서 내리기 전에 황제, 요, 순의 후손을 봉하고 수레에서 내린 후 하나라와 은나라의 후손을 봉한 일을 말한다. 숨은 사람을 등용했다는 것은 갇혀 있던 기자를 석방시켜 주고 은나라 대부 상용(商容)의 마을에 경의를 표해 그 지위를 회복시켜 준 일을 말한다. 주희는 이 세 가지가 모든 사람들이 원하던 바였기 때문에 민심이 무왕에게 돌아왔다고 풀이했다.

고려 말인 1374년 9월 공민왕이 시해되고 우왕이 즉위한 후, 목은

이색은 죽은 충숙왕의 부인으로서 82세의 고령이던 왕대비를 대신해 명나라 측에 우왕의 즉위를 인정해 달라고 압박하는 진정표(陳情表)를 작성했다. 국가의 위세를 보존하기 위해 고심한 뜻이 다음 문장 속에 잘 나타나 있다. "멸망한 나라를 다시 일으켜 주고 끊어진 세대를 이어 주는 것이야말로 성인의 위대한 정사라고 했습니다. 그런데 본국의 경우는 아직 나라가 멸망하지도 않았고 세대가 아직 끊어지지도 않았음에야 더 말해 무엇하겠습니까?" 곧 이 장의 구절을 인용해서 우왕의 지위를 국제적으로 인정받고자 하는 뜻을 전달한 것이다. 고전을 외교 문서에 활용한 방식이 정말로 탁월하다.

興滅國하며 繼絕世하며
舉逸民하신대 天下之民이 歸心焉하니라.

興滅國은 멸망한 나라의 자손을 찾아내 후예로 삼음으로써 나라를 부흥시킴이다. 舉絕世는 本宗(본종)의 자손이 끊어진 집안을 부흥시킴이다. 逸民은 은둔해 있는 어진 사람을 말한다. 歸心은 진심으로 귀의함이다. 焉은 문장을 맺는 말로, '~으로'라는 뜻을 포함한다.

148강

민생을 앞세우다

소중히 여겼던 것은 백성의 식량과 상례와 제례였다.
「요왈」 제1장 요왈자이순 8

계속 이어진다. 이번에는 주나라 무왕의 정사를 서술함으로써 정치의 요체를 말했다.

이 글은 『서경』 「무성」 편에서 "중민오교(重民五敎)하되 유식상제(惟食喪祭)라 하니라."라고 한 말과 유사하되 앞부분이 다르다. 「무성」의 말은 "백성의 오교(五敎, 오륜)를 중히 여기되 식량과 상례와 제례를 함께 중시했다."라는 뜻이다. 「무성」에서는 오교를 중시한 것과 백성들의 식량과 상례, 제례를 중시한 것을 병렬했으나, 여기서는 무왕이 정치에서 중시한 것이 백성의 식량과 상례, 제례였다고 했다. 정약용은 「무성」은 후대의 위작이며 문제의 구절은 「요왈」 제1장의 이 구절을 변형한 것이라고 보았다.

기자가 지었다는 「홍범」은 나라를 다스리는 데 필요한 여덟 가지를 팔정(八政)이란 이름으로 정리했다. 곧 식(食), 화(貨), 사(祀), 사공(司空), 사도(司徒), 사구(司寇), 빈(賓), 사(師)이다. 「홍범」이 정치의 요건으로 음식, 재물, 제사를 먼저 꼽은 것은 「요왈」 제1장의 이 부분과 통한다. 정약용은 양생송사(養生送死)를 존중하는 뜻이 담겨 있다고 해석했다.

『맹자』「양혜왕 상」에서도 이렇게 말했다. "곡식과 물고기, 자라를 이루 다 먹을 수 없고 재목을 이루 다 쓸 수 없다면 이는 백성으로 하여금 살아 있는 이를 봉양하고 죽은 이를 장송함에 유감이 없게 하는 것이니, 살아 있는 이를 봉양하고 죽은 이를 장송함에 유감이 없게 하는 것이 왕도의 시작입니다."

공자가 백성의 식량을 중시했다는 사실은 「안연」 제7장에 나타나 있다. 자공이 공자에게 정사의 요체를 묻자 공자는 풍족한 양식과 군대의 양성과 백성의 믿음을 거론했고, 부득이 하나씩 버려야 한다면 어떻게 해야 하느냐고 묻자 우선 군대를 버리고 다음에 양식을 버리되 백성의 믿음은 버릴 수 없다고 대답했다. 백성의 믿음이 가장 중요하며 양식과 군대를 비교하면 양식이 더 중하다고 본 것이다. 정책 수립에서 백성의 생계 안정을 가장 앞세워야 한다는 점은 오늘날에도 변함이 없다.

所重은 民食喪祭러시다.

所重은 '중히 여긴 바'라는 말로, 정치의 요건으로 간주해 소중히 한 것이란 뜻이다. 民食喪祭는 民食, 喪, 祭의 세 가지를 거론한 것이다. 民食은 식량이다. 喪은 葬送(장송), 祭는 奉祭祀(봉제사)를 말한다.

149강

민심을 얻는 방법

너그러우면 민중을 얻고 신의가 있으면 백성들이 신임하며 민첩하면 공적을 이루고 공정하면 백성들이 기뻐한다. 「요왈」 제1장 요왈자이순 9

「요왈」 제1장의 마지막은 제왕의 도를 말했다. 즉 '너그러움', '신의 있음', '민첩함', '공평함'의 네 가지를 거론했다.

그런데 이 네 가지 가운데 '너그러움', '신의 있음', '민첩함' 등 셋은 「양화」 제6장에서 공자가 인의 요소로 거론한 공(恭), 관(寬), 신(信), 민(敏), 혜(惠)의 다섯 가지 가운데 셋과 일치한다. 자장이 인에 대해 물었을 때 공자는 그 다섯 가지를 천하에 실행하면 그것이 인이라고 대답하고는 이렇게 부연했다. "공즉불모(恭則不侮)하고 관즉득중(寬則得衆)하고 신즉인임언(信則人任焉)하고 민즉유공(敏則有功)하고 혜즉족이사인(惠則足以使人)이니라." 공손하면 모욕을 받지 않고 너그러우면 많은 사람을 얻게 되며 성실하면 남이 나를 의지하고 민첩하면 공적을 세우며 은혜로우면 충분히 사람을 부릴 수 있다는 뜻이다.

대개 「요왈」 편은 후대에 덧붙인 듯하고 그 취지도 『논어』의 중심 사상과 조금 다르다고 한다. 하지만 송나라 때 양시(楊時)는 이렇게 말했다. "『논어』는 모두 성인의 은미한 말씀인데, 제자들이 전하고 지켜 이 도를 밝힌 것이다. 그리고 마지막 편에서는 요임금과 순임금이 명령하신 말씀, 탕왕과 무왕이 군사들 앞에서 맹세한 뜻, 그리고 정사에 시행한 일들을 자세하게 기재해 성학(聖學)이 전하는 바가 이렇게 한결같음을 밝혔다." 「요왈」 편이 오히려 『논어』 전체의 대지(大旨)를 잘 드러냈다고 본 것이다. 무시할 수 없는 논평이다.

요컨대 위정자라면 공, 관, 신, 민, 혜의 다섯 가지에 여기서 말한 공(公)을 추가한 여섯 가지 덕목을 지니도록 해야 할 것이다.

寬則得衆하고 信則民任焉하고
敏則有功하고 公則說이니라.

寬則得衆, 信則民任, 敏則有功 세 구절은 「양화」 제6장에서 공자가 仁(인)에 대해 말한 내용과 겹친다. 그래서 세 구절은 衍文(연문), 즉 군더더기 어구로 간주하기도 한다. 마지막의 公則說은 군주가 공평무사하면 백성들이 모두 만족해 기뻐한다는 뜻이다. 說은 悅(열)과 같다.

政

150강
정치에 종사하는 방도

오미(五美)를 높이고 사악(四惡)을 물리치면 정치에 종사할 수 있다. 「요왈」 제2장 존오미병사악(尊五美屛四惡) 1

「요왈」 제2장은 자장이 공자에게 어떻게 해야 정사에 종사할 수 있느냐고 묻자 공자가 그 방도를 자세하게 일러 준 내용이다. 우선 공자는 오미(五美)를 높이고 사악(四惡)을 물리치면 제대로 된 정사를 펼 수 있다고 개괄적으로 말했다.

이 장은 앞의 여러 편과 중복되는 내용이 많다. 하지만 송나라의 윤돈은 "정치에 대해 묻는 질문에 대답해 주신 것이 많지만 이와 같이 구비된 말은 있지 않으므로, 이를 기록해 제왕의 정치에 관해 기록한 장 뒤에 이어 두었다. 이 장을 통해서 공자의 정치관을 알 수가 있다."라고 했다. 정약용도 이 장은 백성을 다스리는 묘결(妙訣)을 말한 것이라 앞서 왕정에 대해 말한 사실을 기록한 장의 바로 뒤에 실어 둔 것이라고 보았다.

오미는 무엇인가. 백성들에게 은혜를 베풀되 재화를 낭비하지 않는 것, 백성들을 수고롭게 하되 백성들이 원망하지 않도록 하는 것,

욕심을 지니지만 남의 것을 결코 탐하지 않는 것, 태연한 자세를 취하지만 교만하게 굴지 않는 것, 위엄을 지니지만 사납지 않은 것의 다섯 가지 미덕이다.

사악은 무엇인가. 백성들을 교육시키지 않고서 백성들이 범죄를 저지르자마자 죽이는 일, 백성들에게 평소 주의를 주어 지도하지 않고는 백성들에게 실적을 보이라고 강요하는 일, 명령을 제때 내리지 않고서는 백성들에게 기한을 반드시 지키라고 재촉하는 일, 반드시 다른 관리에게 내주어야 하거늘 물건 내주기를 아깝게 여기는 일의 네 가지 악덕이다.

오미와 사악에 대해서는 뒤에서 살펴보기로 한다. 군주제에 해당하는 내용이지만, 현대 정치에도 응용할 수 있다.

尊五美하며 屛四惡이면 斯可以從政矣리라.

尊은 높여 받든다는 말이다. 遵(준)으로도 쓴다. 屛은 除去(제거)함이다. 斯는 '그러면 이에'라는 뜻이다. 從政은 정치를 담당해 실제 政務(정무)를 보는 것을 말한다.

151강

위정자의 다섯 가지 미덕

자장이 말했다. "무엇을 오미라고 합니까?" 공자께서 말씀하셨다. "군자는 백성들에게 은혜를 베풀되 허비하지 않으며, 백성들을 수고롭게 하되 백성들이 원망하지 않도록 하며, 욕심을 지니지만 남의 것을 탐내지 않으며, 여유 있되 교만하지 않으며, 위엄을 지니지만 사납지 않다." 「요왈」 제2장 존오미병사악 2

앞 강과 이어진다. 자장이 어떻게 해야 정사에 종사할 수 있느냐고 묻자, 공자는 오미를 높이고 사악을 물리치면 된다고 개괄적으로 말했다. 그러자 자장이 오미란 구체적으로 무엇이냐고 물어 공자는 그 내용을 위와 같이 자세하게 설명했다.

'백성들에게 은혜를 베풀되 허비하지 않음'은 공자가 「학이」 제5장에서 "절약해 쓰고 백성을 사랑하라."라고 했던 말과 통한다. 공자는 민생의 안정을 위해서는 위정자가 절검(節儉)해야 한다고 보았다.

'백성들을 수고롭게 하되 백성들이 원망하지 않도록 함'은 「자장」 제10장에서 자하가 "군자는 백성들에게 신임을 얻은 뒤에 백성을 수고롭게 하니, 신임을 얻지 못하고 수고롭게 하면 백성들은 군자가 자기를 괴롭힌다고 여긴다."라고 한 말과 통한다. '욕심을 지니지만 남의 것을 탐내지 않음'은 위정자라면 인정(仁政)을 베풀기를 욕망해야 하지만 다른 사람의 것을 탐해서는 안 된다는 뜻이다. 국가의 재부(財富)를 군주의 소유물로 간주하던 시기에 군주의 탐욕을 억제하기 위해 세운 덕목일 것이다.

'여유 있되 교만하지 않음'은 「자로」 제26장에서 "군자(君子)는 태이불교(泰而不驕)하고 소인(小人)은 교이불태(驕而不泰)니라."라고 한 말에 이미 나왔다. "군자는 여유 있되 교만하지 않고 소인은 교만하되 여유가 없다."라는 뜻이었다. '위엄을 지니지만 사납지 않음'은 「술이」 제37장에서 공자의 태도를 두고 "자온이려(子溫而厲)하시며 위이불맹(威而不猛)하시며 공이안(恭而安)이러시다."라고 한 말에 이미 나왔다. "공자께서는 온화하면서도 엄숙하고 위엄이 있으면서도 사납지 않으며 공손하면서도 자연스러우셨다."라는 뜻이었다.

공자가 말한 군자오미의 다섯 덕목은 현대의 위정자에게도 요구되지 않겠는가?

子張曰, 何謂五美니잇고.
子曰, 君子 惠而不費하며 勞而不怨하며
欲而不貪하며 泰而不驕하며 威而不猛이니라.

不費는 자신의 재산을 낭비하지 않음이다. 欲而不貪은 위정자는 욕망을 지니되 그렇다고 다른 사람의 것을 탐하지는 않는다는 뜻이다.

152강

은혜롭되 허비하지 않는다

백성들이 이롭게 여기는 것에 의거해 이롭게 하니,
이것이 은혜롭되 허비하지 않는 것 아니겠는가!

「요왈」 제2장 존오미병사악 3

앞에서 이어진다. 자장의 질문에 응해 공자가 오미에 대해 상세히 설명했으나, 자장은 오미 가운데 '은혜롭되 허비하지 않음'이란 무슨 뜻이냐고 물었다. 공자는 오미의 하나하나에 대해 부연하기 시작했다. 위는 그 가운데 '은혜롭되 허비하지 않음'에 대해 부연한 말이다.

'은혜를 베풀되 허비하지 않음'은 앞서 말했듯 「학이」 제5장에서 "절약해 쓰고 백성을 사랑하라."라고 했던 말과 통한다. 그런데 이를 풀이한 '백성들이 이롭게 여기는 것에 의거해 이롭게 함'은 『맹자』 「진심 상」에서 "살지이불원(殺之而不怨)하며 이지이불용(利之而不庸)이라."라고 한 말과 연결될 수 있다.

『맹자』의 구절은 "죽여도 원망하지 않으며 이롭게 해도 공으로 여기지 않는다."라는 뜻이다. 백성들이 싫어하는 바에 의거해 악한 자를 제거하는 것이지 백성을 죽이려 하는 데 마음을 두는 것이 아니므로 백성들이 원망하지 않고, 백성들이 이롭게 여기는 것에 의거해 이롭게 하는 것이지 억지로 이롭게 하겠다는 마음을 두지 않으므로 위정자가 자기 공적으로 여기지 않는다는 뜻이다.

백성들의 욕구를 고려해 백성들의 삶을 이롭게 하는 정책을 실시하는 일은 『서경』「주관(周官)」의 "영출유행(令出惟行) 불유반(弗惟反)"이란 말과도 상관이 있다. "명령을 내는 것은 순순히 행하려 함이지 역행하려 함이 아니다."라는 뜻이다.

백성들이 스스로 이익으로 여기는 것이란 선량한 일반인들이 자기 삶을 풍요롭게 하기 위해 정당하게 욕구하는 바를 가리킨다. 백성이 부당한 욕망을 지닐 수 있다는 것은 예상하지 않으므로, 백성을 적으로 돌리지 않는 태도가 낭만적이라면 낭만적이다. 하지만 백성들의 양심과 건전한 욕망을 신뢰하는 그 정신 자세야말로 오늘날 위정자들이 지녀야 할 가장 기본적인 덕목 아니겠는가.

인 민 지 소 리 이 리 지
因民之所利而利之니
사 불 역 혜 이 불 비 호
斯不亦惠而不費乎아.

因民之所利는 '백성들이 스스로 이익으로 여기는 것에 근거해서'라는 뜻이다. 利之는 그들을 이롭게 한다는 말이다. 斯는 '이것이'이다. '不亦~乎'는 '또한 ~이 아니겠는가!'로, 강조의 어조를 지닌다.

擇

153강
수고롭게 해도 원망 없도록

**수고롭게 할 만한 일을 가려서 수고롭게 하니,
또 누구를 원망하겠는가!** 「요왈」 제2장 존오미병사악 4

앞에서 이어진다. 오미 가운데 두 번째 덕목인 '백성들을 수고롭게 하되 백성들이 원망하지 않도록 함'에 대해 부연한 말이다. 즉 백성들을 수고롭게 하되 백성들이 원망하지 않도록 하는 방법은 '수고롭게 할 만한 일을 가려서 수고롭게 함'이라고 밝혔다.

'수고롭게 할 만한 일'에 대해 정약용은 흥리어환(興利禦患)의 일을 가리킨다고 보았다. 흥리어환이란 백성의 이익을 일으키고 환란을 막는 것을 뜻한다. 이를테면 농경에 필요한 보와 저수지 수축, 도로와 교량의 건설이나 하천의 준설, 공동 이익을 창출하기 위한 산림 개발과 어장의 확보 등은 흥리에 해당하며 외침에 대비한 군사 훈련과 방어 진지 구축 등은 어환에 해당할 것이다.

조선 전기의 김수온(金守溫)은 문의현(文義縣) 민화루(民和樓)의 축성을 기념하는 글에서 "누정은 없어도 되지만 백성은 없어서는 안 되고, 누대는 낮아도 되지만 백성들은 수고롭게 해서는 안 된다."라고 전제하고, 이 누대만은 안민과 부민(富民, 백성들을 부유하게 함)을 이룬 뒤 백성의 뜻에 따라 지은 것이므로 민화(民和, 백성들과 화합함)의 상징이라고 칭송했다.

앞서 언급했듯,「자장」제10장에서 자하는 위정자들이 주의할 점을 지적해 "군자는 백성들에게 신임을 얻은 뒤에 백성을 수고롭게 하니, 신임을 얻지 못하고 수고롭게 하면 백성들은 군자가 자기를 괴롭힌다고 여긴다."라고 했다. 자하는 위정자의 신뢰성을 중시한 데 비해 여기서 공자는 백성들의 건전한 욕망을 중시했다. 두 관점 모두 오늘의 위정자들에게 절실하게 요청된다.

擇可勞而勞之어니 又誰怨이리오.

擇可勞는 백성들이 스스로의 건전한 욕구와 관련이 있어 수고와 노동을 감내하겠다고 나서는 일을 선택한다는 뜻이다. 勞之는 '그들(백성)을 수고롭게 한다'는 뜻이다. 誰怨은 '누가 원망하겠는가?'로도, '누구를 원망하겠는가?'로도 풀이할 수 있다. 誰를 주어로 볼 수도 있고, 의문문에서 목적어인 의문사가 앞으로 나왔다고 볼 수도 있기 때문이다.

154강
節 남의 것은 욕망하지 않는다

인(仁)을 얻고자 해서 인을 얻으니 또 무엇을 탐하겠는가? 「요왈」 제2장 존오미병사악 5

계속 이어진다. 오미 가운데 세 번째 덕목인 '욕심을 지니지만 남의 것을 탐내지 않음'에 대해 부연한 말이다. 여기서는 '욕심을 지님'을 '인(仁)을 얻고자 바람'이란 뜻으로 재차 정의했다.

「술이」 제15장에서 공자는 백이와 숙제에 대해 "인을 추구해서 인을 얻었으니 또 무엇을 원망했겠는가?"라고 했는데, 그 구인득인(求仁得仁)의 경지가 여기서의 욕인이득인(欲仁而得仁), 즉 '인을 얻고자 해서 인을 얻음'과 통한다. 이를 근거로 위의 구절을 생각하면 위정자가 인의 도를 추구해서 완성하면 그것으로 만족하므로 백성의 재물을 탐내지 않는다는 뜻으로 풀이할 수도 있고, 위정자가 인의 도를 완성하면 백성들도 인의 도를 이루려고 흥기하므로 달리 바랄 것이 없다는 뜻으로 풀이할 수도 있다.

그런데 정약용은 '욕인'을 '백성을 편안하게 하려 함'이라고 풀이했다. 그리고『목민심서』에서는 욕인을 대탐(大貪, 큰 탐욕)이라고 은

유했다. 그래서 "청렴은 천하에서 가장 큰 장사이므로 큰 탐욕을 지닌 사람은 반드시 청렴하다. 사람이 청렴하지 않은 이유는 지혜가 짧아 그러는 것이다."라고 했다. 이어 「이인」 제2장의 "인자(仁者)는 안인(安仁)하고 지자(知者)는 이인(利仁)이니라."라는 말을 끌어와 "염자(廉者)는 안렴(安廉)하고 지자(知者)는 이렴(利廉)이니라."라고 했다. "청렴한 사람은 청렴을 편안하게 여기고 지혜로운 사람은 청렴을 이롭게 여긴다."라는 뜻이다.

청렴한 사람이 청렴을 편안하게 여기고 지혜로운 사람이 청렴을 이롭게 여기는 것은 어째서인가? 정약용은 자문자답했다. "재물은 사람이라면 누구나 크게 욕망하는 것이다. 하지만 재물보다 더 크게 욕망하는 것이 있기 때문에 재물을 취하지 않는 것이다." 군자는 청렴을 통해 인의 도를 이루려는 '큰 탐욕'을 지니고 있기에 남의 재물을 탐내는 '작은 탐욕'을 부리지 않는다는 말이다. 멋진 말이 아닌가!

欲仁而得仁이어니 又焉貪이리오.
(욕인이득인)   (우언탐)

欲仁而得仁은 '인을 욕망하여 인을 얻음', 즉 '인을 추구하여 인을 이룸'을 뜻한다. 又焉貪은 '또 무엇을 탐하겠는가?'라는 말이다. 焉은 '무엇을'이라는 뜻의 의문사이다. 짧은 문장에서 의문사가 목적어라 동사 앞으로 나온 것이다.

155강

여유 있되 교만하지 않다

> **군자는 많거나 적거나 작거나 크거나 관계없이 감히 교만함이 없으니, 이것이 여유 있되 교만하지 않음이 아니겠는가!** 「요왈」 제2장 존오미병사악 6

오미 가운데 네 번째 덕목인 '여유 있되 교만하지 않음'을 부연한 말이다. 여기서는 '교만하지 않음'에 대해 '많거나 적거나 작거나 크거나 관계없이 감히 교만함이 없음'이라고 설명했다.

많거나 적거나 작거나 크거나 간에 관계없다는 것은 내가 가진 것과 관계없다는 뜻으로 볼 수도 있고 상대방이 가진 것과 관계없다는 뜻으로 볼 수도 있다. 그러나 「자로」 제26장에서 "군자는 여유 있되 교만하지 않고 소인은 교만하되 여유가 없다."라고 말한 것에 비추어 본다면 '내가 가진 것의 많고 적음, 작고 큼에 관계없이'로 보아야 할 듯하다.

한편 감히 교만하지 않는다는 것은 『서경』 「강고」에서 "성인 문왕은 환과고독 등 의지할 곳 없는 사람들을 감히 업신여기지 않았다."라고 했을 때의 '불감모(不敢侮, 감히 업신여기지 않음)'와 연결 지어 생각할 수 있다. 그렇다면 '상대방이 가진 것의 많고 적음, 작고 큼에 관계 없이'라는 풀이가 옳을 수 있다.

인조 때 비변사 대신들이 대마도주의 외교 문서를 수령하지 않자 조익은 교린의 도리에 비춰 문서를 받는 것이 옳다고 주장하면서 이렇게 말했다. "성인은 환과고독을 감히 업신여기지 않았다고 했는데, 환과고독이 어찌 두려워할 만한 존재라서 그랬겠습니까? 군자는 많고 적거나 크고 작거나 감히 교만하게 대하지 않는 법이라고 공자께서는 말씀하셨는데, 적고 작은 사람들에게 어찌 두려워할 만한 점이 있어서 그랬겠습니까?" 『서경』과 『논어』의 구절을 인용해 실리 외교를 주장한 것이다.

성인은 사람을 대할 때 두루 사랑하지 않는 일이 없었다. 이 어찌 본받아야 할 일이 아니겠는가.

君子는 無衆寡하며 無小大히 無敢慢하니
斯不亦泰而不驕乎아.

無衆寡와 無小大는 서로 반대되는 뜻을 지닌 두 형용사의 복합어에 無를 더해 그 형용사들이 지시하는 양 극단의 어느 경우라도 관계없다는 뜻을 나타낸다. 그런데 조선의 조익과 정약용은 無衆寡와 無小大를 호문으로 보아 '상대방이 많으면서 크든 적으면서 작든 관계없이'라고 풀었다. 無敢은 '감히 ~함이 없다', '감히 ~하지 않는다'는 뜻이다. 斯는 '이것이'이다.

156강

위엄 있되 사납지 않다

군자는 의관을 바르게 하고 시선을 존엄하게 해서
엄숙하므로 사람들이 보고 두려워하니, 이것이 위엄이
있으면서도 사납지 않음이 아니겠는가!

「요왈」 제2장 존오미병사악 7

끝으로 오미 가운데 마지막 덕목인 '위엄을 지니지만 사납지 않음'을 부연한 말이다. 곧 '의관을 바르게 함'과 '시선을 존엄하게 함'을 통해 '엄숙하므로 사람들이 보고 두려워하도록 하라'는 것이다.

'위엄을 지니지만 사납지 않음'이란 말은 앞서 말했듯 「술이」 제37장에서 공자의 위의를 '위엄을 지니지만 사납지 않다'고 표현한 것과 일치한다. 그런데 『논어』는 군자의 태도로 장중함과 온화함을 함께 존중했다. 즉 「자장」 제9장에서 자하는 군자에게는 삼변(三變)이 있다고 하여, 멀리서 바라보면 외모가 장중하고 앞에 다가가면 안색이 온화하며 말을 들어보면 언사가 명확하다고 했다.

'의관을 바르게 함'과 관련해 의관정제(衣冠整齊)란 말이 있다. 이는 북송의 진백(陳柏)이 「숙흥야매잠(夙興夜寐箴)」에서 "새벽 일찍 일어나 세수하고 빗질하고 의관을 차리고 단정히 앉아 몸을 추슬러야 한다."라고 가르친 것과 관련 있다. 이황도 『성학십도』 제10도를 '숙흥야매잠도'라 이름 붙였다.

'시선을 존엄하게 함'은 「계씨」 제10장에서 공자가 시(視)·청(聽)·색(色)·모(貌)·언(言)·사(事)·의(疑)·분(忿)·견득(見得)에서 마음을 전일하게 지니라고 가르쳤던 구사(九思)의 교훈에서 '시'의 전일을 강조한 것과 통한다.

'엄숙하므로 사람들이 보고 두려워함'은 군자의 중후함을 강조한 말이다. 「학이」 제8장에 "군자는 중후하지 않으면 위엄이 없다."라고 했다. 이를테면 『맹자』 「양혜왕 상」에서 맹자는 양나라 양왕을 만나 본 뒤 다른 사람에게 "바라보아도 군주 같지 않고 그 앞으로 다가가도 두려워할 만한 바를 발견할 수 없었다."라고 말했다. 옛사람이 "용모를 바르게 해야 한다."라거나 "위의를 삼가야 한다."라고 말한 것에는 역시 까닭이 있었던 것이다.

君子는 正其衣冠하며 尊其瞻視하여
儼然人望而畏之하나니 斯不亦威而不猛乎아.

正其衣冠은 의관을 정제하라는 말이다. 瞻視는 사물을 바라봄이니, 尊其瞻視는 시선을 존엄하게 하라는 말이다. 儼然은 장엄한 모습을 형용하는 말이다. 人望而畏之의 之는 앞에 나온 君子를 가리킨다.

157강

네 가지 악덕을 피할 것

> 미리 가르치지 않고 죽이는 것을 학(虐)이라 하고,
> 미리 경계하지 않고 성공을 책망하는 것을 포(暴)라
> 하며, 명령을 태만히 하고 기일을 각박하게 하는 것을
> 적(賊)이라 하고, 똑같이 남에게 주면서도 출납할 때
> 인색하게 구는 것을 유사(有司)라고 한다.
> 「요왈」 제2장 존오미병사악 8

「요왈」 제2장의 마지막이다. 공자는 오미를 높이고 사악을 물리치면 정치에 종사할 수 있다고 자장에게 가르쳤다. 그리고 자장의 질문에 답하여 오미에 대해 부연하고, 또 자장의 질문에 답하여 사악에 대해 부연했다.

사악은 무엇인가. 학(虐), 포(暴), 적(賊), 유사지인(有司之吝)이다. '학'은 백성들을 교육시키지 않고서 백성들이 범죄를 저지르자마자 죽이는 일, '포'는 백성들에게 평소 주의를 주어 지도하지 않고는 백성들에게 실적을 보이라고 강요하는 일, '적'은 명령을 제때 내리지 않고서 백성들에게 기한을 지키라고 재촉하는 일, '유사의 인'은 재

정을 맡은 관리인 유사가 내주어야 할 관물을 아깝게 여겨 내주지 않는 일을 가리킨다.

이 중에서 '미리 가르치지 않고 죽이는 일'은 맹자가 경계한 망민(罔民, 백성을 그물질함)에 해당한다.『맹자』「양혜왕 상」에 보면, 맹자는 제나라 선왕(宣王)에게 인정을 실시할 것을 역설하면서, 백성들에게 생업을 마련해 주고 도덕적 자율성을 계도하지 않고서 그들이 죄를 저지른 뒤에 형벌을 가하는 것은 백성들을 그물질하는 짓이라고 비판했다. "만일 떳떳한 마음이 없다면 방탕하고 편벽되며 사악하고 사치스러운 일을 하게 될 것이니, 그리하여 죄에 빠진 뒤에 그에 따라 형벌을 가한다면 이는 백성을 그물질하는 짓입니다. 어찌 어진 사람이 지위에 있으면서 백성을 그물질하는 짓을 할 수 있겠습니까?"

한편 정치를 인색한 관리처럼 했던 예로 주희는 항우가 공로자에게 봉작을 내릴 때 박하게 했던 사실을 거론했다. 국민 생활을 향상시키기 위한 정책을 제때 실행하지 못하는 것도 유사의 인에 해당할 것이다.

不教而殺을 謂之虐이오 不戒視成을 謂之暴요
慢令致期를 謂之賊이오
猶之與人也로되 出納之吝을 謂之有司니라.

'~謂之~'는 '~ 그것을 ~라고 한다'고 정의하는 구문이다. 虐은 어질지 못하고 잔혹함이다. 暴는 차츰차츰 하지 않고 갑작스럽게 함이다. 賊은 각박하게 해침이다. 有司의 吝은 재정 사무를 맡은 자처럼 인색함을 말한다.

158강

천명을 알아야 군자

명(命)을 알지 못하면 군자일 수 없다.
「요왈」 제3장 부지명무이위군자(不知命無以爲君子) 1

『논어』 마지막의 제20편 「요왈」은 모두 3장이다. 그 마지막 장에서 공자는 온전한 인격을 갖춘 군자라면 지명(知命), 지예(知禮), 지신(知言)의 세 조건을 갖춰야 한다고 강조했다. 특히 지명을 가장 먼저 꼽았다.

공자는 오십에 천명을 알았다고 했으니, 지명이 간단한 일은 아니다. 지명은 천명을 알고 그것에 편안함이다. 천명은 하늘의 명이다. 하늘이 명한 것에는 타고난 본성, 생명을 지니고 살아가는 의의, 사람의 힘으로는 어쩔 수 없는 운명 등이 있다. 운명을 지나치게 강조하면 인간의 자율성을 부정하게 되지만, 어떤 경우라도 진인사대천명(盡人事待天命)의 태도를 취한다면 숙명론에 빠지지 않을 수 있다. 더구나 인간 본성과 삶의 의의를 깨닫는 일은 현실을 살아 나갈 의지를 다잡는 일로 이어진다. 그렇기에 정이는 지명의 군자라면 견리사의(見利思義)한다고 말했다. "명을 안다는 것은 명이 있음을 알고서 믿는 것이다. 명을 알지 못하면 해(害)를 보면 반드시 피하고 이(利)를 보면 반드시 쫓을 것이니, 어떻게 군자일 수 있겠는가."

「술이」 제15장에서 공자는 "의롭지 않으면서 부귀한 것은 내게 뜬구름과 같다."라고 했다. 부귀재천(富貴在天)의 천명관에 근거해 일체의 불의와 결별하겠다고 말한 것이다. 「팔일」 제13장에서는 위(衛)나라 대부 왕손가가 "집 안 서남쪽의 신에게 아첨하기보다는 부뚜막 신에게 아첨하는 것이 낫다는 말이 있는데, 무슨 뜻입니까?"라고 하면서 실세인 자신의 도움을 받으라고 은근히 권하자, 공자는 "하늘에 대해 죄를 얻으면 더 기도할 곳이 없습니다."라고 거절했다. 공자는 왕손가의 참람함을 꾸짖고 자신은 천명을 존중하기에 누구에게도 아첨하지 않는다고 선언한 것이다. 천명을 아는 사람만이 이렇게 탄이(坦易)할 수 있으리라.

不知命이면 無以爲君子也니라.

不知命은 '명을 모른다'는 말로, 命은 天命(천명)을 뜻한다. 無以爲君子也는 '군자일 수 없다'는 말로, 無以는 可以의 반대말이다. '爲~'는 '~이다'라는 뜻을 나타낸다. 也는 단정하는 어조로 문장을 맺는다.

159강

禮 **예로써 자립한다**

예를 알지 못하면 설 수 없다.
「요왈」 제3장 부지명무이위군자 2

「요왈」 제3장에서 공자는 군자라면 지명, 지예, 지신의 세 조건을 갖춰야 한다고 말했다. 이 가운데 '예를 앎'은 한 인간이 주체로서 독립하기 위해 필요한 조건이라고 강조했다.

앞서 「태백」 제8장에서 공자는 "시에서 도의적 감흥을 일으킨 후 예에서 인륜의 규범을 바로 세우며 악에서 품성을 완성한다."라는 3단계 학습론을 제시했다. 입어례(立於禮)는 그중 두 번째 단계이다.

예는 개인이 몸에 지녀야 할 예절과 공동체의 유지를 위해 요구되는 질서를 뜻한다. 곧 개인의 행동거지에서 관혼상제 등의 사회적 관습과 국가 제도에 이르기까지 넓은 범위를 포괄한다. 공자는 「안연」 제1장에서 "사욕을 극복해 예로 돌아가는 것", 즉 극기복례(克己復禮)가 곧 인이라 했고, 「헌문」 제44장에서 "윗사람이 예를 좋아하면 백성을 다스리기 쉽다."라고 했을 만큼 예를 중시했다.

「팔일」 제8장에서는 예의 형식에 구애되는 것을 경계해 "회사후

소(繪事後素)"라고 했다. "그림 그리는 일은 흰 바탕이 있은 다음이다."라는 뜻이니 충신의 내용이 우선이고 예법은 뒤라고 말한 것이다. 하지만 공자는 곳곳에서 예의 절제를 받지 않으면 어떤 덕목도 바르게 구현될 수 없다는 점을 강조했다. 이를테면 「태백」 제2장에서는 "공이무례즉로(恭而無禮則勞)하고 신이무례즉사(愼而無禮則葸)하고 용이무례즉란(勇而無禮則亂)하고 직이무례즉교(直而無禮則絞)이니라."라고 했다. 공손하되 예가 없으면 고달프고, 신중하되 예가 없으면 두려우며, 용맹스럽되 예가 없으면 문란하고, 강직하되 예가 없으면 박절하다는 뜻이었다. 『예기』 「중니연거」에서도 공경하되 예에 맞지 않으면 야(野, 거침), 공손하되 예에 맞지 않으면 급(給, 아첨함), 용감하되 예에 맞지 않으면 역(逆, 반역함)에 빠진다고 경계한 바 있다.

공(恭)·신(愼)·용(勇)·직(直)의 덕목을 갖춘 떳떳한 주체이기 위해서라도 우리는 올바른 사회 질서를 반영한 예법이라면 그것을 존중해야 할 것이다.

부지례 무이립야
不知禮면 無以立也니라.

不知禮는 '예를 모른다'는 말로, 禮의 본질과 그 구체적 절차를 모른다는 뜻을 지닌다. 無以立也는 '설 수 없다'는 말로, 無以는 可以(가이)의 반대말이다. 立은 떳떳한 인간으로 자립한다는 뜻이다.

160강

말을 알아야 사람을 안다

말을 알지 못하면 사람을 제대로 알 수 없다.
「요왈」 제3장 부지명무이위군자 3

앞에서 이어진다. 공자는 군자의 조건으로 지명, 지예, 지언의 셋을 거론했다. 그중 마지막인 '말을 앎'은 곧 사람을 알기 위한 조건이다.

'말을 앎'이란 상대방의 말을 듣고 그 말이 어떤 심경에서 나왔는지, 어떤 의미를 지니는지를 제대로 파악하는 것을 뜻한다. 「안연」 제20장에서는 "통달이라고 하는 것은 질박하고 정직하여 정의를 좋아하며, 다른 사람의 말을 가려듣고 안색을 살펴서, 사려 깊게 상대방을 겸손하게 대한다."라고 했다. 이때 다른 사람의 말을 가려듣는다는 뜻인 찰언(察言)이 곧 여기서의 지언이다.

공자는 언어가 내면의 진실을 담아낸다고 여겼다. 「학이」 제3장에서는 "말을 잘하고 얼굴빛을 잘 꾸미는 자 가운데는 어진 사람이 드물다."라고 해서 교언영색의 사람을 경계했다. 「선진」 제13장에서는 말을 하면 반드시 사리에 들어맞는다는 뜻의 언필유중(言必有中)이란 성어가 나왔다. 「헌문」 제5장에서는 "덕을 소유한 사람은 반드시 이에 합당한 말을 하게 마련이지만, 그럴듯한 말을 한다고 해서 그 사람에게 꼭 덕이 있다고 말할 수는 없다."라고 했다. 상대의 말이 교언인지 아닌지, 상대의 말이 사리에 맞는지 허랑한지, 말하는 사람이 내면에 덕을 지닌 사람인지 아닌지 파악하는 일이 모두 '말을 앎'에 관계된다.

『맹자』「공손추 상」에서는 "나는 말을 알며 나의 호연지기(浩然之氣)를 잘 기른다."라고 했는데, '나는 말을 안다'는 것은 이 장에서의 '말을 안다'는 것과 통한다. 그리고 상대방의 말을 아는 일은 궁리의 지(知) 공부에, 인의의 행실을 쌓아 호연지기를 기르는 일은 수신의 행(行) 공부에 해당한다고 볼 수 있다.

우리는 『논어』의 마지막 구절에 이르렀다. 송나라 때 윤돈은 말했다. "배우는 자로서 어려서부터 늙기까지 이 책을 읽고도 쓸 만한 말씀을 한마디도 알지 못한다면 성인의 말씀을 업신여기는 자에 가깝지 않겠는가? 이는 공자의 죄인이니 유념하지 않을 수 없다." 우리는 『논어』의 말씀을 이용해 내 삶을 윤택하게 하고 나를 둘러싼 현실을 개조할 수 있을 것인가? 아니면 공자의 죄인이 되고 말 것인가?

$\underset{\text{부 지 언}}{不知言}$이면 $\underset{\text{무 이 지 인 야}}{無以知人也}$니라.

不知言은 '말을 모른다'는 뜻으로 발화의 진위와 의의, 발화자의 본심과 태도 등을 제대로 알지 못한다는 뜻이다. 無以知人也는 '사람을 제대로 알 수가 없다'는 말이다. 知人은 발화자의 인간성이나 내면의 덕을 제대로 알지 못한다는 뜻이다.

참고 문헌

1 일차 자료

『論語古訓外傳』, 太宰純, 京都大學 所藏 小林新兵衛 延享2年(1745) 刊本(藝文印書館 影印, 1966).

『論語諺解』, 고려대학교도서관 소장 목판본(戊申字本); 고려대학교도서관 소장 목판본(丁酉字覆刻本), 庚辰(1820) 新刊 內閣藏板.

『論語集註大全』, 朱熹 集註, 胡廣 等 奉勅纂修, 고려대학교도서관 소장 목판본(丁酉字覆刻本), 庚辰(1820) 新刊 內閣藏板.

『論語集註重訂輯釋章圖通義大成』, 倪士毅 輯釋, 趙汸 訂, 王逢 通義, 고려대학교도서관 소장 隆慶4年(1570) 宣賜 甲辰字本.

『四書大全』, 胡廣 等 奉勅撰, 景印 文淵閣四庫全書(臺灣商務印書館, 1983~1986).

『四書章句集注』, 朱熹 撰, 新編諸子集成 第1輯(中華書局, 1983).

『十三經注疏』, 孔穎達 等撰, 淸 阮元 校, 十三經注疏整理委員會 整理(北京大學出版社, 2000).

『朝鮮王朝實錄』, 國史編纂委員會 影印(探求堂, 1981).

『崔東壁遺書』, 崔述 選著(上海古籍出版社, 1983).

『通志堂經解』, 徐乾學 等輯, 納蘭成德 校刊(中文出版社, 1969).

『皇侃論語義疏』, 王謨 輯, 涂象淵 校, 嚴靈峯 編輯, 無求備齋論語集成 第29函(藝文印書館, 1966).

『皇淸經解』, 阮元 撰(復興書局, 1896).

『皇淸經解續編』, 王先謙 編(復興書局, 1896).

『논어 부언해』, 문상호 결토(학민문화사, 2002).

『논어집주비지 현토 완역』, 김경국·박상택 역주(전남대학교출판부, 2010).

『동문선』, 서거정 등 찬집(한국고전번역원, 1999); 『국역 동문선』, 한국고전번역원 편(솔, 1998).

『정본 여유당전서 8, 9(논어고금주 Ⅰ, Ⅱ)』, 정약용, 다산학술문화재단 편(다산학술문화재단, 2012); 『국역 여유당전서 2, 3, 4(경집 Ⅱ, Ⅲ, Ⅳ: 논어고금주)』, 전주

대호남학연구소 옮김(여강출판사, 1989); 『역주 논어고금주』, 이지형 역주(사암, 2010).

『한국문집총간』, 한국고전번역원 편(한국고전번역원, 1988~2010).

『현토 완역 논어집주』, 성백효 역주(전통문화연구회, 1990).

『홍재전서(한국문집총간 262~267)』, 정조(한국고전번역원, 2001); 『국역 홍재전서』, 한국고전번역원 편(한국고전번역원, 1997~2003).

2 이차 자료

가이즈카 시게키, 박연호 옮김, 『공자의 생애와 사상』(서광사, 1991).

김경호, 『지하(地下)의 논어, 지상(紙上)의 논어』(성균관대학교출판부, 2012).

김성중, 『논어』(민족사, 2001).

김영호, 『조선 시대 논어 해석 연구』(심산, 2011).

김용옥, 『논어 한글 역주 1, 2, 3』(통나무, 2008).

_____, 『도올 논어 1, 2, 3』(통나무, 2001).

김학주 역주, 『논어』(서울대학교출판부, 2007).

R. 도슨, 김용헌 옮김, 『공자』(지성의샘, 1993).

서지문, 『서양인이 사랑한 공자, 동양인이 흠모한 공자』(양서원, 2012).

시라카와 시즈카, 장원철 옮김, 『사람의 마음을 움직여 세상을 바꾸리라: 전혀 다른 공자 이야기』(한길사, 2004).

신정근, 『논어: 세상을 바꾸는 것은 사랑이다』(한길사, 2012).

양백준, 이장우·박종연 옮김, 『논어 역주』(중문출판사, 1997).

이을호 역주, 『한글 논어』(박영사, 1978).

이장지, 조명준 옮김, 『인간 공자: 현대 중국은 공자를 어떻게 평가하는가?』(한겨레, 1985).

자오지빈, 조남호·신정근 옮김, 『반(反)논어: 공자의 논어 공구의 논어』(예문서원, 1996).

정요일, 『논어 강의 천, 지, 인』(새문사, 2010~2011).

채인후, 천병돈 옮김, 『공자의 철학』(예문서원, 2000).

H. G. 크릴, 이성규 옮김, 『공자: 인간과 신화』(지식산업사, 1983).

허버트 핑가레트, 송영배 옮김, 『공자의 철학: 서양에서 바라본 예에 대한 새로운 이해』(서광사, 1993).

金谷治 譯注, 『論語』(東京: 岩波書店, 1999).
吉田賢抗, 『論語』(東京: 明治書院, 1976).
James Legge, "Confucian Analects", *The Chinese Classics* Vol. 1(Hong Kong: Hong Kong Univ. Press, 1960).
Arthur Waley, *The Analects of Confucius*(New York: Vintage Books, 1938).

3 참고 웹사이트

고려대학교 도서관(http://library.korea.ac.kr).
고려대학교 민족문화연구원 문자코드연구센터(https://riks.korea.ac.kr/ccrc).
고려대학교 민족문화연구원 해외한국학자료센터(https://riks.korea.ac.kr/kostma).
국립중앙도서관 통합검색 디브러리(http://www.nl.go.kr/nl/index.jsp).
국립중앙도서관 한국고전적종합목록시스템 KORCIS(http://www.nl.go.kr/korcis).
국사편찬위원회 한국역사정보시스템(http://www.koreanhistory.or.kr).
남명학연구원(http://www.nammyung.org).
서울대학교 규장각한국학연구원(http://kyujanggak.snu.ac.kr).
성균관대학교 동아시아학술원 한국경학자료시스템(http://koco.skku.edu).
日本京都大學 藏書檢索 KULINE(http://www3.kulib.kyoto-u.ac.jp).
한국고전번역원 한국고전종합DB(http://db.itkc.or.kr).
한국국학진흥원 유교넷(http://www.ugyo.net).
한국금석문 종합영상시스템(http://gsm.nricp.go.kr).
한국학중앙연구원 한국학자료센터(http://www.kostma.net).

심경호 교수의
동양 고전
강의

논어 3

1판 1쇄 펴냄 2013년 11월 29일
1판 2쇄 펴냄 2014년 3월 4일

지은이   심경호
발행인   박근섭·박상준
편집인   장은수
펴낸곳   (주)민음사

출판등록 1966. 5. 19. 제16-490호
주소   (135-887) 서울특별시 강남구 도산대로1길 62(신사동)
          강남출판문화센터 5층
대표전화 515-2000 | 팩시밀리 515-2007
홈페이지 www.minumsa.com

ⓒ 심경호, 2013. Printed in Seoul, Korea

ISBN 978-89-374-7263-3 04140
ISBN 978-89-374-7260-2 (세트)